RECUEIL

DE PLANCHES,

SUR

LES SCIENCES,

LES ARTS LIBÉRAUX,

ET

LES ARTS MÉCHANIQUES,

AVEC LEUR EXPLICATION.

FORGES

A PARIS,

=========

AVEC APPROBATION ET PRIVILEGE DU ROY.

FORGES OU ART DU FER.

CONTENANT CINQUANTE-DEUX PLANCHES, DONT DEUX DOUBLES.

ON a divifé les Planches relatives à cet art, en cinq fections; la premiere contient les Planches relatives à l'exploitation des mines & aux différentes préparations dont elles font fufceptibles; la feconde contient des Planches qui ont rapport aux fourneaux à fer, où on fond les gueufes; la troifieme contient celles qui ont rapport aux fontes marchandes, fous le titre de *fourneau en marchandife*; la quatrieme fection contient les Planches relatives à la forge proprement dite, où on convertit le fer de gueufe en barres; la cinquieme fection renferme toutes les Planches relatives aux deux fortes de fenderie.

PREMIERE SECTION.

De l'exploitation des mines & de leurs préparations.

PLANCHE Iere.

Tirage de la mine en roche à fond, & près la fuperficie de la terre.

La premiere vignette repréfente une campagne dans laquelle on a percé plufieurs puits pour tirer la mine à fond, foit mine en roche ou mine en grains.

Fig. 1. Mineroi, ou ouvrier mineur, qui tourne la manivelle du treuil *m n*, à la corde duquel eft fufpendu un panier à anfe, femblable à celui que l'ouvrier, *fig.* 2. verfe fur le tas de mine qui eft auprès de lui, *c d e f* les quatre jambettes, ou fermes qui foutiennent le treuil; plus loin l'on voit l'ouverture d'un autre puits, *a b* les fupports du treuil.

2. Ouvrier, ou aide qui reçoit le panier chargé de mine lorfqu'il eft arrivé au niveau des planches *d f* (fig. 1 qui recouvrent une partie du puits), & le renverfe fur le tas de mine déja tirée de la miniere, pour être enfuite tranfportée au fourneau où elle doit être fondue. Auprès de la *fig.* 2. on voit l'ouverture A d'un autre puits, dans lequel on a formé un cuvelage de charpente, pour empêcher les terres qui font au-deffus de la miniere d'ébouler, & de combler le puits; au-deffus on a établi une machine mue par un cheval pour tirer la mine; D treuil vertical, fur lequel les cordes s'enroulent; le pivot inférieur de l'arbre, ou axe de ce treuil repofe fur une crapaudine, fcellée au milieu d'une pierre placée au centre du manege, & le pivot fupérieur eft faifi par un collet appliqué à une des faces d'un des entraits de la charpente du comble qui couvre le manege. F F levier, à l'extrémité F duquel eft attaché le palonier auquel le cheval eft attaché; on peut employer plufieurs chevaux en multipliant le nombre des bras. B C deux grandes poulies fur lefquelles paffent les cordes qui s'enroulent & fe déroulent alternativement fur le treuil D, pour tirer du fond de la mine les paniers charges de mine que l'on y attache, c'eft le feau B qui monte. H Toiture, ou couverture du manege. G Prolongement de la couverture fur le puits pour mettre les poulies & les cordages à couvert. On ne fait guere la dépenfe de conftruire ce bâtiment & la machine qu'il contient, que pour une miniere abondante, & dont l'exploitation, quelque confidérable qu'elle foit, peut fe faire pendant long-tems par la même ouverture; telles font les mines en roche, dont le banc a beaucoup d'épaiffeur, dans laquelle on pratique des galeries en tout fens, refervant le nombre de piliers néceffaires, ainfi qu'on le voit dans la vignette du bas de la Planche.

La feconde vignette repréfente une campagne & une montagne, dans lefquelles on tire une mine

en roche, foit à fond ou près la fuperficie de la terre.

3 & 4. Exploitation de la mine en roche près la fuperficie de la terre en travaillant à ciel découvert, à la différence de l'autre côté de la vignette, *fig.* 5 & 6. où l'exploitation eft fouterraine.

3. Ouvrier qui avec un pic fubdivife un quartier de roche qui a été féparé de la maffe.

4. Ouvrier qui perce un trou dans la maffe pour y faire une mine, qui étant chargée de poudre à canon, détache de la maffe, des parties de roche, que les ouvriers débitent enfuite pour en faciliter le tranfport; cet ouvrier fe fert, pour percer le trou, d'une barre de fer ronde, dont l'extrémité inférieure eft acérée & taillée en pointes de diamant par des fillons triangulaires qui fe croifent à angles droits, comme aux martelines de fculpteurs, en levant & laiffant retomber alternativement cet outil dans le trou que l'on commence avec un pic ou autre outil convenable; l'ouvrier obferve de tourner alternativement cet outil dans fes mains, afin que les pointes de l'extrémité inférieure frappent dans différens endroits; il a foin auffi de verfer de l'eau dans le trou, non-feulement pour la confervation de l'outil, mais auffi pour faciliter l'extraction & l'écoulement des parties de la roche qu'il a broyées. Lorfque le trou eft percé à la profondeur requife, on charge la mine en y introduifant la quantité de poudre néceffaire dans une cartouche de papier; on place enfuite la verge de fer qui eft auprès de la lettre *c*, dans le trou de la mine, obfervant que la partie inférieure de la verge de fer pénetre dans la cartouche; on remplit enfuite le trou jufqu'à fon ouverture avec de la terre que l'on foule fortement, ou avec un coulis de plâtre, fi on en a. Enfuite on retire la verge ou aiguille de fer, au-lieu de laquelle on met de la poudre qui fert d'amorce, & la mine eft achevée; il ne refte plus qu'à y mettre le feu au moyen d'une meche lente qui donne aux ouvriers le tems de s'éloigner. *f* premiere foncée, *e* premiere berme ou relais, *d* feconde foncée, *c* feconde berme ou relais, *b* troifieme foncée, banc ou lit de la mine, *a* le fond de la mine.

On voit au-deffus l'ouverture d'un percement *o* dans le côteau d'une montagne, par lequel les eaux d'une mine fouterraine peuvent s'écouler.

L'autre partie de la même vignette repréfente l'exploitation de la mine en roche fouterraine, le côteau eft fuppofé fracturé pour laiffer voir l'intérieur de la montagne.

5. Mineur qui détache de la maffe un quartier de roche en frappant avec une maffe pefante fur la tête des coins qu'il a placés dans une tranchée qu'il a faite auparavant avec un pic; on met ordinairement entre le coin & les côtés de la fente, des cales de bois de chêne pour contenir le coin, & l'empêcher de rebondir fous le coup. *c* bloc ou quartier de roche féparé de la maffe, *d* panier dans lequel on met la mine pour la fortir hors de la miniere, *b* pelle de bois pour charger les paniers ou les brouettes.

6. Ouvrier qui tranfporte la mine au moyen d'une brouette fous le puits du minaret, par lequel on en doit faire l'extraction, *g h k* différentes galeries, les unes étançonnées, les autres fe foutenant d'elles-mêmes, dont on a tiré la mine, *e f* foncée ou puits recouvert de quelques planches répondant au puits du minaret qui fert d'entrée à la miniere, & par lequel on fait l'extraction de la mine au moyen de la machine, (*fig.* 2. *premiere vignette*) que l'on voit repréfentée en petit au haut de la montagne.

PLANCHE II.

Tirage & transport de la mine en grains & de là mine fluviatile.

La premiere vignette représente l'exploitation de la mine en grains près la superficie de la terre.
Fig. 1. Mineur ou pionnier qui pioche la mine & en sépare les pierres inutiles.
2. Chargeur qui jette la mine sur le terrein, & en forme des tas, comme *c d e f.*
3. Autre chargeur qui emplit le tombereau.
4. Le conducteur de la voiture.
A. Mesure ou feuillette servant à mesurer la mine après qu'elle est lavée & transportée près le fourneau, B B cercles de fer. C C poignées.

La seconde vignette représente la traite de la mine fluviatile ou des lacs.

L'eau est supposée coupée verticalement pour laisser voir le travail qui se fait au fond.
Fig. 1. Pêcheur de mine qui pousse avec un rabot A la mine dans la truble ou bourse B C, que le second ouvrier lui présente.
2. Pêcheur qui tient le manche de la truble, avec laquelle il racle le fond du lac; cette truble est composée d'un arc de fer, au sommet duquel est une douille qui reçoit un manche de bois de 8 ou 10 piés de longueur; sur l'arc de fer est attaché le filet qui forme la truble ou bourse faite de gros fil, & maillée comme les filets des pêcheurs.

PLANCHE III.

Calcination de la mine dans les fourneaux de Fordenberg.

La vignette représente deux fours de calcination sous un même hangard, l'un *fig.* 1. est vuide, ainsi que l'on peut voir par la porte A; l'autre four, *fig.* 2. est chargé, & la porte B fermée, comme il sera dit ci-après.

Ces fourneaux dont le plan est un quarré, ont extérieurement 20 piés de chaque côté, & intérieurement 16 piés de chaque côté, les murs ayant 2 piés d'épaisseur & 14 piés de hauteur; au milieu d'une des faces est une ouverture ou porte ceintrée de 6 piés de hauteur & 4 de largeur: c'est par cette ouverture que l'on retire la mine lorsqu'elle est grillée; mais pour charger le fourneau, on ferme cette porte au moyen de 6 barreaux de fer posés horifontalement dans la baie, & soutenue à des distances égales par des crochets de même métal: c'est contre les barreaux que l'on applique intérieurement des plaques de pierre capables de résister à l'action du feu. On voit en B, *fig.* 2. la disposition de cette fermeture, & à côté de chacun des fourneaux, les escaliers par lesquels on monte sur le terre-plein, de niveau à la partie supérieure des fourneaux, par lequel on fait le service.

Bas de la Planche.

3. Elévation extérieure de l'un des fourneaux; B la porte; 1, 2, 3, 4, 5, 6 les barreaux qui soutiennent les pierres qui forment la clôture du fourneau.
4. Coupe verticale du fourneau chargé, pour faire voir les différentes couches qui composent la charge; A premiere couche qui est de charbon, & a deux piés & demi d'épaisseur, B premier lit de mine de 4 piés d'épaisseur, C seconde couche de charbon d'un pié & demi d'épaisseur, D second lit de mine qui a deux piés & demi d'épaisseur, E troisieme couche de charbon épaisse seulement d'un pié, F troisieme & dernier lit de mine épais de 2 piés. Le charbon est environ quinze jours à se consumer pour cuire la mine que l'on emploie à mesure que l'on en a besoin pour alimenter le fourneau.
5. Plan d'un des deux fourneaux, A la porte, *b c* le mur de devant, *c d* le mur opposé adossé au terre-plein.

PLANCHE IV.

Calcination de la mine de fer, comme elle se pratique dans le Dauphiné, le Roussillon, la Navarre & le comté de Foix.

La vignette représente une colline sur le bord d'une forêt, à laquelle on a adossé un fourneau de chaque espece.
Fig. 1. Fourneau cylindrique extérieurement & intérieurement conique, construit en maçonnerie. Il y a vers le bas une ouverture ou porte par laquelle on met le feu. On charge le fourneau par lits, composés alternativement de bois & de mine; les lits inférieurs composés des plus gros morceaux de mine. L'ouverture supérieure du four a 9 piés de diametre réduit à 4 piés près du fond, & environ 10 piés de profondeur, non compris le mur d'appui qui environne l'ouverture supérieure.
2. Au bas de la Planche, coupe verticale du fourneau par la porte & l'embrasure qui y répond; A l'embrasure, B la porte, C linteau de la porte, C D E D parois intérieures du cône renversé, D D mur d'appui.
3. Plan du même four vû à vue d'oiseau, B côté de la porte, D D mur d'appui.
4. Dans la vignette, fourneaux du pays de Foix; ils different des précédens en ce que leur base est un quarré dont chaque côté a intérieurement 9 piés, les parois ont 7 piés d'élévation, il y a de même une porte au fond d'une embrasure par laquelle on met le feu au bois pour calciner la mine; le bois & la mine sont disposés par lits alternativement, le premier lit est composé de charbon & de bois sur lequel on fait un lit de la plus grosse mine; ce lit est recouvert par un double lit de charbon & de bois, sur lequel on en met un de mine concassée en plus petits morceaux; ce dernier lit dont la surface supérieure est convexe, a beaucoup plus d'épaisseur que le premier, ainsi qu'on peut le voir dans la figure suivante.
5. Coupe verticale de ce fourneau par la porte & l'embrasure qui y répond, A l'embrasure, B la porte, C le linteau de la porte, C D E D les murs du fourneau, F premiere couche combustible, composée d'un lit de charbon, au-dessus duquel est un lit de bois, G lit de mine composé de plus gros morceaux, H seconde couche combustible, composée d'un lit de charbon & de bois comme la précédente, I lit de mine composé des moindres morceaux, & dont la surface supérieure est convexe.
6. Plan au rez-de-chaussée du fourneau, A l'embrasure, B la porte.

PLANCHE V.

Lavage de la mine terreuse.

La vignette représente une campagne sur le bord d'un étang ou canal, dont l'eau est assez élevée pour passer sur le terrein si elle n'étoit retenue par une chaussée ou digue, dans laquelle on pratique les empellemens nécessaires.
Fig. 1. Ouvrier qui lave la mine dans un panier X, dont le fond convexe pose sur les planches qui sont au fond du lavoir; l'eau est continuellement renouvellée dans le lavoir, venant par un petit canal souterrain qui répond à l'empellement *d*, & elle s'écoule par un autre petit canal souterrain que l'on peut fermer au besoin, par une petite pelle, pour laisser couler l'eau par la goulette X *e* dans un autre lavoir inférieur P, selon le besoin.

Au-dessus du lavoir de la *fig.* 1. on voit une perche flexible O, soutenue par deux autres perches en forme de chevalet, à laquelle quelques-uns suspendent le panier ou crible dans lequel ils lavent la mine.
2. Ouvrier qui avec une pelle jette la mine du tas *c* dans

le lavoir *m* ; ce lavoir, qui ainsi que tous les autres, est foncé & entouré de planches, reçoit l'eau par la rigolle souterraine *f e* qui répond à l'empellement *c*, l'eau s'écoule par une autre rigolle *f* ou goulette *e*, dans le lavoir inférieur *n*, d'où elle sort par l'entaille *o* faite à la costiere opposée.

3. Ouvrier qui avec un riaule ou rabot agite & laboure la mine dans le lavoir, pour l'exposer au courant, & la faire passer alternativement d'un côté du lavoir à l'autre ; auprès de la *figure* est un autre lavoir plus long dans le sens *o o*, qui est la direction du courant, que dans le sens opposé, qui est la largeur que la perspective fait paroître plus grande que la longueur. Ce lavoir reçoit l'eau par la rigolle *h g* qui passe sous le tas de mine *k* ; *a* & *b* deux grands empellemens qui conduisent l'eau à quelques-unes des usines, ou servent seulement de décharge.

4. Ouvrier qui retrousse ou releve la mine lavée, après que toute l'eau du lavoir est écoulée, au moyen de l'empellement de fond placé à un des angles du lavoir ; cet ouvrier forme un tas de mines que l'on transporte ensuite au fourneau pour être fondue & convertie en gueuses ou fer crud, ayant préalablement été mesurée dans la feuillette A B B C C, Planche deuxieme, premiere vignette.

Bas de la Planche.

Fig. 1. Plan du lavoir qui a 6 piés en quarré ; il est composé de quatre madriers ou costieres qui en forment le tour D D D D, lesquels sont assemblés à queue ou encoches, le fond B est formé par plusieurs planches, & est à quatorze pouces de profondeur, A costiere du côté d'amont, E goulette par laquelle l'eau arrive dans le lavoir, F planche qui recouvre la goulette, C C les costieres latérales, E E décharge de superficie du côté d'aval, lorsque le lavoir est plein d'eau, c'est par-là que les terres délayées sont emportées pendant l'opération.

2. Crible de cuivre percé de trous, que l'on suspend à la corde de la perche *o*, *fig.* 1. dans la vignette, pour laver la mine, M le crible, N son anse.

3. Panier d'osier dont se sert la *figure* 1. de la vignette ; ce panier a vingt-quatre pouces de diametre d'une anse à l'autre, & seulement vingt pouces dans la largeur X, la profondeur est de huit pouces.

4. Pelle de l'ouvrier, *figure* 4. de la vignette ; elle est de deux pieces, A B la pelle, B C le manche ; la pelle a de A en B douze pouces de long, & en A dix pouces de large ; le manche B C de la pelle a quatre piés & demi de long, & un pouce & demi de diametre.

5. Profil de la même pelle, pour faire voir comment les deux parties sont réunies par une ligature de fil-de-fer, d'osier, ou de corde, A B la pelle, B C le manche.

6. Le riaule, rolle ou rabot dont se sert l'ouvrier, *fig.* 3. pour labourer la mine au fond du lavoir, la partie G H K est de fer ; la partie G H a sept pouces de long & autant de large, la douille K a quatre pouces de long, pour recevoir le manche de bois K L de huit piés de long sur quinze lignes de gros.

7. Le rolle ou rabot vû du côté concave & séparé du manche, G le tranchant.

PLANCHE VI.

Lavoir de M. Robert.

La description de ce lavoir est extraite en partie du livre de l'auteur, intitulé, *Méthode pour laver & fondre avec économie les mines de fer*, lequel a obtenu le prix proposé par l'académie de Besançon, en l'année 1756.
Fig. 1. ou *la vignette*. A empellement qui fournit l'eau au lavoir, *a b* canal de huit pouces en quarré, par lequel l'eau est conduite, B C *d e* premier lavoir de quatre piés en quarré, *d e f g* second lavoir de même grandeur que le précédent ; le fond des deux lavoirs est élevé d'environ quinze pouces au-dessus

du terrein, & est composé de plaques de fer clouées aux madriers, qui forment le tour du lavoir ; ces plaques de fer sont percées de trous longs, de dimension à ne point laisser échapper la mine, *c* ouverture à la partie inférieure de la planche B C du côté d'amont, par laquelle l'eau entre dans le premier lavoir, *d e* planche de séparation des deux lavoirs ; cette planche est échancrée pour laisser passer l'eau du premier lavoir dans le second, *f g* planche de clôture du second lavoir du côté d'aval ; cette planche est aussi échancrée, & c'est par cette entaille que l'eau superflue qui ne s'écoule pas par les trous des enfonçures des lavoirs, sort & tombe dans l'enceinte de planches qui les environnent, d'où elle sort chargée de glaise & autres impuretés du minerai, par l'ouverture *o*, & s'écoule dans la riviere.

Deux hommes, chacun armé d'un rable de fer, percé de huit trous, remuent la mine dans chaque lavoir, en la changeant continuellement de place pour l'exposer au courant, & par ce moyen détacher les terres qui l'enveloppent ; ils continuent ce travail jusqu'à ce qu'il ne reste plus que le grain, que l'on retire ensuite des lavoirs pour l'amonceler, comme on voit en E, qui est le tas de mine lavée ; on continue ainsi en prenant de la mine du tas D, non lavée, que l'on met dans les lavoirs pour recommencer la même opération.

Bas de la Planche.

2. Plan des deux lavoirs, du réservoir, du canal qui y conduit l'eau, & de l'encaissement dans lequel ils sont placés, *a* canal qui amene l'eau dans le réservoir, *b* embouchure du canal dans le réservoir E *b* ; B C réservoir ; B C *d e* premier lavoir dans lequel l'eau entre par l'ouverture *c* ; G fonçure du lavoir ; *d e f g* second lavoir à la suite du premier, l'eau y entre par l'échancrure de la planche *d e*, H fonçure du second lavoir sur laquelle on voit différens morceaux de mine, *f g* planche échancrée, par l'entaille de laquelle l'eau superflue qui ne s'écoule pas par les trous de la fonçure des lavoirs s'épanche dans l'encaissement qui les environne, & sort par les ouvertures O pour s'écouler à la riviere.

3. Coupe longitudinale des lavoirs, réservoirs, & encaissemens, *a b* canal qui conduit l'eau dans le réservoir, *b* B *h* réservoir, B planche échancrée endessous pour laisser passer l'eau du réservoir dans le premier lavoir, B G *d* premier lavoir dont l'eau s'écoule partie par les trous de l'enfonçure G, partie par-dessus la planche *d* entaillée en-dessus, *d* H *f* second lavoir, H enfonçure par les trous de laquelle l'eau s'écoule, *f* planche échancrée en-dessus pour laisser échapper l'eau superflue (les graveurs ont mal-à-propos ombré en coupe les parties supérieures des planches *d* & *f*, O sortie de l'encaissement par où l'eau s'écoule à la riviere.

4. Coupe transversale par le milieu du second lavoir, *d e* cloison ou planche de séparation des deux lavoirs ; cette planche est échancrée en-dessus, & l'eau du premier lavoir tombe en cascade dans le second lavoir par cette échancrure, H fonçure du second lavoir, E fonçure de l'encaissement qui renferme les lavoirs, F soutiens de la clôture de l'encaissement, D place où se mettent les ouvriers.

PLANCHE VII.

Cette Planche & la suivante, représentent le patouillet & l'égrappoir, avec tous les développemens nécessaires.
Fig. 1. La vignette représente le patouillet en perspective, l'arbre N N de dix-huit pouces de diametre a douze piés de long, y compris la partie qui sert de moyeu à la roue à aubes, O O les tourillons, P P les empoisses, cette roue non compris les aubes a dix piés & demi de diametre, & est formée par un double tour de courbes liaisonnées & ac-

collées, de quatre pouces & demi de large sur quatre pouces d'épaisseur, dans lesquelles s'implantent les coyeaux qui soutiennent les aubes, au nombre de vingt; ces aubes ont quinze pouces de large sur dix de rayon, & sont plongées dans un courfier, auquel on donne l'eau au moyen d'un empellement placé à la tête du courfier; H H la huche composée de fortes douves emboîtées par leurs extrémités dans la feuillure des chaffis F G, F G, qui avec les fonçures L forment les côtés de la huche, qui eft intérieurement semi-cylindrique & de fix piés en quarré; au milieu du côté d'amont aboutit un canal A, répondant à un empellement particulier, par lequel l'eau vient dans la huche, & du côté d'aval eft une pelle à long manche C, que l'on ôte lorfque l'on veut laiffer écouler l'eau & la mine lavée dans le lavoir S, en paffant par le canal M & la gouttière Q; ce lavoir a une pelle de fond T, que l'on leve dans fes couliffes pour mettre le lavoir à fec & en retirer la mine lavée, pendant que d'autre mine que l'on a introduite dans la huche y éprouve la même préparation.

L'arbre eft garni de trois barreaux R R R de fer coudés en double équerre fur l'angle, & tournés de façon à préfenter une de leurs arêtes à la mine que l'on a jettée dans la huche, ce qui la divife, la délaye dans l'eau perpétuellement renouvellée qui vient par le canal A du côté d'amont; l'eau chargée de la terre de la mine eft évacuée à mefure par une ouverture à un des côtés de la huche, & s'écoule dans le courfier.

Les barreaux font difpofés en tiers-point, & font arrêtés par des coins dans le corps de l'arbre, enforte que la partie entre les deux coudes puiffe s'approcher jufqu'à un demi-pouce près de la furface intérieure de la huche.

2. Ouvrier qui charge l'égrappoir en jettant la mine par la trémie pofée fur le courant qui aboutit au haut de l'égrappoir A, placé au-deffus d'un lavoir, dans lequel la mine tombe à-travers la grille de cette machine, tandis que les pierres & autres corps de plus gros volume que la mine, font entraînés par le courant au-bas de l'égrappoir.

3. Ouvrier qui avec un rable ou rabot raffemble la mine qui eft tombée dans le lavoir, l'eau s'écoule par une décharge de fuperficie, comme il a été ci-devant expliqué.

Bas de la Planche.

Fig. 4. Plan général du patouillet, *a* queue de la pelle que l'on leve pour fournir dans le courfier l'eau à la roue, A A canal répondant à un petit empellement particulier qui fournit l'eau à la huche, B C la roue, N N l'arbre, O O les tourillons, P P les empoiffes, R R R les barreaux, F E F E chaffis de la huche, L L fonçure de la huche, D gouttière pour rejetter dans le courfier l'eau fuperflue, Q décharge de la huche dans le lavoir S.

PLANCHE VIII.

Cette Planche eft la fuite de la précédente.
Fig. 5. Profil & coupe du patouillet par un plan parallele à la longueur du courfier; *a* pelle du courfier qui fournit l'eau à la roue, N l'arbre de la roue, R R R les barreaux, A canal par lequel l'eau entre dans la huche, F G différentes pieces du chaffis de la huche, H H les douves de la huche, L fonçure du côté du courfier, D ligne ponctuée du niveau de l'eau dans la huche, E ouverture ou décharge de fuperficie dans le courfier pour rejetter les eaux chargées de terre, C pelle de décharge pour vuider la mine lavée par le canal Q dans le lavoir S.

6. Repréfentation perfpective & fur la grande échelle de l'égrappoir, N canal qui apporte l'eau fur l'égrappoir, O tremie dans laquelle on jette la mine qui eft auffi-tôt emportée par le courant le long de la grille, A H A la grille compofée de barreaux re-

préfentés plus en grand dans la Planche fuivante, on a fracturé une des membrures ou jumelles pour laiffer voir la grille, B B les jumelles ou membrures de fix piés de long fur huit & quatre pouces de gros, C C extrémité des entre-toifes qui affermiffent les jumelles, D D les mortoifes dans lesquelles paffent les tenons des entre-toifes, E E mortaifes dans les tenons pour recevoir les clés E F, I lavoir au-deffus duquel l'égrappoir eft pofé en talud, L côtiere du côté du lavoir fur lequel eft appuyée l'extrémité inférieure de l'égrappoir.

7. Elévation de l'égrappoir vu par une de fes extrémités, B B les membrures ou jumelles, D D l'entretoife, C C tenons de l'entretoife, E E emplacement des mortaifes des tenons pour recevoir les clés, F F les clés.

8. Coupe tranfverfale de l'égrappoir dans le milieu de fa longueur, B B les jumelles ou membrures, G G raînures dans lesquelles on introduit les barreaux qui forment la grille de l'égrappoir.

9. La trémie.

PLANCHE IX.

Repréfentation perfpective & développement d'un bocard.

La vignette, le bocard en perfpective; il eft conftruit dans la chauffée d'un étang, dont il n'eft féparé que par l'efpace néceffaire pour l'empellement.

Le bocard eft compofé d'une roue à aubes, d'un arbre horifontal, garni de cames & d'un nombre de pilons convenable, dont la chûte réitérée pulvérife les minerais qui ont befoin de cette préparation. A l'empellement de la roue que l'on leve pour donner l'eau dans le courfier, C la roue à aubes de 8 piés de diametre, y compris les aubes qui ont 15 pouces de large & 10 de hauteur, & font au nombre de feize; le corps de la roue eft formé par deux rangs de courbes adoffées, dans lefquels font affermis les coyeaux qui foutiennent les aubes; l'arbre E F a environ 12 piés de long fur 20 pouces de diametre, & eft garni de 15 cames difpofées en hélice à trois filets, pour lever trois fois à chaque révolution chacun des pilons; G un des tourillons.

La cage du bocard eft compofée de deux fortes jumelles I H, de 7 à 8 piés de longueur fur 18 & 12 pouces d'équarriffage; elles font élevées à-plomb fur une forte femelle d'environ 9 piés de long fur 18 à 20 pouces en quarré: cette femelle repofe & eft affemblée à encoche fur deux longrines d'un pié d'équarriffage, qui font placées au-deffous & à-plomb des jumelles qui font affermies dans la fituation verticale par quatre jambes de force embrevées haut & bas, favoir les deux latérales, N dans les larges faces des jumelles, & fur la femelle, les deux autres M le font aux petites faces des jumelles & à l'extrémité des longrines du côté d'aval.

Entre les larges faces des jumelles qui font entretenues par le haut par les moifes clavetées K L, font placés cinq pilons qui, avec le jeu néceffaire, occupent un efpace de 27 pouces, les pilons ayant chacun 5 pouces d'équarriffage.

Les pilons font garnis chacun d'un mentonnet à une hauteur convenable, pour que les cames de l'arbre puiffent les rencontrer, & à leur extrémité inférieure d'une plaque de fer dont on trouve la figure dans le bas de la Planche.

Au-devant des pilons du côté d'amont, eft un efpace O, où on jette le minerai que l'on veut pulvérifer, & plus haut l'empellement B qui fournit l'eau au bocard: on a fracturé la joyere ou paroi antérieure *a b c* pour laiffer voir l'intérieur de l'efpace O, & le minerai que le courant emporte fous les pilons; le minerai fuffifamment trituré, eft emporté par le courant à travers une grille à barreaux horifontaux dans le lavoir P, où il fe dépofe, & d'où enfuite on le retire, après avoir laiffé écouler l'eau du lavoir, pour enfuite le tranfporter au fourneau.

Bas de la Planche.

Fig. 1. Plan général du bocard, A empellement de la roue

à aubes, C D la roue, E F l'arbre, G *g* les tourillons, B l'empellement du bocard, H I les jumelles, K *k* L *l* les moifes clavetées, N *n* les jambes fur la femelle, M *m* les jambes fur les longrines; 1, 2, 3, 4, 5 les pilons; 6, 7, 8, 9, 10 les cames, S canal par lequel le minerai fuffifamment pulvérifé paffe, après avoir traverfé la grille pour entrer dans le lavoir P, T verfoir de fuperficie pour écouler les eaux du lavoir.

2. Elévation du bocard du côté d'aval ou de la grille, H I les jumelles, K *k* une des deux moifes, N *n* les jambes fur la femelle, Q *q* la femelle, M *m* les jambes fur les longrines, R *r* l'extrémité des longrines, Y *y* entretoife ou guide d'em-bas des pilons, Y *u* la grille, X taque, ou plaqué de fer placée entre les deux jumelles, & encaftrée de fon épaiffeur dans la femelle; c'eft fur cette taque que les pilons écrafent le minerai; 1, 2, 3, 4, 5 les pilons.

3. Développement en grand de quelques parties du pilon, & de l'arbre tournant, N le centre de l'arbre tournant, B une came, C mentonnet, D la clavette qui eft elle-même clavetée, E frette au bas du pilon, F plan du deffous de la ferrure du pilon, de laquelle on voit le profil en 1, 2, E *e* queue de la ferrure du pilon.

4. Quelques-uns des barreaux de la grille V *u* du bocard & de la grille A H A de l'égrappoir repréfenté dans la Planche précédente, *a b* un de ces barreaux coupé en deux, ils font quarrés par les deux bouts, & le milieu eft triangulaire; le côté qui fe préfente à la vue dans la figure, eft celui qui eft tourné du côté d'aval dans le bocard, & en-deffous dans l'égrappoir, afin que les corps qui doivent être criblés par cette grille, ne s'y arrêtent point, trouvant le paffage plus ouvert du côté de la fortie, que de celui de l'entrée.

PLANCHE X.

Plan général du bocard compofé.

La defcription eft extraite d'un mémoire qui nous a été communiqué par M. Grignon, maître de forge à Bayard fur Marne.

La connoiffance fuppofée des meilleurs minerais, il eft néceffaire de les rendre dans l'état le plus avantageux pour être foumis à l'action du feu, foit en les brifant feulement pour les divifer, afin que préfentant plus de furface, ils foient plus intimement & plus promtement pénétrés par le feu, foit en féparant de leurs maffes des corps étrangers qui abforberoient inutilement une partie de la chaleur, ce qui fruftreroit d'une partie du produit, ou qui altérant leur effence, communiqueroit une mauvaife qualité à la fonte.

Il y a en général deux efpeces de mines de fer, l'une eft en maffes compactes, l'autre en grains plus ou moins gros; chacune de ces efpeces exige des préparations particulieres.

Les mines en maffes font ou pures ou fulphureufes, ou terreufes: les mines pures, c'eft-à-dire qui ne contiennent rien au-delà de la fubftance métallique, n'ont befoin pour être admifes au fourneau, que d'être brifées au fortir de la miniere, en morceaux dont les plus gros n'excedent pas un pouce cubique; il eft néceffaire de griller, concaffer & laver les mines fulphureufes & quartzeufes; les mines feulement terreufes qui font enveloppées, ou qui renferment dans leurs cavités des parties terreufes, n'ont befoin que des deux dernieres opérations.

Les mines de la feconde efpece font en grains globuleux, détachés, ou aglutinés par un peu de fpath ou des terres bolaires; les filons ou les amas de ces mines font environnés ou traverfés par des lits de fable, de glaife, de pétrifications, ou de caftine, dont la féparation ne peut fe faire que par un lavage approprié.

Un même fourneau confomme fouvent de toutes ces efpeces de minerais; il eft donc effentiel de trouver une machine qui puiffe s'appliquer à leur différent caractere, c'eft l'avantage de celle que l'on va décrire.

Le bocard compofé eft une machine compofée d'un bocard fimple, d'un patouillet, d'un lavoir & d'un égrappoir, à-travers lefquels paffe le minerai; le bocard, femblable à celui décrit ci-devant, eft compofé de deux jumelles N N perpendiculaires, affemblées & arcboutées fur une femelle; elles font diftantes l'une de l'autre de 26 pouces pour recevoir cinq pilons 1, 2, 3, 4, 5, de cinq pouces quarrés chacun, auxquels font affemblés à angles droits des mantonnets de fonte ou de bois, qui répondent à trois rangs de cames de fer M M, efpacées à tiers-point fur la circonférence de l'arbre horifontal G, qui eft mu par l'action de l'eau fur la roue verticale H, enforte qu'il y ait toujours un pilon levé entre un qui s'éleve & un qui retombe; ces pilons font garnis à la partie inférieure d'une frette & d'une plaque de fer percée de cinq trous, pour recevoir cinq fiches forgées fur l'étampure des trous; au lieu de cette plaque, fouvent on met un pilon de fonte, du calibre de la piece de bois, fur quatre pouces de hauteur: ce pilon de fonte eft pénétré d'une queue de fer forgé qui en occupe le centre; cette queue s'enfonce perpendiculairement dans la piece de bois.

Les pilons retombent fur une plaque épaiffe de fer fondu, qui occupe tout l'efpace entre les jumelles, & eft encaftrée de fon épaiffeur dans la fole ou femelle dans laquelle les jumelles font affemblées; les jumelles font garnies intérieurement à leur partie inférieure de plaques de fonte de 12 pouces de hauteur, pour éviter leur promte ruine qui naîtroit du frottement continuel des pilons qui les avoifinent: les jumelles font reliées enfemble par quatre traverfes P P, qui pénetrent les jumelles en-haut & em-bas, & font retenues par des clés & des coins; ces traverfes font de fer.

Un courant d'eau d'environ trente pouces de volume, qui entre par l'empellement C, pouffe fous les pilons le minerai que l'on précipite dans l'auge F; cette auge dont le plan eft un trapeze, eft formée par deux joyeres de bois aboutiffantes aux jumelles, & fe refferrent du côté d'amont ou de l'empellement C; le minerai trituré, paîtri & délayé par la chute réitérée des pilons, eft forcé par le courant de l'eau à paffer à-travers de la grille qui eft appliquée aux jumelles du bocard du côté d'aval, pour arriver par les goulettes *a* ou *y* dans une des deux huches du patouillet.

La grille ne doit point être formée de barreaux affemblés & foudés fur un cadre; il eft plus commode de la former de barreaux qui n'ont aucune liaifon entr'eux, parce qu'ayant différentes efpeces de minerais à traiter, il faut efpacer différemment les barreaux, pour les groffes mines il faut fix à fept lignes de diftance, & feulement trois ou quatre pour les mines, ce qui obligeroit à avoir nombre de grilles différentes; d'ailleurs un barreau qui éprouve un accident, met la grille hors de fervice.

Pour éviter ces inconveniens il faut creufer à la partie inférieure de chaque jumelle, du côté d'aval, une feuillure d'un pouce de profondeur, deux pouces & demi de large, & quinze pouces de hauteur, depuis le niveau de la plaque de fonte fur laquelle retombent les pilons jufqu'au niveau des traverfes inférieures. Il faut enfuite brocher fortement un guide d'un pouce d'épaiffeur fur vingt lignes de largeur pour former une couliffe à chacune des jumelles; pour former la grille il faut des barreaux triangulaires de vingt-huit pouces de longueur dont les bouts refoulés & forgés quarrément fur fept à huit lignes de groffeur, portant à plat, une des faces de la partie triangulaire, fe préfente du côté d'amont, & l'arrête oppofée du côté d'aval; ou-bien on employera des barreaux quarrés, dont les bouts refoulés quarrément, & pofant horifontalement, le milieu du barreau préfente deux de fes arrêtes horifontalement; en cet état on les introduira dans les couliffes en les féparant par de petites cales de bois proportionnées à la diftance que l'on veut laiffer entre chaque barreau: le dernier barreau eft affujetti à chaque bout par une petite clé chaffée à force; lorfqu'il faut changer de grille, un quart d'heure fuffit pour la rétablir. Le patouillet X X ou Y Y, eft une cuve demi cylindrique de cinq piés de long, & cinq piés de diametre, formée de douves fortes faites avec des quartelages de bois de quatre à cinq pouces en quarré, bien dreſſés & joints, affermis ſur une charpente dont chaque bout forme un demi-cercle; les deux bouts de la huche ſont fermés par des enfonçures faites de madriers d'environ trois pouces d'épaiſſeur. Dans chaque huche il y a trois ouvertures, l'une *x* ou *y*; au milieu de la partie ſupérieure eſt l'orifice de la goulette qui apporte l'eau chargée de la mine ſortant de la grille; la ſeconde ouverture 6 ou 7 eſt dans l'enfonçure près l'angle du côté d'amont, elle ſert à évacuer l'eau bourbeuſe, chargée des impuretés du minerai; elle eſt à quelques pouces au-deſſous du niveau de la précédente; plus les mines ſont quartzeuſes ou ſablonneuſes, plus il faut deſcendre cette ouverture; la troiſieme & derniere eſt placée au fond & au centre de chaque huche; elles ſervent à conduire le minerai ſuffiſamment lavé dans le lavoir inférieur Z, en paſſant ſur l'égrappoir que l'on adapte, s'il eſt néceſſaire, au-deſſus de ce lavoir & au-deſſous des goulettes *g* ou *h*; 8 ou 9 ſont les queues des pelles qui ferment l'ouverture inférieure de la huche, 10, 11 barreaux qui contiennent les queues des pelles.

L'arbre *c d* du patouillet eſt mu par la roue *a b*, dans le même courſier que celle du bocard; & comme il faut beaucoup de force à cette roue, on tire un aqueduc ſous le courſier de la roue du bocard, lequel aboutit ſur le plongeon de la ſeconde roue, enſorte que l'eau de la premiere roue vient encore ſur la ſeconde.

L'arbre vis-à-vis le vuide de chaque huche eſt garni de barreaux dont les bouts pénetrent & ſe croiſent dans le même ſens que les rays de la roue; ces barreaux de dix-huit lignes de groſſeur ſont repliés à angles droits, enſorte que la partie qui eſt parallele à l'arbre eſt éloignée de ſon centre de vingt-neuf pouces & demi hors d'œuvre, pour que dans le mouvement de rotation, ils deſcendent juſqu'à un demi-pouce près du fond de la huche; les angles des coudes de ces barreaux doivent être preſque vifs pour entrer dans les angles circulaires de la huche; mais comme les rayons des quatre barreaux ne ſont pas tous dans un même plan, on coude les angles en maniere de croſſe, pour qu'ils puiſſent paſſer près des enfonçures, & empêcher que le minerai n'y ſéjourne.

Chacun des quatre eſpaces que les barreaux laiſſent entr'eux eſt garni de trois cuilleres; ces cuilleres ſont des eſpeces de ſpatules, dont la branche ou barreau de dix-huit lignes de groſſeur, eſt emmanché dans l'arbre, l'autre bout eſt applati à ſix pouces en long & en large, & eſt refendu en trois parties, ce qui forme une eſpece de main tridactile qui avance auprès de la huche autant que les barreaux, le bout de ces cuilleres eſt tors pour que la mine coule deſſus en biaiſant, & eſt courbe pour que la mine qu'il rapporte en montant ne ſoit point jettée hors de la huche, il eſt fendu enfin pour multiplier la colliſion.

Il eſt eſſentiel que les barreaux, les cuilleres, & parconſéquent les huches, aient les dimenſions données; lorſque les huches ſont plus profondes, les barreaux & cuilleres étant néceſſairement plus longs, ont moins de force, parce que le centre de l'action eſt trop éloigné du point d'appui, l'opération eſt plus lente & moins exacte.

Lorſque l'arbre hériſſé de douze cuilleres & de quatre barreaux eſt mis en mouvement, il naît un tumulte inteſtin dans la huche qui agite tout le minerai à fur & à meſure qu'il y eſt précipité, les cuilleres ſoulevent la maſſe de minerai toujours prêt à ſe précipiter, les barreaux en paſſant exactement dans tout le contour de la huche, empêchent par leur mouvement que le minerai ne ſe cantonne dans les angles; le frottement qui naît de ce mouvement général détache les corps étrangers, délaye les terres glaiſeuſes ou argilleuſes qui ſont chaſſées, unies à l'eau par la goulette de décharge 6 ou 7, qui évacue autant d'eau qu'il en entre; les ſables fins ſont auſſi ſoulevés & entraînés avec l'eau bourbeuſe.

Le patouillet à cuilleres ſans barreaux ne ſuffit pas, parce que les cuilleres ne peuvent aller dans les angles de la huche, & qu'elles ne forment qu'une tranchée dans la maſſe de minerai qui ſe précipite; les barreaux ne préſentent pas aſſez de ſurface, mais ils paſſent dans toute l'étendue de la huche; l'utilité diſtincte des barreaux & des cuilleres a déterminé l'auteur à les joindre.

Lorſque l'on s'apperçoit que l'eau de la huche s'éclaircit, on débouche l'ouverture du fond de la huche, en tirant une eſpece de bonde ou de pelle faite d'un bout de bois quarré, échancré circulairement pour affleurer la ſurface intérieure de la huche, & emmanché d'un bâton 8 ou 9, qui ſert à la replacer ou la retirer.

Pendant que le minerai ſuffiſamment lavé ſe précipite dans le lavoir Z, un ouvrier placé obliquement au courant tire le minerai avec un rabot de fer dans un des angles du lavoir en le ſoulevant; pendant cette operation, l'eau que fournit la goulette de la grille du bocard continue de couler juſqu'à ce que l'ouvrier ait amoncelé toute la mine dans un coin du lavoir; cette eau qui tient en diſſolution les parties étrangeres s'écoule par une échancrure *k* ou *l*, faite à la partie ſupérieure du lavoir du côté d'aval; & lorſque tout le minerai eſt amaſſé, la bonde 8 ou 9 replacée, l'ouvrier débouche le petit empellement de fond *m* pour mettre le lavoir à ſac; s'il reſte quelque peu de ſable, le boqueur l'enleve avec une pelle de bois, ou le fait écouler par l'autre empellement *m*, alors un autre bocqueur fait travailler le bocard, tandis que le premier enleve du baſſin le minerai lavé & dépoſé dans une place ménagée à côté de la machine, pour enſuite être porté au fourneau.

Lorſque l'on veut doubler le travail d'un bocard pour de plus amples proviſions, on établit deux huches X X, Y Y, placées bout-à-bout ſur la même ligne, l'arbre eſt garni vis-à-vis de chacune de barreaux & de cuilleres, pour-lors le jeu des pilons du bocard n'eſt jamais interrompu, parce que lorſqu'une des deux huches eſt ſuffiſamment chargée de minerai, on détourne l'eau bourbeuſe & chargée de minerai qui ſort de la grille par le ſous-glacis Q, dans l'autre huche en tournant une eſpece de porte T fixée à charniere au ſommet *z* de l'angle de ſéparation des deux goulettes T *x*, V *y*; cette porte va battre alternativement contre l'une ou l'autre des joyeres du ſous-glacis, dans la poſition que la *figure* repréſente pour conduire l'eau & le minerai dans la huche Y Y & dans la poſition indiquée par la ligne ponctuée V, pour conduire l'une & l'autre dans la huche X X.

Pour que la huche dont la communication avec le bocard eſt interceptée ne manque point d'eau pour patouiller, il faut ménager des goulettes particulieres D R *x*, E S *y*, fermées par les petits empellemens D & E que l'on leve au beſoin pour avoir de l'eau pure dans la huche, & continuer l'opération.

On pourroit auſſi augmenter le travail en augmentant le nombre des pilons du bocard, & en en conſtruiſant un ſecond & quatre patouillets, alors on placeroit les roues à aubes au milieu des arbres, & les bocards & les huches de chaque côté.

Explication particuliere des lettres de la Planche X.

A A, bief ou canal qui fournit l'eau à la machine.

B, empellement de la roue du bocard; cet empellement doit être double pour pouvoir fournir à la roue du patouillet par le ſous-aqueduc, lorſqu'on juge à propos de ne point faire marcher la roue du bocard.

C, empellement qui fournit l'eau au bocard.

D, petit empellement qui fournit l'eau à la huche X X.

E, petit empellement qui fournit l'eau à la huche Y Y.

G, arbre de la roue du bocard.

H, roue du bocard garnie de vingt aubes.

L, plumſeuils & empoiſſes de l'arbre de la roue du bocard.

M, Cames de fer qui élevent les pilons.

N, Pilons.

1, 2, 3, 4, 5, pilons.

P P, clé des traverſes.

Q, ſous-glacis qui reçoit le minerai trituré, & entraîné par l'eau à-travers la grille, & le conduit dans l'une ou l'autre des deux huches par les grilles *x* & *y*, ſuivant que la porte mobile T eſt tournée.

R, goulette qui fournit de l'eau claire à la huche X X.

S, goulette qui fournit de l'eau chaude à la huche Y Y.

T, porte ou planche mobile qui détermine l'eau chargee de minerai d'entrer dans l'une ou l'autre des deux huches.

V, ligne fur laquelle il faut amener la porte T pour que le minerai paffe dans la huche Y Y.

x, goulette de la huche X X.

X X, une des deux huches.

y, goulette de la huche Y Y.

Y Y, la feconde huche.

6 & 7, goulettes qui dégorgent l'eau bourbeufe chargée des impuretés du minerai.

a b, roue du patouillet.

c d, arbre du patouillet garni de barreaux & de cuilleres.

e e, empoiffes des tourillons de l'arbre.

f f, plumfeuils de l'arbre du patouillet.

g h, goulette de décharge de fond des huches dans le lavoir Z.

k l, décharge de fuperficie du lavoir.

m, décharge de fond du lavoir.

Z, lavoir.

SECONDE SECTION.

Fourneau à fer.

PLANCHE Iere.

CEtte Planche contient le plan général d'un fourneau, des bâtimens qui en dépendent, & différentes coupes particulieres du mole du fourneau.

Fig. 1. Plan au rez-de-chauffée du fourneau de la halle au charbon, du courfier, des foufflets, & de la roue qui les met en mouvement. Le fourneau C B B C, eft un maffif quarré, dont chaque côté a au rez-de-chauffée vingt-cinq piés, on y a pratiqué deux embrafures, l'une du côté du devant ou du moulage, l'autre du côté des foufflets ou de la tuyere, féparées l'une de l'autre par le pilier de cœur G C G M, dont la maffe, ainfi que celle du refte du fourneau, eft parfemée entre chaque affife de canaux expiratoires, pour laiffer exhaler les vapeurs humides de la maçonnerie, I I I fondation des contre-parois du côté de la ruftine K & du contre-vent, R plan de l'ouvrage, E le creufet ou la timpe, *c c* les coftieres, F la dame, C auprès de F la coulée, R R *r*, R R *r*, les foufflets dont les buzes repofent fur une taque de fer, N N les baffes-condes qui reçoivent alternativement l'action des cames de l'arbre Y Y de la roue O P, placée dans le courfier A T, & dont *a b* eft l'empellement, *d e*, *d e* les bafcules des contre-poids qui relevent les foufflets, *i*, *i*, les contre-poids, *f f* la chaife de chûte que l'on voit en perfpective dans les vignettes des Pl. VII. & IX. *g g* chaife intérieure qui porte les tourillons des bafcules, *h h* chevalet qui porte le tourillon de l'arbre Y *y* de la roue des foufflets, X paffage dans un des contreforts qui foutiennent le pilier de cœur, W, V, portes pour entrer ou fortir dans le moulage, S troifieme porte en face du moulage, *z z* contreforts extérieurs que l'on voit Pl. IX. K K pont fur le courfier pour conduire de la halle L à la bune du fourneau, L le centre de la halle.

2. Plan de la double grille de charpente, propre à fervir de fondation au mole d'un fourneau, lorfqu'on ne trouve pas un terrein folide; l'une & l'autre de ces grilles eft compofée de longrines & de traverfines affemblées à encoche, c'eft-à-dire à mi-bois, & efpacées tant plein que vuide; les traverfines de la grille inférieure ont douze pouces de gros, & environ cinq toifes de long; elles font encochées, entaillées en-deffus pour recevoir les longrines qui font entaillées en-deffous, lefquelles ont de même environ cinq toifes de longueur, la direction des longrines eft parallele au courfier, & celle des traverfines y eft perpendiculaire; on remplit les mailles de la premiere grille avec des cailloux ou des morceaux de laictier.

La feconde grille eft compofée comme la pre-miere, avec cette différence que les longrines *a b*, *a b*, &c. font entaillées en-deffus pour recevoir les traverfines *c d*, *c d*, &c. qui font entaillées en-deffous; cette grille a environ deux piés de moins que la premiere, pour que celle-ci lui ferve d'empattement, comme elle en fert à la maçonnerie; les encroix de la feconde grille doivent couvrir les caiffes de la premiere; on remplit de même les mailles ou caiffe de cette feconde grille, fur laquelle on établit le mole du fourneau; quelquefois on recouvre la feconde grille par des madriers de trois à quatre pouces d'épaiffeur.

3. Coupe horifontale du fourneau à fept piés au-deffus du rez-de-chauffée, ou de celle repréfentée par la *fig.* 1. c'eft-à-dire que cette feconde coupe *fig.* 3. eft par l'endroit du fourneau qu'on appelle le *foyer fupérieur*, I I I K L contre-parois & parois réduites intérieurement à une forme octogone qui circonfcrit l'ellipfe à laquelle on a donné le nom de *foyer fupérieur*, I I parallelement au côté B B parois & contre-parois du côté de la ruftine, I I du côté du chifre (*fig.* 3.) parois & contre-parois du côté du contre-vent, K parois & contre-parois fur la timpe, L parois & contre-parois fur la tuyere, M C pilier de cœur qui fépare la ruftine de la tuyere; l'épaiffeur du maffif eft traverfé en différens fens par des canaux expiratoites difpofés autrement que ceux de la *fig.* 1. & ces deux difpofitions fe repetent alternativement à chaque affife dans toute la hauteur du fourneau, afin de laiffer une libre fortie aux vapeurs humides dont l'expanfibilité cauferoit la ruine du fourneau.

4. Plan de la bune ou du haut du mole du fourneau, à quatorze piés au-deffus du précédent, ou à vingt-un piés au-deffus du rez-de-chauffée (*fig.* 1.) A A A les batailles qui entourent la bune, ainfi que l'on voit en perfpective, Pl. VII. & IX. P entrée du deffus du fourneau du côté de la halle à charbon, G G plaques de fonte qui entourent le gueulard E, par lequel on verfe le charbon & la mine dans le fourneau; dans quelques fourneaux on fait le gueulard elliptique; le grand axe de l'ellipfe dans la direction P E A aura trente pouces, & le petit axe feulement vingt-cinq: alors la jonction des plaques G G qui feront moulées avec une échancrure femi-elliptique, fe fera dans la direction du petit axe. La plaque ou taque du côté de l'entrée de la bune a une échancrure H pour que le chargeur puiffe s'approcher du gueulard, le bas de l'embrafure qui répond à cette entaille eft occupé par une marche qui facilite au chargeur le moyen de s'élever pour verfer dans le fourneau les chofes qui doivent y entrer, comme on voit, Pl. VII.

PLANCHE II.

Fig. 1. Elévation du mole du fourneau du côté des timpes, A A les batailles qui entourent la bune; dans le milieu de cette partie des batailles eft une fenêtre *o*, par laquelle les ouvriers qui font fur la bune peuvent regarder fur le moulage dont le comble eft percé en cet endroit; B B B B B B les maraftres qui foutiennent la maçonnerie, C D la timpe de fer, *m* le taqueret, I la coulée à côté de la dame, *a a a a a* orifice des canaux expiratoires, dont on voit le plan dans la Planche précédente, Z, Z Z, coupe des contreforts fur le moulage, *x* contrefort fur les foufflets, X paffage dans ce contrefort pour aller à l'arbre Y qui les fait mouvoir, Y l'arbre de la roue P; il eft rond ou exagone pour recevoir fix cames, dont trois, rangées en tiers-points, répondent à chaque foufflet, R foufflet du côté de la roue, R R foufflet antérieur ou du côté du pilier du cœur, W & V portes dans le moulage, *e e* extrémités extérieures des bafcules qui relevent les foufflets, *i i* contrepoids de foufflets, *f*, chaife de rechute, fur laquelle les bafcules viennent repofer: on doit garnir le haut de cette chaife de quelque fafcinage ou d'un reffort, pour que les bascules reposent doucement, L L la halle au charbon, L *l*, L *l*, comble de la halle : on a indiqué par des lignes ponctuées la situation de la roue, celle du courser, placés entre le fourneau & la halle.

2. Elévation du mole du fourneau du côté de la tuyere, le comble, les contreforts sur les soufflets : les soufflets ont été supprimés pour laisser voir la tuyere, A A une des faces des batailles, B B B B B les marastres sur la tuyere, D la pierre qui supporte les buzes des soufflets, & la taque de fer sur laquelle la tuyere est posée, *a a a a a a* orifices des canaux expiratoires qui servent à évaporer l'humidité du massif du mole, *x x*, *x* coupe des contreforts sur les soufflets, *x* contrefort du pilier de cœur, Y *y* arbre exagone de la roue, O P, R cames du soufflet du côté de la roue, R R cames du soufflet du côté du pilier de cœur, K K pont pour communiquer de la halle L à la bune du fourneau : on a projetté par des lignes ponctuées l'escalier antérieur qui sert aux ouvriers pour monter ou descendre du moulage à la halle, Z Z contrefort sur le moulage, V une des deux portes sur le moulage, S autre porte en face de la timpe, Z contrefort extérieur faisant partie du contrefort Z Z.

3. Coupe verticale du fourneau par la tuyere & le contre-vent, c'est-à-dire parallelement à la timpe représentée *fig.* 1. dont il faut concevoir que la partie antérieure est abattue jusqu'à l'axe du fourneau, C *c* C *c* coupe de la double grille, *fig.* 2. Pl. I. qui sert de fondation au mole du fourneau, C B C B massif sous le rez-de-chaussée B B de sept piés de hauteur, dans lequel on a pratiqué une galerie voutée Q Q de cinq piés de haut sur trois de large, pour laisser évaporer l'humidité qui pourroit se trouver sous le creuset, *e* fond du creuset de douze pouces d'épaisseur depuis le dessus de la voute jusqu'à l'aire B B ou rez-de-chaussée : le fond du creuset est, ou de sable battu à la demoiselle ou au maillet, ou de partie de sable & de pierre à feu, ou de grès, ou de quelque autre pierre réfractaire : on observera de mettre sur la voute une couche de sable calcaire, tel que celui que les inondations rassemblent, composé en partie de fragmens de coquilles ; cette précaution est nécessaire pour empêcher la formation de ces loups monstrueux formés par la vitrification de la masse totale de la base du creuset pénétrée de régule & de fonte de fer, dont l'extraction si pénible entraîne souvent la destruction d'une partie considérable du fourneau ; ce sable calcaire ne formant pas d'union & faisant corps à part, conserve la voute & facilite le déblayement de l'ouvrage, L le creuset, *d* costiere de la tuyere, D D élargissement de la costiere pour recevoir les buzes des soufflets, M la tuyere, *c* costiere du contre-vent, *c c* la continuation de la costiere du contre-vent jusqu'au foyer inférieur K, qui est la naissance des étalages K I, K I, qui forment le cône renversé K I P I raccordé en I P I à la base du cône supérieur ; le diametre I P I qui est le petit diametre de l'ellipse ou le petit côté du parallelogramme, si le fourneau est quarré, a cinquante-quatre pouces, & est éloigné du fond de l'ouvrage d'environ sept piés, tiers de la hauteur totale du fourneau : depuis le fond du creuset L jusqu'au niveau de la bune en G G il y a vingt-un piés, & depuis G G jusqu'en E, ouverture du fourneau à laquelle on a donné le nom de *gueulard*, il y a trois piés ; cette masse est recouverte de plaques de fonte, ainsi qu'il a été dit ci-dessus ; I G, I G les parois ; elles sont renfermées par les contre-parois *i g*, *i g* qui le sont elles-mêmes par les contre-murs S, S ; T, T les murs extérieurs, qui ainsi que les contre-murs & le massif, qui remplit l'espace qu'ils laissent entr'eux, sont traversés en différens sens par les canaux expiratoires dont on a parlé, dont *a a a a a a* sont les ouvertures, *b b b b* les six marastres qui soutiennent l'arriere-voussure sur la tuyere, A A les batailles, on voit dans le mur postérieur des batailles la porte qui conduit à la halle à charbon.

4. Coupe verticale du fourneau par la rustine & la timpe, c'est-à-dire parallelement à la tuyere représentée, *fig.* 2. dont il faut concevoir que la partie antérieure est abattue jusqu'à l'axe du fourneau, C *c* C *c* coupe de la double grille qui sert de fondation au fourneau, C B B B C massif sous le rez-de-chaussée B B, dans lequel on a pratiqué une voute Q pour évaporer les humidités du dessous de l'ouvrage, *e* fond du creuset ou du creuset, *c* le creuset, D costiere de la rustine qui est du côté du fourneau opposé à la dame ou à la coulée ; ce côté regarde la halle à charbon, F la dame, 1. la timpe de pierre, 2. la timpe de fer, *m* le taqueret, K I, K I les étalages, I P I grand diametre du foyer supérieur ; il est de soixante pouces, I G, I G les parois, *i g*, *i g* les contre-parois, M I contre-parois de l'ouvrage du côté de la rustine, S S contre-murs, T T murs extérieurs traversés, ainsi que le massif, par les canaux expiratoires *a a a a a*, *b b b* & les six marastres sur l'arriere-voussure du côté de la timpe ; ces marastres qui sont des gueuses ou pieces de fonte triangulaires doivent être espacées l'une de l'autre d'environ 18 pouces ; les intervalles qui les séparent sont remplis de briques, ou autre maçonnerie bien appareillée, E le gueulard, *o* fenêtre pour regarder de dessus le fourneau dans le moulage.

PLANCHE III.

Trompes du Dauphiné tenant lieu de soufflets, pour administrer au fourneau le courant d'air nécessaire.

Fig. 1. Trois trompes accolées, auxquelles un même réservoir fournit l'eau nécessaire, A le réservoir supporté par une charpente convenable auprès de l'escarpement, sur lequel coule le ruisseau T V X, qui s'embranche dans le réservoir, B petit empellement pour regler la quantité d'eau qui entre dans le réservoir, X partie du canal qui contient l'eau affluante, & conduit l'eau superflue à un empellement de décharge, C D, E F, G H, les trois trompes d'environ vingt-sept piés de long sur seize pouces environ de grosseur, creusées dans toute leur longueur, ainsi qu'il sera dit ci-après, & que les figures des développemens le font voir. Chaque trompe est raccordée & jointe par sa partie supérieure au fond du réservoir A qui leur fournit l'eau, & elles s'implantent chacune dans une cuve renversée D D, F F, H H, qui ont six piés de diametre & autant d'hauteur, dans lesquelles elles entrent de dix-huit pouces, après avoir traversé le fond ; chaque cuve est encore percée de deux ouvertures, l'une dans le fond & l'autre dans la circonférence ; celles du fond reçoivent les porte-vents *x y z*, par lesquels l'air contenu dans les cuves est conduit dans le tuyau *p q r s t u* qui aboutit à la tuyere du fourneau ; les autres ouvertures qui sont au-bas de chaque cuve servent à évacuer l'eau qu'elles contiennent, à mesure que la trompe qui en reçoit du réservoir A en fournit de nouvelle ; à chacune de ces ouvertures inférieures est adaptée une petite caisse dans laquelle on a pratiqué un petit empellement N, pour pouvoir regler & égaler la quantité d'eau qui sort de la cuve en O, à celle qui y est continuellement fournie par la trompe.

Les trompes & le réservoir qui leur fournit l'eau sont soutenus dans la situation verticale & à la hauteur convenable par deux chevalets I R, *k* K S *s* L, du premier desquels on ne voit qu'une partie ; les montans du second ont été rompus, pour laisser voir d'autres parties plus importantes, M une des deux entretoises qui lient ensemble les deux chevalets & soutiennent les moises auxquelles les trompes sont suspendues, Q *q*, Q *q* les deux moises de la trompe du côté de l'empellement B de fourniture, P *p*, P *p* les deux moises qui soutiennent les deux autres trompes du côté du tuyau ou porte-vent que l'on a fracturé, sa longueur étant indéterminée aussi-bien que sa direction & ses inflexions,

xions, toutes chofes dépendantes de la fituation refpective du fourneau & des trompes; le porte-vent d'environ dix pouces de diametre, eft terminé du côté du fourneau par une buze de fer *t u*, dont l'extrémité *u* fe préfente à la tuyere du fourneau ou de la forge, de la même maniere que les buzes des foufflets; il y a près de la buze une ouverture *s*, que l'on ouvre ou que l'on ferme à volonté, pour empêcher le vent de parvenir au fourneau, auquel cas on abaiffe une foupape de cuir qui réfléchit le vent par l'ouverture *s*; dans l'autre cas cette foupape étant relevée, on abaiffe le clapet qui fert à fermer cette ouverture.

Le corps de chaque trompe eft compofé de deux pieces de fapin ou de bois de chêne bien dreffées & excavées comme les *fig.* 2. 4. *&* 5. le font voir; les deux pieces font reliées enfemble par autant de cercles de fer qu'il eft néceffaire pour les affujettir; les joints font calfatés, enforte que l'air n'y puiffe trouver aucun paffage.

2. Coupe par l'axe d'une trompe, de fa cuve, & du réfervoir qui lui fournit l'eau : la trompe coupée verticalement eft la même que celle notée par les lettres E F dans la *fig.* 1.

A le réfervoir qui fournit l'eau aux trois trompes, B empellement du côté du canal déférent, dans lequel l'eau eft toujours un peu plus élevée que dans le réfervoir, C É l'entonnoir conique de la trompe; il a à fon ouverture C treize pouces de diametre, & feulement quatre pouces à fon fommet E, que l'on nomme l'*étranguillon*, & trois piés trois pouces de longueur au-deffus de l'étranguillon;le diametre de la cavité cylindrique *cfgh* eft par-tout de neuf pouces, on a fracturé la trompe en *fg* pour rapprocher la cuve du réfervoir, la place n'ayant pas permis de lui donner toute fa longueur.

A cinq pouces au-deffous de l'étranguillon E, font percés obliquement & à même hauteur fix trous dans la circonférence, comme D *e*, *d e*, de deux pouces de diametre, dont l'ouverture intérieure dans le corps de la trompe eft éloigné de huit pouces du plan de l'étranguillon; quatre pouces plus bas, tant extérieurement qu'intérieurement, font percés quatre autres trous dans la circonférence; on donne à tous ces trous le nom de *foupiraux*; & en effet, c'eft par ces trous que l'air s'introduit dans la trompe à mefure que l'eau qui fort de l'étranguillon E s'épanouiffant ou s'éparpillant, fe mêle à l'air, & le force à defcendre avec elle dans la cuve *i k l* L; l'eau étant arrivée dans la cuve tombe fur la plaque de fer H, d'où elle rejaillit dans la cuve; ce qui permet à l'air qu'elle avoit entraîné avec elle de fe dégager & de gagner le haut de la cuve où il fe condenfe, & d'où de nouvel air continuellement amené par la trompe, le force de fortir en paffant par le porte-vent *p* dans le tuyau *m n* qui le conduit au fourneau.

La plaque de fer H placée au centre & environ au milieu de la hauteur de la cuve fous l'orifice de la trompe, eft foutenue par une efpece de croix de bois, qui eft elle-même foutenue par quatre montans, comme on peut voir dans la *figure* 3. L'eau après s'être difperfée fur la plaque de fer, tombe fur la bafe de la cuve où elle s'affemble; le fond de la cuve eft ou un corroi de glaife, ou une roche, s'il s'en trouve, ou enfin au défaut un plancher formé par plufieurs madriers mis à côté les uns des autres; dans tous ces cas il faut également pratiquer une ouverture L dans la circonférence inférieure de la cuve pour évacuer l'eau à mefure qu'elle arrive; mais il faut que cette ouverture ne puiffe laiffer fortir l'air, ce qu'on obtiendra fi le haut de cette ouverture eft toujours fubmergé.

Pour cela aux deux côtés de l'ouverture L de la cuve on ajufte deux planches de deux piés de haut, formant enfemble & avec le parement de la cuve comme une efpece de caiffe à laquelle le fol fur lequel la cuve eft établie, fert de fond, comme on voit à la cuve D D, *fig.* 1. aux faces intérieures de

ces Planches, on fixe avec des clous deux tringles de bois pour fervir de couliffe P, à une petite pelle N, que l'on peut lever ou baiffer à difcrétion, pour que l'eau retenue en partie par cette pelle foit entretenue dans la cuve à un niveau K, fupérieur à l'ouverture L, par laquelle l'eau fort en O, en auffi grande quantité qu'il en entre par la trompe.

On connoit à-peu-près quelle eft la hauteur de l'eau dans la cuve par la hauteur de celle qui eft en M, entre la pelle N & le côté L *i* de la cuve, quoique l'eau foit toujours plus haute dans cet efpace M que dans la cuve, d'une quantité proportionnelle à l'effort du reffort de l'air condenfé qui y eft renfermé.

3. Repréfentation perfpective de la croix *a b*, *c d* foutenue par quatre montans de deux piés & demi ou trois piés de haut, fur laquelle la plaque de fer H eft pofée; cette croix occupe le milieu de la cuve.

4. Coupe fur une échelle double du haut de la trompe, par un plan qui paffe par deux des fix trous fupérieurs FF qui avoifinent l'étranguillon, C ouverture de la trompe, C E l'entonnoir, E l'étranguillon, D orifice interne & inférieur des deux trous ou foupiraux poftérieurs du nombre des fix du rang fupérieur FF.

5. Coupe fur une échelle double du haut de la trompe, par deux des quatre trous ou foupiraux du rang inférieur, C ouverture de la trompe, C E l'entonnoir, E l'étranguillon, *f* D, *f* D deux des quatre trous du rang inférieur, D orifice inférieur interne d'un des quatre trous.

PLANCHE IV.
Trompe du pays de Foix.

Ces trompes, dont le jeu & le fervice eft à-peu-près le même que de celles du Dauphiné décrites précédemment, en différent en ce qu'elles font quarrées, & que l'air leur eft fourni par deux tuyaux quarrés, & ouverts au-deffus de la furface de l'eau du réfervoir.

Fig. 1. Elévation perfpective de deux trompes de la caiffe à vent & du foyer auquel le vent eft pouffé, A réfervoir quarré qui fournit l'eau aux deux trompes D E, F G; B empellement fur le canal de communication du ruiffeau Γ V au réfervoir A, pour jauger l'eau que l'on donne aux trompes; la caiffe H tenant lieu de cuve a environ fix piés de largeur, feize de longueur, & trois piés de hauteur dans la partie H, l'autre moitié L K ayant environ fept piés. De part & d'autre de la caiffe eft un petit empellement B (entre les quatre piliers qui foutiennent le réfervoir A), pour pouvoir regler le niveau de l'eau contenue dans la caiffe, & en laiffer fortir autant qu'il en entre par les deux trompes.

L'eau tombe de même fur deux taques ou plaques de fer, placées vis-à-vis & au-deffous des trompes, afin que l'air puiffe fe féparer & gagner le haut K de la caiffe que l'on a faite très-fpacieufe, afin qu'un plus grand volume d'air devînt moins chargé d'humidité, en laiffant précipiter les gouttelettes dont il peut être chargé, M prolongement de la caiffe, à l'extrémité duquel eft ajuftée la buze qui paffe dans le foyer N : ce foyer eft affez femblable à une forge ordinaire.

2. Elévation perfpective d'une des trompes, & coupe perfpective de l'autre, A A le réfervoir; il eft vuide & coupé à raz des trompes, B empellement fur le canal de communication au réfervoir, pour fixer la quantité d'eau qu'il convient de laiffer entrer dans les trompes; 1, 2, orifices des entonnoirs par lefquels l'air entre dans la trompe; ces ouvertures font toujours au-deffus de la furface de l'eau, 5 *b* efpace entre les deux entonnoirs par lequel l'eau s'introduit dans le corps de la trompe; l'endroit *b* peut être regardé comme l'étranguillon dans les trompes de la Planche précédente, *c c* fracture des trompes pour rapprocher dans le deffein les deux extrémités, *d* partie inférieure de la trompe, laquelle entre de douze pouces environ dans la caiffe HH; *d* eft auffi une taque ou plaque de fonte po-

C

fée fur une pierre, fur laquelle tombe l'eau qui vient du réfervoir A A.

La feconde trompe dont on a fupprimé la face antérieure, pour laiffer voir la conftruction intérieure & la difpofition des languettes qui divifent vers le haut la trompe en trois parties; 3, 4, fommet ou ouverture des entonnoirs qui fourniffent l'air à la trompe; 3 *a*, 4 *a* les entonnoirs lefquels l'eau ne fauroit jamais entrer, 6 *a* efpace par lequel l'eau du réfervoir s'introduit dans la trompe, *a* l'étranguillon où l'eau commence à s'éparpiller & à faifir l'air qu'elle pouffe en em-bas dans la caiffe HH; B extrémité inférieure de la trompe, C taque de fer fur laquelle l'eau tombe, & où l'air qui gagne le haut de la caiffe fe fépare de l'eau, D pierre fur laquelle la taque de fer eft pofée; auprès de ces taques font les ouvertures évacuatoires par lefquelles l'eau fuperflue s'écoule: on voit une de ces ouvertures en B, *fig.* 1.

PLANCHE V.

Repréfentation d'un des deux foufflets du fourneau.

Fig 1. Plan général du fond M, ou de la caiffe inférieure du foufflet. AB la tête, AR, BR les côtés de la caiffe, RS la têtiere dans laquelle la bufe du foufflet eft fixée, comme on voit dans la derniere figure de la Planche, *m m* foupapes ou venteaux par lefquels l'air extérieur entre dans le foufflet lors de l'infpiration; le tour de chaque foupape eft garni de peau de mouton en laine, auffi-bien que la partie du fond de la caiffe où elles s'appliquent. O O courroie ou bande de peau attachée en *o o* en-travers des foupapes, pour, lorfqu'elles levent, les empêcher de fe renverfer; au-lieu d'une courroie on peut fubftituer une corde, ce qui fait le même effet. N cloifon ou planche pofée en-travers de la caiffe, pour empêcher, lors de l'infpiration, que quelques étincelles qui pourroient entrer par la bufe du foufflet *m*, ne fe répandent dans fa capacité; la partie de cette cloifon qui regarde la têtiere, & auffi la partie du fond & des côtés de la caiffe, compris entre N & R, font revêtus de feuilles de tole ou de fer-blanc pour les garantir du feu. PP cannelure demi-cylindrique, qui reçoit la cheville qui affemble les deux parties du foufflet. L'épaiffeur de la têtiere eft traverfée verticalement par deux mortaifes, dans lefquelles entrent les pitons qui reçoivent la cheville dont on vient de parler; les pitons font clavettés en-deffous de la caiffe par une clé paffante qui traverfe les mortaifes pratiquées à la partie inférieure des pitons, comme on le peut voir dans les *Planches* qui ont rapport à la fabrique des ancres. La têtiere S eft garnie de deux frettes de fer pour l'empêcher de fendre. *a b c d e f* mentonnets qui affujettiffent les liteaux fur le bord de la caiffe. 1 2 3 4 5 6 R queues des mentonnets, ou porte-refforts, que l'on a fupprimés pour laiffer voir les tenons quarrés auxquels ils s'affemblent.

2. Elévation perfpective du volant ou de la caiffe fupérieure du foufflet; cette caiffe formée de madriers ordinairement de fapin, de trois à quatre pouces d'épaiffeur, affemblés à raînures & languettes rapportées, la tête DB, OS l'eft avec les côtés à queues d'hironde, & eft ceintrée en arc de cercle & non d'ellipfe, auquel le trou P qui reçoit la cheville ouvriere, fert de centre; le prolongement des côtés ou pannes des foufflets font fortifiés en cet endroit par des frettes de fer pour empêcher cette partie de fendre; & c'eft à-travers le trou pratiqué à chacune des frettes que paffe la cheville ouvriere. Le volant qui a en DB ou OS environ 3 piés de profondeur, & feulement 9 pouces du côté de la têtiere PP, embraffe par fes quatre côtés les quatre rebords de la caiffe inférieure; le côté du volant vers la têtiere, côté qu'on ne voit point dans la *figure*, eft reçu dans l'entaille qui eft entre le rebord R, *fig.* 1, & l'emplacement PP de la che-

ville ouvriere. N N boîtes, ou crampons fixés folidement à la partie fupérieure du volant pour recevoir & affujettir la baffe-conde XM; la partie M de la baffe-conde qui eft élargie & un peu courbée en cet endroit, reçoit l'effort des cames de l'arbre de la roue des foufflets; l'autre extrémité X, eft ferrée dans fa boîte N par des coins de bois pour affermir la baffe-conde XM, à une longueur & hauteur convenable à la fituation de l'arbre de la roue, comme on peut voir dans les *Planches* précédentes. La tête de chaque foufflet eft encore garnie de deux bandes de fer DB, OS, dont la partie fupérieure D, ou O, eft terminée en anneau pour recevoir les crochets des bafcules, la partie inférieure en crampon pour fufpendre le volant par la partie inférieure de la tête dans laquelle les crochets des crampons font encaftrés.

3. Vue perfpective de la caiffe inférieure garnie de toutes fes pieces; on en diftingue les rebords Y*y*, Y*y*, fur lefquels les liteaux font appliqués: ces rebords qui ont neuf pouces de haut en *yy* du côté de la têtiere S, ont feulement fix pouces du côté de la tête AB; le fond de la caiffe a quatre pouces d'épaiffeur cinq piés neuf pouces de large à la tête AB, & un pié dix pouces de large au bord *r* de l'entaille *yy* de la têtiere S, dont l'extrémité réduite à quinze pouces en quarré, eft percée d'une ouverture ronde *f*, pour recevoir la bufe du foufflet, dont la longueur depuis la tête jufqu'au rebord *r* de l'entaille du côté de la têtiere eft de feize piés, & la longueur totale, y compris la têtiere *r* S de vingt piés quatre pouces, on voit en *m* les foupapes qui laiffent entrer l'air dans le foufflet; & en N la cloifon garnie de fer-blanc, dont il a été parlé ci-deffus.

Sur les rebords de la caiffe, lefquels ont fix pouces de large, & fous les mentonnets, on fait entrer les tringles de bois qui entourent la figure; ces tringles font ce qu'on appelle les *liteaux* dont l'effet eft de clorre le foufflet, en s'appliquant exactement aux parois intérieures des quatre côtés du volant: *a b c* liteaux du côté de la tête AB du foufflet. Ces liteaux font divifés en trois parties: *h* C, *h* C liteaux des longs côtés du foufflet en une feule piece ou en plufieurs, fi on le veut; *d e* liteaux du côté de la têtiere: ces liteaux font en deux parties. Comme la conftruction des liteaux n'eft pas fenfible dans cette *figure*, on trouvera tous les développemens néceffaires pour en avoir une parfaite intelligence dans la *Planche* qui fuit.

4. Repréfentation perfpective du foufflet entierement achevé, des chevalets qui le fupportent, &c. PP cheville ouvriere placée dans l'entaille de la têtiere E; cette cheville paffe dans les trous des frettes des prolongemens des côtés du volant, & dans les trous des brides qui affujettiffent la cheville à la caiffe inférieure. N N crampons, ou boîtes pour recevoir la baffe-conde; O O les anneaux par lefquels le volant eft fufpendu: O B ceintre de la tête du volant en arc de cercle, auquel le point P, ou extrémité de la cheville ouvriere fert de centre; F la bufe qui répond à la thuiere: I G chevalets auxquels la caiffe inférieure eft attachée; les chevalets font entretenus enfemble par des liens *m n*, *m n*, & font pofés fur des femelles, ou blocs *k* K: L bloc de pierre fur lequel pofe la têtiere du foufflet; ce bloc de pierre eft adoffé à la coftiere de la thuiere, comme on peut voir dans les *Planches* précédentes.

PLANCHE VI.

Developpemens des liteaux d'un foufflet, deffinés fur une échelle quadruple.

Fig. 5. Repréfentation perfpective & de côté des deux pieces qui compofent un mentonnet porte-reffort. 1 queue ou racine du mentonnet, *u* mortaife fous le tenon quarré pour recevoir le reffort, 2 mentonnet féparé de fa racine.

5. Mentonnet porte-reffort en perfpective du côté qui

recouvre les liteaux, Z menton du mentonnet fous lequel les liteaux font placés ; racine du mentonnet du côté qui s'applique aux faces intérieures des rebords Y *y*, *fig.* 3 dans la *Planche* précédente, la racine du mentonnet eft attachée au rebord par cinq clous ; on voit en 1 les trous deftinés à les recevoir, *x x* le reffort paffé dans la mortaife de la queue, vû du côté où fes extrémités s'appliquant au liteau *l*, le compriment pour le pouffer en-dehors, & lui faire déborder les rebords autant que la diftance du volant le permet.

7. Le même mentonnet & porte-reffort vû du côté oppofé. *x x* le reffort vû du côté de fa convexité. Ces reffors agiffent fur les liteaux en fe fermant ; ainfi avant que les liteaux foient mis en place, ils font beaucoup plus courbes que la figure ne les repréfente.

8. Un des deux grands liteaux qui s'appliquent fur les rebords des longs côtés de la caiffe, vû par deffus : on a fracturé ce liteau dont la longueur eft de feize piés, la largeur de cinq pouces, & l'épaiffeur de deux pouces, pour que les extrémités *h c*, qui font entaillées à mi-bois fuffent contenues dans la planche. Ces entailles reçoivent des parties femblables refervées aux extrémités des liteaux tranfverfaux, comme il fera dit ci-après.

9. Le même liteau, ou tringle de bois, vû par-deffous.

10. A les deux liteaux du côté de la têtiere du foufflet vûs par-deffus, 9 A 10 reffort dont l'effet eft d'ouvrir ou écarter les deux pieces du liteau ; ce reffort qui eft d'acier, & dont les deux extrémités font roulées en forme d'anneau, eft fixé par deux clous dans les entailles pratiquées au bord du liteau.

10. B les mêmes liteaux vûs par-deffous du côté des entailles 11, 13, qui s'appliquent aux entailles C des liteaux des longs côtés, 12 languette de la piece 13, laquelle coule dans la raînure de l'autre piece 11, pour guider leurs mouvemens.

11. A & *a* les deux pieces du même liteau féparées & vûes en perfpective par le deffus & du côté extérieur du foufflet, c'est-à-dire que l'épaiffeur que l'on voit dans la *figure*, eft celle qui s'applique à la furface intérieure du volant du côté de la têtiere ; A piece à raînure, *a* piece à languette.

11. B & *b* les deux mêmes pieces vûes par deffous & du côté oppofé à la figure précédente : B piece à raînure, *b* piece à languette ; les raînures font creufées à mi-bois, & les languettes ont la même épaiffeur.

12. Les trois liteaux du côté de la tête du foufflet vûs par-deffus. 3, 5 & 6, 4 les deux pieces à languettes, 5, 6 la piece du milieu à doubles raînures. Au-deffus des chiffres 5 & 6, on voit les deux refforts de dilatation, dont la conftruction & l'ufage eft le même que celui du reffort A *fig.* 10.

13. A B C les trois pieces du liteau de la tête du foufflet vûes en perfpective par le deffus & du côté qui s'applique à la furface intérieure de la tête du volant ; A & C les deux pieces à languettes, *a* & *c* les languettes : ces deux pieces font entaillées à mi-bois, & en-deffous à leurs extrémités, pour être reçues dans les entailles *h* des liteaux des longs côtés, *fig.* 8, B piece du milieu à double raînure, *a* double raînure pour recevoir la languette *a* qui eft au-deffous, C raînure pour recevoir la languette *c* qui eft vis-à-vis.

14. Les trois mêmes pieces vûes par-deffous, A & C les entailles pour raccorder avec les liteaux des longs côtés, *a c* les deux languettes placées dans les raînures de la piece du milieu.

15. Les trois mêmes pieces en perfpective vûes par-deffous, & du côté intérieur où les refforts de dilatation font attachés, A & C les entailles des extrémités, *a* & *c* les languettes, B piece du milieu, *a* & *c* les raînures qui reçoivent les languettes des autres pieces.

Tous les liteaux étant raffemblés, forment un chaffis de forme trapézoïdale dont l'épaiffeur eft de deux pouces. La largeur de chaque côté de cinq pouces & les dimenfions extérieures les mêmes que

celles du trapeze A B R, *fig.* 1. *Pl. V.* que forment les rebords de la caiffe inférieure du foufflet fur lefquels les liteaux font arrêtés par les mentonnets fous lefquels ils peuvent gliffer, étant continuellement pouffés au vuide par les refforts qui les font appliquer aux furfaces intérieures du volant ; toutes les parties mobiles doivent être enduites d'huile pour que les mouvemens en foient plus doux, ce qui contribue à la confervation des pieces.

PLANCHE VII.

La vignette de cette Planche repréfente l'opération de charger, c'est-à-dire de donner au fourneau l'aliment du feu, & les matieres qui doivent y être traitées.

Le fourneau que la vignette repréfente eft vû par l'angle entre la ruftine & la thuiere. On a fracturé la halle au charbon, & démoli une partie du terre-plein, fur lequel elle eft fondée, pour laiffer voir une partie du courfier, & la roue à aubes qui donne le mouvement aux foufflets.

Lorfque l'on met le fourneau en feu, la maniere de le charger, la qualité, la quantité & l'ordre des charges, eft différent de celui que l'on obferve lorfque le fourneau eft en train.

Pour mettre le fourneau en feu, on commence par l'emplir de charbon, que les chargeurs, *fig.* 1 & 2, portent dans les corbeilles, mannes ou vans, repréfentés, *fig.* 1. du bas de la *Planche ;* on bouche alors la thuiere avec du mortier, herbue ou argille, & par l'ouverture de la coulée, entre le frayeux & la dame, on introduit une pelletée de charbons embrafés : le feu qui n'eft point alors animé par les foufflets, fe communique infenfiblement à toute la maffe de charbon renfermée dans le fourneau, & perce jufqu'au haut de la bune : plus la maçonnerie du fourneau eft feche, plus le feu fait de progrès ; & au contraire plus elle eft humide, & les charbons menus, l'air tranquille, plus il eft de tems à percer la colonne entiere : lorfque le charbon de la bune commence à être embrafé, plufieurs maîtres de forge qui n'aiment point à voir confumer le charbon fans un produit actuel, font charger en mine auffi-tôt que le fourneau eft avalé d'une charge, c'est-à-dire lorfque le charbon eft defcendu de 36 pouces, ainfi qu'on l'expliquera à *l'article de la dixieme Planche ;* mais l'auteur du mémoire déja cité dans l'explication de la derniere *Planche* de la fection précédente, rejette cet ufage, parce que l'on ne doit mettre un fourneau en mine que lorfqu'il eft en état de la bien digerer, & que dans ce moment le fond de l'ouvrage, le creufet n'eft point affez chaud pour recevoir la fonte en fufion, ce qui caufe des embarras lorfqu'on fe précipite trop : l'auteur laiffe écouler trente-fix heures depuis le tems que le feu a gagné le haut du fourneau jufqu'à la premiere charge en mine ; pendant ce tems il faut faire fréquemment des grilles pour échauffer la partie inférieure de l'ouvrage, & pour détacher & enlever les matieres vitrifiées qui découlent fur les timpes où le feu eft le plus actif à caufe de la premiere impreffion de l'air extérieur qui fait effort pour entrer & monter dans le fourneau, lorfqu'après un nombre fuffifant de grilles répétées, on voit blanchir & étinceler le creufet à la ruftine & fur le fond ; on fait charger en mine lorfque le fourneau eft defcendu d'une charge, c'est-à-dire de trente-fix pouces : cet efpace eft rempli par cinq raffes ou vans de charbon fur lefquels les chargeurs mettent deux conges de mine. Douze ou quinze heures après que le fourneau eft chargé en mine, on apperçoit dans le bas du fourneau des étincelles brillantes qui font des globules de fonte imparfaite ; ces globules éclatent en brûlant à l'air libre ; c'est alors qu'il convient de faire la derniere grille, fuivant l'ufage général, pour nettoyer exactement l'ouvrage & en couvrir le fond de plufieurs couches de frafins qu'il faut laiffer embrafer fucceffivement avant de les recouvrir de nouvelles couches, lefquelles forment toutes enfemble une épaiffeur de trois à quatre pouces fur toute la furface du fond du creufet.

Les frafins étant deftinés à recevoir la premiere fonte, il eft néceffaire qu'ils foient bien féchés & embrafés pour lui conferver fa chaleur & fa fluidité. Les ringards qui forment la grille étant ôtés, on met le bouchage pour fermer la coulée; l'ouverture du devant des timpes au-deffus de la dame, fe bouche avec de la braife tirée du fourneau, & des frafins mouillés, ce qui fuffit pour empêcher la diffipation du vent; on tire alors la pelle pour donner l'eau à la roue, & laiffer agir les foufflets.

Il eft néceffaire que les mufles ou buzes des foufflets foient éloignés de l'orifice intérieur de la tuyere au-moins de dix pouces dans les premiers huit jours, & qu'ils foient pofés de maniere que leur vent fe croife au centre du foyer. Les ouvrages en fable veulent être très-ménagés au commencement, c'eft pourquoi il faut modérer le jeu des foufflets & les éloigner pour en augmenter par gradation le mouvement & l'action, lorfque l'on jugera que l'ouvrage eft affermi & plombé, c'eft-à-dire que fa furface eft vitrifiée : les ouvrages en grès ou en pierre calcaire peuvent être plus brufqués.

Les foufflets ne fauroient être en trop bon ordre, bien fcellés & huilés, munis de refforts flexibles; ils doivent être pofés horifontalement & parallélement à l'aire du creufet; il faut auffi que les balanciers *e e* de la vignette & même *lettre* dans les plans & profils, *Planche I* & *II*. foient chargés de maniere par un poids *i i*, que le volant foit entierement élevé lorfque la came de l'arbre vient rencontrer la baffe-conde; il faut auffi que l'élévation de la caiffe ne fe faffe pas avec précipitation par un contrepoids trop pefant, qui retarderoit la preffion fuivante; enfin il faut que l'extrémité extérieure des balanciers ne tombe pas fur un corps fans réaction, parce que la fecouffe qui naîtroit du choc briferoit bientôt les volans, crémailleres, crochets, &c. c'eft pourquoi il faut mettre fur le chapeau *c d* de la chaife de rechute *ff* une fafcine ou reffort de bois qui en adouciffe le choc & le rende infenfible.

Il eft néceffaire que la preffion des cames taillées en épicicloïdes foit égale & totale; totale afin que les foufflets expirent tout l'air contenu dans leur capacité; égale afin qu'un foufflet n'expire pas trop tôt, & que le vent ne foit point coupé, c'eft-à-dire qu'il n'y ait point d'intervalle entre les deux expirations, ce qui feroit un défaut dans les fourneaux, parce que le courant d'air interrompu caufe un refroidiffement, & qu'une partie de l'expiration fuivante eft employée à rétablir la chaleur 2°. que la defflagration de la tuyere eft plus à craindre dans ce moment : trois foufflets pareroient à cet accident; difficile à éviter avec certains foufflets; mais il faudroit un porte-vent commun aux trois foufflets, comme aux trompes décrites ci-devant, dont le fouffle eft continuel.

Depuis la premiere charge de minerai on augmente fur chacun de 25 liv. de mine, ou d'un demi-conge, en forte que la charge eft de cinq conges, ou 125 liv. de mine lorfque l'on tire la pelle pour mettre les foufflets en mouvement; on tient le fourneau à ce nombre pendant quatre charges; on augmente enfuite d'un conge par huit charges, jufqu'à ce qu'il en ait pris huit; alors on n'augmente plus que l'on ne s'apperçoive que le fourneau peut en foutenir davantage, ce que l'on connoît aifément par la couleur de la flamme, la confiftance des laictiers & la qualité de la fonte.

Il faut en général tenir en fonte grife un fourneau au commencement d'un fondage, ne lui donner de mine qu'à proportion que la chaleur augmente. Au bout de douze à quinze jours un fourneau bien conftruit & bien conduit eft en état de porter toute la proportion de mine relative à la charge de charbon qu'il peut contenir, proportion qui peut cependant varier à caufe des différens états & qualités du charbon.

Une charge eft compofée des matériaux qui doivent opérer & fubir les effets de la digeftion; car on peut comparer un fourneau à un eftomac, les charbons qui contiennent le principe actif en font la bafe, fon volume eft fixé à 5 raffes ou vans, pefant enfemble environ 130 liv. le poids & le volume des autres matieres qui compofent la charge, eft contenu dans la table fuivante.

Nombre.	Efpeces.	Poids particulier.	Poids de chaque charge.	Poids total d'une coulée.
5	Raffes de charbon	46 liv.	230 liv.	2070 liv.
10	Conges de minerai	50	500	4500
1	Conge de caftine	50	50	450
½	Conge d'herbue	20	20	180
			800	7200

La caftine eft toute fubftance calcaire non faturée d'acides que l'on ajoute pour abforber les parties fulphureufes du minerai & fervir de correctif, lorfque par un premier degré de feu elle eft calcinée. Cette chaux, unie à l'acide, forme, à l'aide de la chaleur exceffive qu'elle rencontre plus bas, à mefure que les charges fe confomment, un foye de foufre qui accélere la fufion des parties métalliques, & en s'uniffant aux cendres vitrifiées des charbons, forme une fubftance vitreufe qui perfectionne la fufion, couvre le metal en bain, & par-là le préferve de la trop grande ardeur du feu; c'eft cette couche de matiere vitrifiée en fufion, que l'on nomme *laictier*, à-travers de laquelle le métal fe filtre à fur & mefure qu'il diftille, le laictier s'affimile les parties hétérogenes, & laiffe paffer les gouttes de métal dans le bain qu'il recouvre.

Si la caftine contenoit un acide, outre qu'elle ne pourroit remplir l'office d'abforbant, elle pervertiroit plutôt le métal que de le corriger: on emploie avec fuccès la marne, la craie, les teftacées foffiles, le gravier de riviere; ce dernier eft le plus commode de tous par la facilité de s'en procurer & par fon état de comminution; car il ne faut pas fe fervir de caftine dont les morceaux foient en gros volume, parce que les gros morceaux de caftine contiennent dans leur intérieur de l'humidité qui étant rarefiée par la chaleur, fait une explofion qui dérange l'ordre des charges qui ne peut être trop paifible.

L'argille ou herbue eft une terre onctueufe mêlée à la terre animale & végétale très-atténuée. Elle eft charriée par les eaux. On l'emploie pour conferver & défendre les parois de la trop grande ardeur du feu : elle eft fufible & fe répand fur toute la furface des parois en forme d'un vernis noirâtre, ce qui empêche le minerai de s'y attacher; elle fournit auffi une portion de phlogiftique.

Voici l'ordre qu'il faut obferver dans l'adminiftration des charges; lorfque la bécaffe ou jauge X X, au bas de la *X. Planche* de cette fection, entre de toute fa longueur, qui eft de 36 pouces, dans le fourneau, on jette trois raffes de charbon, enfuite un demi-conge de caftine, & par-deffus deux raffes de charbon, dont la derniere contient les plus menus, ceux qui ont paffé dans les dents de la herfe; on charge en dernier avec les plus menus pour remplir les vuides que les autres charbons laiffent entr'eux, on les arrange de maniere qu'ils forment une furface unie & inclinée du côté des timpes d'environ 30 degrés, ou, ce qui revient au même, que cette furface des charbons foit à fleur des taques du côté de la ruftine, qui eft le côté du gueulard où eft placé l'ouvrier, *fig. 1.* & à 7 pouces & demi environ du côté oppofé, qui eft le côté des timpes. Cette inclinaifon de la furface des charbons eft néceffaire, parce que la mine que l'on verfe du côté de la ruftine, faifant un poids confidérable, furbaiffera bientôt cette partie, & mettra le charbon de niveau; une pente trop rapide fait culbuter les charges, toute la mine fe porte dans l'endroit le plus incliné.

Lorfque la charge eft dreffée, c'eft-à-dire lorfque le feu en confommant les charges précédentes, a permis à la mine d'abaiffer au niveau les charbons, on verfe alors le refte de la caftine dans le centre de la charge; cette méthode de la mettre en deux tems la mêle plus exactement : on brife enfuite l'herbue amoncelée de part & d'autre du gueulard pour y fécher, & on la fait couler dans le fourneau du côté de la tuyere & du côté du contre-vent où le feu eft plus vif; on verfe enfuite les dix conges de minerai du côté de la ruftine, c'eft ce que fait l'ouvrier, *fig. 1* : pour n'être point trompé dans le nombre des conges, il faut obliger les chargeurs d'avoir dans une tuile courbe ou autre chofe équivalente, dix petites pierres afin qu'ils en déplacent une pour chaque conge qu'ils verfent dans le fourneau. Il faut que la mine foit humectée de façon à ne pas mouiller la main, mais affez pour fe foutenir en maffe, ce qui l'empêche de cribler à-travers les charbons.

Pour que chaque charge fe faffe avec toute l'attention néceffaire,

néceffaire, il faut auffi obliger les chargeurs à les fonner, pour avertir le fondeur ou le garde-fourneau; pour cela à côté de la bune, à un des murs qu'on appelle *batailles*, eft fufpendue en liberté une plaque de fer fondu & un marteau, avec lequel le chargeur carrillonne fur la plaque, qui tient lieu de cloche; après le carrillon, le chargeur frappe autant de coups féparés qu'il convient, pour faire connoître quelle charge de la tournée, qui eft compofée de quatre charges, il va mettre dans le fourneau; un coup pour la première charge, deux, trois & quatre coups pour les fuivantes.

Toutes les charges doivent être faites & fe fuccéder dans le même ordre: ceux qui font les charges plus confidérables tombent dans plufieurs inconveniens: 1°. il fe fait une plus grande confommation du charbon: 2°. le mélange de beaucoup de matieres eft plus difficile à faire: 3°. ils font obligés de laiffer defcendre le fourneau très-bas, ce qui occafionne une diminution confidérable de la chaleur: 4°. le minerai, la caftine font précipités dans le grand foyer prefqu'auffi-tôt qu'ils font introduits dans le fourneau, par conféquent ils y arrivent cruds: 5°. le haut des parois fe brûle bien plus promtement, au-lieu que faifant les charges moins confidérables, on eft fûr de bien mélanger les matieres, de les faire parvenir au grand foyer très-embrafées, de leur donner un feu préliminaire, qui leur vaut en partie le grillage, de contenir la chaleur, parce que le fourneau étant prefque toujours plein, elle trouve plus d'obftacle à fe diffiper, & qu'elle eft mife toute à profit par la concentration.

Fig. 1. Chargeur qui verfe un conge de minerai dans le fourneau; A A A les batailles ou murs qui entourent le haut du fourneau; G G la bune recouverte de plaques de fer, aux quatre coins de la bune font quatre piliers qui foutiennent la cheminée: on a fracturé le pilier antérieur pour laiffer voir le gueulard E, de même que la partie antérieure des batailles & du toit qui euffent caché la bune & le chargeur; H S S couverture de l'hangard fur les foufflets; *kk* couverture des lucarnes par lefquelles paffent les balanciers *e e*, qui au moyen des contrepoids *i i*, fervent à relever les foufflets, après que les cames de l'arbre de la roue à aubes O P, les ont abaiffés; Q empoife & tourillon extérieur de l'arbre de la roue; T, endroit fous lequel paffe le courfier du côté d'aval; *a b* femelle de la chaife de rechute *ff c d*, &c. fur laquelle les balanciers retombent; *h h* liens qui tiennent la chaife en état; K K pont pour communiquer de la halle au charbon au-deffus du fourneau fur lequel on arrive pour charger par le côté dit de *ruftine*.

2. Chargeur portant une raffe de charbon.

Bas de la Planche.

Fig. 1. A A Raffe ou van pour porter le charbon; A A poignées; B plan du même van dont la forme eft elliptique.

2. Conge ou panier pour la caftine; A A poignées, A profil du panier; B plan du panier.

3. Conge ou panier à mine fervant auffi pour l'herbue; A A les poignées; A profil du panier; B plan du panier: tous ces ouvrages font d'ofier & faits par les vanniers.

PLANCHE VIII.

La vignette repréfente l'intérieur de la halle, fur le moulage & le fourneau du côté des timpes. Plufieurs ouvriers les uns occupés à faire le moule de la gueufe, & les autres à en conduire une en-dehors en la faifant couler fur des rouleaux.

Après que deux chargeurs ont fait chacun une tournée, compofée de quatre charges, ils en font une neuvieme en commun, pendant laquelle on prépare le moule de la gueufe: il n'eft à-préfent queftion que de cela, les fontes moulées & figurées feront la matiere de la fection fuivante. Pendant que les chargeurs font la derniere charge, le garde-fourneau, *fig.* 2, prépare le moule en bêchant le fable fuffifamment humecté, enfuite

le fondeur, *fig.* 1, fillonne le fable avec la charrue, qui eft un rable de bois triangulaire; il affermit le fable formant les côtés du moule avec une pelle ronde, enfuite le fondeur marque le moule fur un des côtés, avec deux outils que l'on voit au bas de la *Planche*, pour y imprimer les chiffres, dont on parlera plus bas, qui font connoître le nombre des coulées d'un fondage, & fervent à régler le compte du fermier des droits fur le fer.

Le moule I L qui eft tracé dans le fable, doit être tracé en ligne droite pour que les gueufes puiffent s'entaffer facilement; les deux plans qui le forment, & entre lefquels le fer prend la forme d'un prifme triangulaire, doivent faire enfemble un angle d'environ 75 degrés, dont le fommet foit émouffé, afin qu'elle ait une forme convenable pour l'affinerie, dont on parlera dans la fection de la forge.

La qualité du fable pour faire le moule de la gueufe, n'eft point une chofe indifférente; les fables quartzeux n'y font point propres, ils aigriffent le fer dans le travail de l'affinerie; les fables chargés de trop de parties terreufes s'ameubliffent mal, la terre fe durcit en fe collant à la fonte, & augmente le poids fur lequel le fermier perçoit le droit domanial; les menus graviers de riviere paffés à la claie font ce qu'il y a de mieux, ils donnent un laitier doux à l'affinerie qui épure le fer.

La préparation du fable du moule confifte à l'humecter également pour qu'il fe foutienne dans la forme qu'on lui donne; les ouvriers doivent être attentifs à ce qu'il ne féjourne point d'eau dans quelque partie du moule, car il en réfulteroit une explofion qui feroit éclater la fonte, mettroit leur vie en danger, & occafionneroit la perte d'une infinité de grenailles, & un déchet confidérable, à caufe de la quantité de matieres étrangeres qui font confondues en maffes informes avec la fonte, maffes qu'on ne peut brûler à l'affinerie qu'à grands frais. I L le moule de la gueufe, I la coulée bouchée par de l'herbue, F la dame par-deffus laquelle coule le laitier, D la timpe de fer qu'on ne devroit pas voir, étant cachée ainfi que l'ouverture au-deffus de la dame, par les frazins qui ferment cette partie, ainfi qu'il a été dit ci-devant, C C extrémité extérieure des coftieres, M le taqueret, B B & les maratres qui foutiennent l'arriere-vouffure du fourneau au-deffus des timpes ou du moulage: on verra dans la Planche fuivante les orifices des canaux expiratoires par lefquels les vapeurs humides du mole du fourneau s'exhalent, & qu'on auroit dû repréfenter dans cette Planche. Z contrefort qui foutient le mole du fourneau en arcboutant contre le pilier de cœur qui fépare la face du fourneau où font les timpes de celle où eft la tuyere, Z Z autre contrefort buttant contre le mole du fourneau à l'angle de la face des timpes & du contre-vent, R foufflet du côté de la ruftine; il eft élevé, R autre foufflet du côté du pilier de cœur; il eft abaiffé: les contre-poids qui leur répondent, que l'on voit dans la Planche précédente & dans la derniere de cette fection, font dans la fituation contraire; on voit près des murs du fourneau les différens ringards & outils dont les ouvriers font ufage; on en parlera dans la fuite.

4. Ouvrier qui avec un levier ou le barre-croche, embarre dans les trous d'un rouleau pour le faire tourner, & aider un autre ouvrier à mettre dehors la gueufe *y l*, provenant de la coulée précédente.

5. Ouvrier aidant au précédent à fortir la gueufe.

Bas de la Planche.

Fig. 1. Charrue fervant au fondeur, *fig.* 1. de la vignette, pour tracer le fillon dans lequel on coule la gueufe; l'angle S émouffé eft de foixante & quinze degrés.

2. Bêche fervant à ameublir & planir le fable des deux côtés du moule que l'ouvrier (*fig.* 2.) commence en jettant alternativement de côté & d'autre une pellerée de fable.

3. Baguette de fer ronde dont l'extrémité inférieure eft

à deux arêtes faillantes, fervant au fondeur à imprimer dans un des côtés du moule les chiffres & parties de chiffres formés par des lignes droites.

4. Autre baguette de fer ronde, dont l'extrémité inférieure à deux arêtes faillantes, eft ployée en demicercle, pour imprimer dans le fable les caraƈteres qui repréfentent les cent & les cinquante; celle-ci eft tournée du côté qui doit s'appliquer au fable pour former la place d'un cent.

5. Le même outil tourné du côté où il doit s'appliquer au fable pour y imprimer un cinquante.

6. Levier dont les ouvriers (*fig.* 3. & 4. de la vignette) fe fervent pour embarrer les rouleaux fur lefquels ils conduifent les gueufes, & auffi pour leur donner quartier, comme on le voit dans la Pl. X. ce qui fe fait en embraffant l'angle de la gueufe avec le crochet *a b*; l'autre bout *c* entre dans les trous des rouleaux.

7. Les différens caraƈteres des fondeurs, tels qu'ils paroiffent en relief fur les gueufes, après que le fer a pris la figure des empreintes faites dans le fable; au-deffous de chaque caraƈtere eft fa valeur en chiffres ordinaires : l'exemple finit par le nombre 287, que l'on voit répété fur la gueufe *λl* dans la vignette, laquelle eft par conféquent la deux cent quatre-vingt-feptieme du fondage; celle pour laquelle les *fig.* 1. & 2. préparent le moule, doit être numérotée 288.

8. Le moule de la gueufe en plan, dans lequel on voit en creux le même nombre 287.

PLANCHE IX.

La vignette repréfente l'opération de couler la gueufe, c'eft-à-dire de faire fortir du fourneau le fer fondu qui y eft contenu, & obtenir par ce moyen le produit pour lequel on a fait tous les apprêts contenus dans les Planches précédentes & leur explication.

Le fous-fondeur forme avec du fable neuf l'entrée du moule près de la coulée, ce qui comprend l'extrémité extérieure de la pierre qu'on nomme *coulée*, placée entre la dame & le frayeux; il affermit ce fable avec la pelle & le pié, ce qui forme un canal de quatre à cinq pouces de large qui fe termine au moule, puis il perce le bouchage d'argile ou herbue de la coulée avec un ringard nommé *lache-fer;* c'eft ce que fait l'ouvrier, *fig.* 1. de la vignette; la fonte coule à côté de la dame F fur une pente douce, & va remplir le moule pour former une gueufe de dix-huit à vingt piés de long, fuivant l'emplacement & la quantité du produit du fourneau; lorfque la fonte fort du fourneau pour entrer dans le moule I L, elle eft fuivie du laitier qui, fi on le laiffoit couler dans le moule, couvriroit la gueufe & s'y attacheroit; pour l'empêcher de fe répandre on jette en-travers du moule un bout de barre de fer G, fous lequel la fonte paffe, cette barre arrête le laitier : & un fecond ouvrier (*fig.* 2.) répand fur la gueufe une ou deux pellerées de frazins fecs qu'il élance d'un bout à l'autre, afin que la furface du fer, encore fluide, ne foit point expofée à l'air, ce qui empêche la fonte de pétiller.

Lorfque toute la fonte eft fortie du fourneau, on détache des côtés de la timpe C D &,de la dame F, les laitiers endurcis qui peuvent y être attachés; on remet de nouveau bouchage, après avoir ôté, autant qu'on le peut, tout le laitier de halage; il eft auffi néceffaire de rapporter de nouveau charbon vis-à-vis la timpe pour remplir le vuide, de les couvrir de frazins mouillés que l'on recouvre de terre afin de concentrer la chaleur; on rend alors l'eau à la roue des foufflets, dont le jeu a été interrompu pendant tout le tems qu'a duré la coulée; toutes ces opérations demandent des attentions particulieres; il faut qu'elles fe faffent avec diligence pour que le fourneau foit moins de tems fans le fecours des foufflets.

Les premieres mottes de bouchage de la coulée que l'on détache peuvent être employées pour fervir d'herbue dans les charges fuivantes, ou pour la chaufferie. Lorfqu'un fourneau eft bien en train il eft inutile d'enlever entierement le bouchage, il faut feulement y faire

un trou près du fond pour écouler la fonte; de cette attention réfultent quatre avantages principaux, le premier, d'accélérer l'opération; le fecond, d'employer moins d'herbue; le troifieme, qu'en employant moins de bouchage on fournit moins d'humidité à la bafe du fourneau, dont il eft important de conferver la chaleur; le quatrieme enfin, eft lorfque l'ouvrage eft élargi, & qu'il contient beaucoup de laitier outre la fonte qui doit former la gueufe; on empêche ce laitier abondant de fortir du fourneau où il entretient la chaleur du bain & conferve l'ouvrage; ces précautions doivent être fupprimées lorfque l'on s'apperçoit de quelque dérangement dans le fourneau auquel il feroit difficile de remédier fans cette ouverture ; mais dans tous les cas il eft effentiel de ne point trop avancer le bouchage dans l'ouvrage, & de couler en-dedans une couche de frazins fecs, de même que devant la dame.

Après la coulée on retire la pelle pour donner l'eau à la roue des foufflets, ou on débouche la tuyere qui avoit.été condamnée pendant la coulée, à caufe que le feu qui pafferoit par les timpes incommoderoit les ouvriers, qui ne font déjà que trop expofés à une grande chaleur; on répare la tuyere avec la fpatule; il eft effentiel de modérer un peu le jeu des foufflets jufqu'à la deuxieme charge, fur-tout dans les fourneaux dont le creufet eft fort rétréci, & dans ceux dont la tuyere eft baffe, parce que le fourneau étant alors prefque fans laitiers, le vent porte une partie de l'action du feu fur l'ouvrage, ce qui le dégrade; mais lorfque les étalages commencent à s'évafer depuis la tuyere, & qu'elle eft élevée au-deffus du bain, cette précaution devient moins néceffaire.

Entre la deuxieme & la troifieme charge le laitier commençant à remplir le creufet, on releve; relever c'eft détacher & enlever de devant la dame & de deffous la timpe les portions de laitiers qui peuvent s'y trouver attachées, auffi-bien que les matieres dont on s'eft fervi pour boucher; c'eft auffi le tems de travailler avec les crocs & le ringard dans l'intérieur du fourneau pour faciliter la defcente des charges & mettre le laitier en mouvement; alors il commence à couler fur la dame, ce qui continue jufqu'à ce que l'on coule de nouveau une gueufe.

On voit dans la même vignette différens ringards dreffés contre le mur du fourneau, un pic, & la brouette qui fert à transporter au-dehors les laitiers qui s'écoulent fur la dame; on voit auffi les orifices des canaux expiratoires A A A A I K, par lefquels l'humidité du mole s'évapore; on voit auffi fur des rouleaux une gueufe *λl* prête à fortir de l'attelier; Z & Z Z font les contreforts qui buttent contre la face des timpes du mole du fourneau; le premier à l'angle du pilier de cœur, & de la face de la tuyere; le fecond à l'angle de la face des timpes & du contrevent.

Bas de la Planche.

Fig. 1. Gros ringard de quinze piés de long, pour travailler dans le fourneau & foulever la gueufe.

2. Petit ringard de douze piés de long, fervant à percer le bouchage.

3. Grand crochet à travailler dans le fourneau, à tirer le laitier de hallage, &

4. Petit crochet pour le même ufage.

    Tous ces outils font arrondis dans la partie où on les tient pour en faire ufage; la partie du milieu de leur longueur eft à huit pans, & celle qui entre dans le fourneau eft quarrée.

5. Spatule pour porter l'herbue dans la coulée pour former un nouveau bouchage.

6. Dame de fer fondu en perfpeƈtive, & deffinée fur une échelle double; elle a douze pouces de large & neuf pouces de haut; le deffus eft arrondi pour faciliter aux ringards l'entrée du creufet.

7. Autre dame des mêmes dimenfions que la précédente, à cette différence près que le plan incliné fur lequel coule le laitier n'eft pas de la même piece que la dame, mais eft formé par deux pieces de fonte d'environ deux piés & demi à trois piés de lon-

gueur, moulés triangulairement, le long desquelles le laitier coule; on a donné à ces barres le nom de *gentilshommes*.

8. La gueuse tirée du moule de la Planche précédente, elle est vue par-dessous; on y voit en relief le nombre 287, qui étoit imprimé en creux dans le moule, lequel nombre fait connoître que cette gueuse est le résultat de la deux cent quatre-vingt-septieme coulée depuis que le fourneau a été mis en feu.

PLANCHE X.

La vignette représente le fourneau vû extérieurement par l'angle du pilier de cœur, entre la face de la tuyere & celle des timpes; on a démoli le mur des batailles au-dessus de la tuyere, pour laisser voir l'opération de sonder avec la bécasse.

Fig. 1. Ouvrier qui sonde avec la bécasse, pour connoître si les charges sont avalées de l'espace nécessaire pour y introduire une nouvelle charge, lequel espace est de 36 pouces au-dessous des taques qui entourent le gueulard : pour cela l'ouvrier ayant introduit la partie coudée de la bécasse, il la promene dans toute l'étendue du gueulard ; si la bécasse n'atteint pas le charbon de la charge précédente lorsque son manche affleure le gueulard, il est tems de charger, on a supprimé un des quatre piliers qui partant des angles de la bune soutiennent la cheminée F, que l'on nomme en quelques endroits *couronne*, & cela pour laisser voir l'ouvrier fondeur.

Près de cet ouvrier on voit le pont O qui communique de dessus le fourneau à la halle à charbon P *p*, & près le passage la plaque de fer suspendue, sur laquelle on sonne les charges ; dans le lointain on voit plusieurs bêtes de somme *q q* qui apportent le charbon à la halle.

A, ouverture ou fenêtre dans le mur des batailles du côté des timpes pour regarder dans le moulage, & que les ouvriers du haut du fourneau puissent dans l'occasion communiquer avec ceux du bas.

O P, la roue à aubes qui donne le mouvement aux soufflets; elle tourne de P en O · *k k* lucarnes par lesquelles passent les bascules des soufflets, *e e* les bascules, *i i* les contrepoids; le soufflet du côté du pilier de cœur est abaissé, ce que l'on connoit par sa bascule qui est élevée; & le second soufflet près l'angle de la face de la tuyere & de la face de rustine est élevé, puisque sa bascule repose sur sa chaise de rechute: *m* piece de bois posée sur deux des liens qui assemblent la chaise des bascules qui est endedans avec la chaise de rechute ; cette piece de bois est couverte de fascines pour amortir le coup de la chute du contrepoids; ou on y substitue un ressort de même matiere, *h h* deux des quatre liens, *c d* chapeau de la chaise de rechute, *f f* les montans, *a* le patin près duquel on voit une partie de l'escalier qui conduit du bas du fourneau au haut de l'escarpement sur lequel la halle à charbon est construite, *χ χ* contreforts extérieurs pour fortifier ceux qui arcboutent contre la face de rustine, S passage entre les deux contreforts vis-à-vis le moulage, W une des deux portes aux extrémités du moulage.

2. Ouvrier qui avec un levier ou ringard pousse une gueuse pour aider à l'ouvrier (*fig.* 3.) à les empiler.

3. Ouvrier armé du levier ou crochet (*fig.* 6. Pl. VIII.) qui fait effort pour donner quartier à la gueuse.

4. Le commis du fermier de la marque des fers présent à la pesée de chaque gueuse dont il enregistre les numéros & le poids pour percevoir le droit domanial.

5. Ouvrier qui pese une gueuse avec une romaine, λ la gueuse, X romaine suspendue à une chevre, *r r r* les trois montans de la chevre.

Bas de la Planche.

Fig. 1. Bécasse en forme de fléau; la partie X qui entre dans le fourneau est assemblée avec le manche par deux pitons enfilés l'un dans l'autre.

2. Autre maniere de bécasse ou jauge préférable à la précédente; la partie X est terminée par une douille qui reçoit le manche, ensorte qu'elle est inflexible.

3. Griffe ou grille servant à soulever la gueuse pour la peser; elle est composée de trois crochets à piton, enlacés dans un troisieme piton D, terminé par un crochet qui s'adapte au crochet de la romaine; les deux crochets *a* & *b* sont tournés du même sens, & le troisieme Z, qui est l'intermédiaire, du sens opposé pour saisir deux des arêtes de la gueuse.

4. Romaine dont se sert l'ouvrier, *fig.* 5. de la vignette pour peser; elle n'a rien de particulier.

5. Autre maniere de grille pour peser les gueuses, Z le fond de la grille que l'on passe sous la gueuse, *a* & *b* les derniers maillons des chaînes qui s'accrochent au crochet de la romaine, comme on le voit dans la vignette.

TROISIEME SECTION.

Des fourneaux en marchandise.

PLANCHE Iere.

PLAN général d'un fourneau en marchandise & des atteliers qui en dépendent pour le moulage à découvert dans le sable, le moulage en sable dans des chassis, le marchoir, le moulage en terre & la rotisserie. A A la halle au charbon placée sur un terrein élevé. B porte de la halle du côté de la face de rustine : on communique de la halle au-dessus du fourneau par un pont dont on voit l'élévation dans la *Planche* suivante. Il y a un escalier pour descendre de dessus ce pont au rez-de-chaussée du fourneau : cet escalier prend son origine près de l'empellement du courfier, & se termine près de l'angle Y de la rustine & du contrevent. M N le courfier qui fournit l'eau à la roue à augets. M l'empellement qui fournit l'eau au courfier; l'eau de l'étang arrive à l'empellement par-dessous une voûte indiquée par des lignes ponctuées. K la roue à augets recevant l'eau par-dessus; *a b* arbre de la roue à augets. C lanterne qui communique le mouvement à la roue G de l'arbre des soufflets : *c d* cet arbre; *o o* & *p p* cames placées en tiers point qui compriment alternativement les soufflets; *o o* cames du soufflet du côté de la rustine; *p o* cames du soufflet du côté du pilier du cœur, le premier est abaissé & le second élevé; *n n* basse-condes sur lesquelles les cames s'appliquent; *r r* les soufflets.

Le mole du fourneau S T V X, est un quarré d'environ 25 piés de chaque face. S T la face des timpes, ou le devant du fourneau, vis-à-vis lequel se fait le moulage à découvert. T V la face dite du *contrevent*. V X la rustine. X S le côté de la tuyere. S *k* le pilier de cœur entre l'embrasure de la tuyere & celle des timpes. *e f g h i k* canaux expiratoires par lesquels s'exhale l'humidité du mole; ils ont à-peu-près la même disposition que ceux décrits dans la section précédente, & ils servent au même usage. I I I fondation des parois & contre-parois du côté du contrevent & de la rustine, les mêmes parois & contreparois pour les deux autres faces étant portées par les marastres qui traversent les embrasures. R massif de l'ouvrage qui est de sable battu. E le creuset. F la dame. Y le frayeux, entre lequel & la dame est l'ouverture que l'on nomme *coulée*. Y L le moule de la gueuse; *m* communication du moule de la gueuse au moule d'un contre-cœur; près de la communication est une boule d'argile servant à fermer la coulée lorsque le moule du contre-cœur est rempli. D porte du moulage entre les deux pavillons qui renferment le moulage en terre & le moulage en sable dans des chassis. Y Y autre porte des atteliers entre la rotisserie qui est adossée à la face du contrevent du fourneau, & le pavillon où se fait le moulage en terre. Z Z autre porte entre le pavillon où se fait le moulage en sable dans des chassis, & l'équipage dit à *double harnois*, qui meut les soufflets. P porte du pavillon où se fait le moulage en terre. *s s s s s s s t* établis ou bancs des mouleurs en terre ; *t* banc fur lequel on a moulé un baluftre, lequel eft appliqué à fon calibre. *l l* près la porte D & *l o l* dans la rotifferie, pieces de bois foutenues horifontalement à une hauteur convenable, contre lefquelles on met fé-cher les moules ou parties des moules. *p p* grande ro-tifferie. *q q* petite rotifferie.

Près la porte P du moulage en terre font les mar-choirs où on détrempe l'argille. *u* & *y u* marchoir couvert, *y* marchoir dont on a fupprimé la couverture pour laiffer voir fa conftruction. *x* efcalier pour defcen-dre à la fauffe riviere M M, N N à laquelle les empelle-mens de décharge fourniffent l'eau. H pont fur cette fauffe riviere.

L'autre pavillon où fe fait le moulage en fable con-tient quatre bannes ou tables des mouleurs *z z z z*, cha-cunes placées vis-à-vis une des fenêtres du pavillon. O la porte du pavillon par laquelle on va au magafin à fable Q ; cette porte fait fymétrie à la porte P, par laquelle les mouleurs en terre paffent aux marchoirs, qui ont envi-ron deux piés de profondeur, le fond couvert de plan-ches, fur lefquelles les ouvriers, jambes nues, cour-roient la terre avec leurs piés ; c'eft de cette opération que ces baffins dont les bords font foutenus par des pi-quets, ont pris le nom de *marchoirs*.

PLANCHE II.

Fig. 1. Coupe longitudinale du fourneau de la ruftine à la timpe, & élévation extérieure du pavillon qui contient le moulage en terre.

  2. Coupe tranfverfale du fourneau prife de la tuyere au contrevent, & élévation du pavillon qui ren-ferme le moulage en terre & du double harnois des foufflets.

Fig. 1. A Partie de la halle à charbon. B la porte pour communiquer de la halle au-deffus du fourneau, en paffant fur le pont fous lequel paffe le courfier. N le courfier & l'empellement qui lui fournit l'eau. K la roue à augets, *a b* fon arbre. C la lanterne. G la roue ou l'hériffon de l'arbre des foufflets, *c* un des tourillons de l'arbre des foufflets que l'on a fracturé pour laiffer voir l'intérieur du fourneau. Q Q voûte fous le fourneau de fix piés environ d'é-lévation & quatre de large, pour deffécher le def-fous du creufet ; *e* le fond du creufet ; E le creufet. F la dame formée par une plaque de fer dont le deffous eft rempli du même fable battu qui forme le creufet. R partie du creufet du côté de la ruftine. I I le grand axe de l'ellipfe qui forme le foyer fupé-rieur, dont on trouvera les dimenfions dans la fuite. I *g*, I *g* parois adoffées aux contre-parois. L le gueu-lard au centre de la bune. T T les murs extérieurs. S S les contre-murs. V V le maffif entre les murs & les contre-murs ; le vuide qui refte entre les contre-parois & les contre-murs eft rempli par une ma-çonnerie de moilons ou craffes de forge. Y porte de l'attelier entre le pavillon où fe fait le moulage en terre & la rôtifferie, qui eft caché par le mole du fourneau. *y* élévation extérieure d'un des marchoirs. H pont fous lequel paffe l'eau fuperflue que les empellemens de décharge verfent dans la fauffe riviere.

  2. Coupe tranfverfale du fourneau de la tuyere au contrevent. M N le courfier qui porte l'eau à la roue à augets K ; l'eau s'écoule enfuite par-deffous un pont dans le fous-bief qui communique à la fauffe riviere. C la lanterne. *b* un des tourillons de l'ar-bre commun à la lanterne & à la roue à augets. G G hériffon ou roue de l'arbre des foufflets, la-quelle avec la lanterne compofe ce qu'on nomme *double harnois*. *d* un des tourillons de l'arbre qui eft exagone. R R foufflet du côté du pilier du cœur. *r* têtiere de ce foufflet dans laquelle la buze eft fixée. R le fecond foufflet du côté de la ruftine, le pre-mier eft élevé, le fecond abaiffé ; la bafcule *i* du premier pofé fur la chaife de rechute *k k*, & la baf-cule *i i* du fecond eft élevée.

Le mole du fourneau eft coupé par le milieu de la tuyere & parallélement à la face de ruftine, & par le petit axe de l'ellipfe qui forme le foyer fupérieur. Q voûte fous le creufet. *e* fond du creu-fet. E le creufet. I I foyer fupérieur ou petit axe de l'ellipfe. I *g* I *g* parois adoffées aux contre-parois. S contre-murs, l'efpace entre les contre-murs & les contre-parois eft rempli par de la maçonnerie ou des craffes, comme il a été dit ci-deffus. T murs extérieurs. V maffif entre les murs & les contre-murs ; cette partie du mole eft traverfée par des canaux expiratoires, comme dans le fourneau de la fection précédente. L le gueulard au milieu de la bune. *m n* les batailles. A A rez-de-chauffée de la halle à charbon, que l'on a fupprimée afin que les deux coupes fuffent renfermées dans la même Planche. X Y Z élévation extérieure du pavillon qui renferme le moulage en terre. P porte du mou-lage pour aller aux marchoirs.

Des proportions relatives des parties intérieures du fourneau, & des moyens de les obferver.

Il eft très-avantageux d'avoir des fourneaux très-éle-vés, parce que les pentes font plus infenfibles, les matie-res font mieux digérées, & on peut donner plus de ca-pacité aux différens foyers, dût-on multiplier les fouf-flets en volume ou en nombre, pour adminiftrer un vo-lume d'air convenable, circonftances dont il réfulte une plus grande chaleur. L'auteur déja cité ci-devant, & du mémoire duquel cet article-ci eft extrait en partie, au-gure favorablement d'un fourneau de 24 à 25 piés de hauteur, celui que les deux planches précédentes repré-fentent a 24 piés de haut depuis le fond du creufet jufqu'à l'ouverture du gueulard, dont le grand diametre I, *fig.* 1. *Pl. II.* eft de deux piés neuf pouces de la ruftine à la tim-pe, & feulement deux piés fix pouces de la tuyere au con-trevent, comme on le voit en L, *fig.* 2.

Avant de conftruire l'intérieur du fourneau, il faut exa-miner l'état des contre-murs S S dans les deux *figures* qui avec les murs extérieurs T T renferment le maf-fif du fourneau qui eft parfemé de canaux pour laiffer évaporer l'humidité. Ces contre-murs portent du côté de la ruftine & de celui du contrevent fur la bafe du four-neau & du côté de la tuyere & des timpes fur les deuxie-mes & troifiemes gueufes ou maratres qui foutiennent les arrieres-vouffures des embrafures de ces deux parties. L'ef-pace compris entre les contre-murs eft de deux piés & demi ou environ en quarré ; le point d'interfection des deux diagonales eft le centre du fourneau, & doit répon-dre verticalement au centre du gueulard.

Pour tracer l'ellipfe du gueulard on fera un parallélo-gramme rectangle de 33 pouces de long fur 30 pouces de large, & ayant tiré les deux diagonales, leur point d'interfection fera le centre de l'ellipfe ; on tirera par le centre deux lignes paralleles aux côtés, & on aura les deux axes de l'ellipfe égaux aux côtés du parallélogram-me. Pour trouver le foyer on prendra la moitié du grand axe, c'eft-à-dire 16 pouces & demi ; & de chacune des extrémités du petit axe, comme centre, on décrira de part & d'autre des arcs de cercle qui s'entrecouperont fur le grand axe, & on aura les foyers de l'ellipfe, que l'on tracera à la maniere des jardiniers, en fixant aux foyers par deux clous une ficelle dont la longueur foit égale au grand axe ; on fera couler une pointe ou un crayon dans l'angle que formeront les deux parties de la ficelle fuffi-famment tendue par le crayon, & la courbe tracée fera l'ellipfe cherchée.

D'après cette épure, on conftruira un calibre ou chaf-fis de bois ou de fer, foit intérieur foit extérieur à l'el-lipfe, fur le bord duquel on tracera le point de fection des deux diagonales du parallélogramme circonfcrit & les extrémités des axes, & on fera fur le champ du cali-bre des crénelures perpendiculaires, capables de rece-voir une ficelle ; on fixera fur le plan du calibre huit clous fur les lignes que l'on aura relevées de l'épure, lefquelles répondent aux crénelures.

Les chofes en cet état, on placera le calibre fur la bune ou petite maffe, dans le milieu de laquelle doit être prati-qué le gueulard, foit en le pofant fur deux barreaux de

fer,

fer, fi le calibre eft intérieur à l'ellipfe, ou fimplement fur la bune, s'il eft extérieur; & dans ce dernier cas on y joindra une traverfe paffant par le centre, fur laquelle on aura relevé le point central.

Ayant defcendu un cordeau par le centre du calibre, on fera convenir le plomb qui y eft fufpendu, avec le point d'interfection des deux diagonales du quarré que les contre-murs forment; on tournera le calibre fans changer la pofition de fon centre, jufqu'à ce que le grand axe foit perpendiculaire à la face de ruftine & des timpes; par conféquent le petit axe fera perpendiculaire à la face de la tuyere & du contrevent: la pofition du petit axe eft bien ordonnée lorfqu'il eft dans le plan vertical qui pafferoit par le milieu de l'entre-deux des deux foufflets.

Les contre-parois conftruites & élevées perpendiculairement à la hauteur de 7 piés au-deffus du niveau où doit être le fond du creufet, ou à 8 piés au-deffus de l'extra-dos de la voûte qui eft fous l'ouvrage, d'une forme ellip-tique ou poligone; pour éviter le rempliffage des angles, les dimenfions du vuide étant les mêmes approchant que les dimenfions du foyer fupérieur I I dans les deux *figures*, on pratiquera une retraite d'un pié tout-au-tour pour affeoir les parois I g, qui feront conftruites de bri-ques refractaires.

Les contre-parois du côté de la ruftine & du contre-vent font fondées fur le maffif qui porte le fourneau, & pour les côtés de la tuyere & des timpes fur les premieres maratres qui foutiennent les arrieres-vouffures des em-brafures du devant du fourneau, & de celle qui eft au-deffus de la tuyere.

Toute efpece de brique n'eft pas également propre à foutenir un feu auffi violent & auffi continué que celui d'un fourneau: celles qui font d'un fervice plus affuré font compofées d'une terre glaife blanche, mêlée d'un fable blanc, talqueux & un peu ferrugineux; cette terre rougit légerement au feu. On a vu les parois de cette bri-que foutenir vingt ans le feu d'un fourneau. Cette brique eft employée avec un grand fuccès pour les reverberes de fenderie. On trouve un banc confidérable de cette terre dans une forêt appellée *Verd-bois* qui fepare aux envi-rons de Saint-Dizier la Champagne de la Lorraine.

Il faut que la pâte des briques foit bien corroyée pour en lier exactement les parties, & que les briques foient féchées à l'ombre, & employées fans être cuites: en voici la raifon.

La terre qui compofe une brique reçoit par la cuiffon un certain degré de vitrification qui donne de la roideur à fes molécules à proportion de la violence & de la durée du feu; la chaleur qu'elle éprouve en chaffe entierement l'air & l'eau, enforte qu'une brique cuite eft une fubftan-ce fpongieufe & altérée qui faifit avidement l'humidité, lorfqu'on l'emploie dans la maçonnerie, elle attire l'eau du mortier qui la baigne, & s'y colle, ce qui rend les maçonneries en briques excellentes: cette bonne qua-lité de la brique dans les murs expofés à l'air eft un défaut dans les fourneaux, parce que le feu pénétrant les maffes de maçonnerie, fur-tout celles qu'il touche immédiate-ment, raréfie vifiblement & immenfément l'air & l'eau qu'elles contiennent, ce qui les expofe à fe brifer; il n'en eft pas de même lorfque l'on emploie aux grands foyers des briques fans être cuites, elles foutiennent pour lors impunément les effets du feu, parce que leurs mo-lécules n'ayant point été durcies ni collées les unes aux autres par un feu antérieur, l'effet de celui où elles font expofées raréfie fans obftacle l'air & l'humidité qui y font contenus, & les fait évaporer, ce qui les perfection-ne: les mortiers qui les entourent font dans le même cas, ils fe cuifent l'un & l'autre au point de faire corps, les molécules charbonneufes de la flamme devenant des cendres extrêmement fubtiles, fe collent à leur furface, & y font vitrifiées, & dans cet état les couvrent d'un vernis impénétrable à l'humidité, qui ne peut y rentrer pendant l'interruption du feu, ou l'intervalle d'un fon-dage à un autre. Dans les forges qui ne font point à portée d'avoir des terres de la premiere qualité propres à for-mer des briques à feu; on pourroit y fuppléer en for-mant une pâte compofée de trois parties de glaife bien pure, une partie & demie de fable aride ou de grès pilé,

ou autre équivalent, une demi-partie de ciment & au-tant d'hamefelac de bache criblé.

Les briques deftinées à conftruire les parois doivent avoir douze pouces de longueur, fix pouces de largeur à la queue, cinq pouces fur le parement, & deux pou-ces d'épaiffeur toutes feches.

Il eft à propos de conftruire auffi les contre-parois en briques féchées; fi on les fait en pierre calcaire, il peut arriver que quelques pierres recevront de l'humi-dité par quelque accident, & ruineroient par leur pouf-fée les parois intérieures; pour cette conftruction toute efpece de brique eft bonne; on peut y employer des briques d'un pié de long, fix pouces de large, & trois pouces d'épaiffeur; l'argille ou herbue que l'on emploie au fourneau, feroit très-bonne en la mêlant avec du fable.

Il eft effentiel dans la conftruction des parois d'em-ployer un mortier compofé autant qu'il eft poffible de la même terre que celle des briques; que le mortier foit affez liquide pour fouffler dans tous les joints afin de n'y laiffer aucun vuide; il ne faut point non plus em-ployer de briques voilées, pour éviter les irrégularités: on redreffera facilement les briques de rebut en les frot-tant fur une plaque de fonte un peu raboteufe; lorf-que l'on aura befoin de portion de briques, il faudra les fcier & non les rompre; il faudra auffi ragreer tous les joints avec la pointe de la truelle & fans faire d'enduit; boucher exactement tous les trous des fupports ou des échaffauds.

Pour conftruire les parois on fera un calibre pour le grand foyer ou foyer fupérieur; ce calibre de forme ellip-tique dont le grand axe aura fept piés & le petit cinq piés, fera tracé comme celui du gueulard, décrit ci-de-vant, & fera conftruit de maniere à le pouvoir démon-ter pour le fortir du fourneau après que les parois feront conftruites, on placera ce calibre enforte qu'il foit foute-nu à la hauteur du foyer fupérieur I I, dans les deux *fi-gures de la Planche II*, & de maniere que fon centre ré-ponde verticalement au centre du calibre du gueulard, & que fes axes & fes diametres correfpondent dans les mê-mes plans verticaux aux axes & aux diametres du cali-bre du gueulard, ce dont on s'affurera en laiffant tom-ber trois à-plomb des extrémités du grand axe & du centre du gueulard; en cet état ayant tendu huit cor-deaux des extrémités des axes & des extrémités des dia-metres du calibre du gueulard aux extrémités des axes & diametres correfpondans du calibre du foyer fupérieur, on dirigera la conftruction des parois fur ces lignes, fe fervant dans la diftance d'un cordeau à l'autre, de cer-cles convenables pour donner à toute la furface intérieu-re du cône ellipticoidal des parois la régularité qu'elle doit avoir.

Après l'entiere conftruction des parois, on démon-tera le calibre du foyer fupérieur, & on le fortira du fourneau: on laiffera en place celui du gueulard des ex-trémités du grand axe, duquel on defcendra deux à-plomb fur l'aire du creufet, qui fera faite de fable battu, ou autre matiere convenable, comme il a été dit dans la fection précédente. L'aire aura un pié d'épaiffeur au-deffus de l'extrados de la voûte qui eft au-deffous, & fera par conféquent à 7 piés au-deffous du foyer fupé-rieur par les points que les à-plomb indiqueront; on tra-cera une ligne qui fera le milieu de la longueur du creu-fet; un troifieme à-plomb defcendu du centre du gueu-lard fera connoître où l'axe prolongé du cône des parois coupe la ligne précédemment tracée; par ce point on tirera fur l'aire une ligne qui foit perpendiculaire à la pre-miere, & cette ligne qui correfpondra verticalement au petit axe de l'ellipfe du gueulard, fuppofée prolongée du côté des foufflets, devra paffer dans le milieu de l'efpace qui les fépare fi les foufflets ont été bien placés.

Parallelement à la ligne correfpondante au grand axe, dont la pofition a été déterminée par trois à-plomb, & à fept pouces & demi de diftance de chaque côté, on tracera deux autres lignes pour placer les coftieres de la tuyere & du contrevent, & à huit pouces de l'axe pro-longé du cône, on placera du côté de la ruftine une troifieme coftiere, les angles de la ruftine au contre-vent & à la tuyere feront arrondis par un rayon de fix pouces. On obfervera, foit que l'on fe ferve de fable, de briques, de pierres-à-feu ou même calcaires pour conftruire le creufet, de maçonner perpendiculairement fur les lignes tracées parallelement aux projections du grand & du petit axe de l'ellipfe du gueulard, à la hauteur de dix-huit pouces fur la longueur de vingt-fix pouces depuis la ruftine jufqu'à la bafe de l'étalage des timpes, & de quinze pouces de hauteur feulement depuis les vingt-fix pouces jufqu'à l'extrémité du creufet du côté de la dame, enforte que le creufet ait quinze pouces de large & cinq piés de long depuis la ruftine jufqu'à la dame: fi on fe fert uniquement de fable, on formera avec des planches un chaffis prifmatique de dix-huit pouces de hauteur, quinze pouces de large extérieurement & cinq piés de long, autour duquel on battra le fable un peu humecté avec le maillet ou la demoifelle : lorfque le fable eft trop fec il ne fe lie pas, lorfqu'il eft trop humide il gliffe, & fe leve à côté de l'endroit où on le comprime. L'expérience feule peut éclairer fur le degré d'humidité qu'il convient qu'il ait pour faire un bon ouvrage ; mais avec quelques matieres que l'on conftruife, il eft néceffaire de remplir exactement tout le vuide entre les contre-parois & le creufet.

Le creufet étant achevé, on pofera du côté des foufflets une plaque de fonte de forme trapézoïdale, dont le petit côté qui regardera l'intérieur du creufet aura fix pouces ; cette plaque fera encaftrée de toute fon épaiffeur dans la coftiere, & pofée de niveau à la hauteur de dix-huit pouces au deffus du fond du creufet, le milieu de cette plaque fera dans l'alignement de la ligne de féparation des foufflets, ou à l'à-plomb du petit axe de l'ellipfe du foyer fupérieur ou du gueulard : fur cette plaque on pofera la tuyere, dont le mufeau doit avoir une ouverture de trois pouces de hauteur fur quatre pouces de large, faite d'une feuille de fer battu, & ployée en demi-cône ; mais fi on fe fert de pierres, on taillera cette même figure dans fa furface inférieure.

Après avoir pofé la tuyere, on pofera la timpe de pierre, qui portera par une de fes extrémités fur la coftiere du contrevent, & par l'autre fur celle de la tuyere ; fa furface intérieure fera éloignée de la ruftine de vingt-fix pouces, & elle fera élevée de quinze pouces au-deffus du fond du creufet. Si on fe fert de fable pour former cette partie, on pofera fur les coftieres ou longs côtés du creufet, une plaque de fonte ou une planche de 20 pouces de large dont les bouts porteront fur les coftieres, & y feront enfoncés de leur épaiffeur : fur cette planche ou plaque de fer on formera la timpe en fable, ayant préalablement pofé la timpe de fer de quatre pouces en quarré, dont les extrémités feront foutenues par deux pages, qui font ordinairement deux poids de 50 : fur la timpe de fer on pofe le taqueret, qui eft une plaque de fonte dont le haut porte contre une des faces de la première maraftre ; c'eft contre le taqueret & fur la planche que l'on corroye le fable pour former la timpe : la planche étant brulée, il refte toujours quinze pouces de hauteur jufqu'au fond du creufet.

La tuyere & les timpes étant pofées, on formera les étalages E I, E I, dans toutes les figures, de maniere qu'ils aillent joindre la racine des parois en I I : on les montera en ligne droite ; mais fi on les fait en fable, on obfervera de les bomber d'environ deux pouces, parce que le fable fe retirant par l'action du feu, ils reviendront à la ligne droite.

La forme du vuide que forment les étalages eft un cône ellipticoïdal irrégulier, tronqué & renverfé, dont la bafe I I eft l'ellipfe du foyer fupérieur, la même qui fert de bafe aux parois ; l'autre bafe de ce cône eft le contour de la partie du creufet renfermée entre les coftieres de la tuyere & du contrevent, & la ruftine & la timpe : la forme de cette bafe eft un parallélogramme dont les angles font arrondis ; la longueur eft de vingt-fix pouces & la largeur de quinze. On peut auffi prolonger verticalement les contours du creufet pour donner moins de pente aux étalages, comme on le voit dans les *fig.* 3 & 4 de la fection précédente. L'ouvrage étant conftruit, on le déblaye, on répare avec foin les défauts qui peuvent s'y trouver, puis on pofe la dame.

Au-lieu d'une vieille enclume de rebut dont on fe fert

ordinairement, & dont le poids confidérable eft caufe qu'elles font le plus fouvent mal pofées, vu auffi qu'elles font fujettes à s'échauffer au point de fondre & laiffer échapper la fonte hors du fourneau, & que dans cet accident leur remplacement eft très-pénible par la difficulté de les manier près d'un feu fi actif ; il faut fe fervir d'une plaque de fonte épaiffe d'environ trois pouces, de trente pouces de longueur fur quinze de largeur, & la pofer fur un maffif de fable, enforte qu'elle foit inclinée fous un angle de foixante degrés, & que fon extrémité fupérieure foit éloignée de dix à quatorze pouces de l'à-plomb de la timpe de fer, & trois pouces & demi au-deffous de fon niveau, ou, ce qui revient au même, fix pouces & demi au-deffous du niveau de la tuyere ou du vent. L'extrémité inférieure eft retenue par un piquet de fer enfoncé au-deffous de la furface de la dame, & recouvert de terre battue pour qu'il ne forme aucun obftacle à la manœuvre. La dame doit être inclinée pour la facilité de l'écoulement du laitier ; elle doit être plus baffe que la timpe, pour que le laitier ne faffe point d'obftruction fous la timpe, ce qui le feroit remonter à la tuyere. Elle doit être éloignée de la timpe pour faciliter le travail, & pour puifer la fonte au befoin.

Dans le premier cas, la dame trop inclinée attire trop le laitier, en diffipe une trop grande quantité, ce qui intéreffe la qualité & la quantité du produit du fourneau ; au contraire lorfqu'elle eft trop peu inclinée, elle rend le laitier pareffeux, ce qui augmente le travail. Dans le fecond cas, la dame trop furbaiffée occafionne une grande diffipation de la chaleur, & une trop prompte & totale effufion du laitier. Lorfqu'elle eft trop élevée, elle rend le travail du fourneau pénible. Dans le troifieme cas enfin, la dame trop éloignée de la timpe, donne lieu à la fonte de fe pâmer ou figer dans cette partie de fon bain ; lorfqu'elle eft trop proche elle rend l'accès du fourneau difficile, tant pour travailler dans le creufet, que pour y puifer la fonte ; d'ailleurs la dame trop avancée dans l'ouvrage eft fujette à fondre.

Pour empêcher le laitier de porter le feu dans le magafin de frafins qui eft entre la dame & le pilier de cœur, on enfonce de champ & perpendiculairement une plaque de fonte à côté de la dame ; cette plaque, que l'on nomme *garde-feu*, doit furpaffer la dame de cinq à fix pouces.

Entre la dame & l'extrémité de la coftiere oppofée, il doit y avoir un vuide de quatre pouces de largeur communiquant à l'intérieur du creufet ; ce vuide que l'on nomme *coulée*, fert pour l'effufion de la fonte hors du fourneau. La coulée eft élargie extérieurement d'un pouce par un bifeau que l'on fait à la coftiere, que l'on revêtit par le frayeux. Le frayeux eft une plaque de fonte de douze à quinze pouces de largeur, vingt-fept à trente pouces de hauteur, enfoncée de huit à dix pouces dans le maffif de l'aire du creufet prolongé deffous la dame. Le frayeux s'éleve perpendiculairement, & fa direction fuit celle du bifeau dont il fait le prolongement ; ce qui forme avec le côté de la dame une embrafure, qui contient & dirige la fonte lorfqu'elle fort du fourneau ; il fert auffi de point d'appui aux ringards. Pour le travail dans l'intérieur, entre la dame & le frayeux, on pofe la coulée, qui eft une pierre qui remplit exactement cet efpace ; elle doit être pofée à fleur de l'aire ou creufet, avec une pente d'environ un pouce au-dehors. Les pierres calcaires font propres à cet ouvrage ; les apyres font meilleures ; mais les pierres qui décrépitent n'y font pas propres.

PLANCHE III.

La vignette repréfente l'intérieur du pavillon dont on voit le plan en *ssssPssts Pl. I.* où fe fait le moulage en terre, on voit l'élévation de la face ; & du côté de ce même pavillon, dans la *Planche II*, & dans le fond du tableau, la rotifferie adoffée au mur extérieur du côté du contrevent. T eft une partie du devant du fourneau, où on voit les orifices de quelques-uns des canaux expiratoires qui en parcourent le mole. Y eft une des portes de la halle fur le moulage ; elle eft fignalée de la même lettre dans le plan. On voit de part &

d'autre près les fenêtres de l'attelier huit établis, quatre de chaque côté.

Fig. 1. Ouvrier occupé à appliquer de la terre sur le noyau, modele ou chape, que le petit ouvrier, *fig.* 2, fait tourner au moyen de la manivelle qu'il saisit avec ses mains : la terre superflue reste sur le calibre, d'où le mouleur la prend pour la jetter aux endroits où il en manque. Lorsque le noyau, modele ou chape est achevé, on le porte à la rotisserie. Quand les pieces ne sont pas d'un grand diametre, un seul ouvrier suffit : d'une main il fait tourner la manivelle, & de la main droite il applique la terre, qui est une sorte de glaise ou d'argille aux endroits où il en faut, jusqu'à ce que le noyau, modele ou chape remplisse exactement le calibre ; la manivelle tourne du sens convenable pour que la partie supérieure de l'ouvrage se présente au calibre en descendant par-devant l'ouvrier : l'établi est garni de deux planches, l'une horisontale pour recevoir la terre corroyée dans le marchoir, & l'autre verticale, servant de dossier, pour empêcher que la terre en touchant les murs, ne contracte quelque impureté. Près de la *figure* 1 on voit la brouette dans laquelle on voiture la terre depuis les marchoirs jusqu'à l'attelier du moulage. A la brouette. B les mancherons. C la terre corroyée prête à être employée, dans laquelle on voit la pelle qui sert à l'enlever, soit du marchoir dans la brouette, ou de la brouette sur l'établi.

2. Quatre établis. Sur le premier on voit l'arbre garni de son trousseau, & sur le dernier l'arbre & son trousseau chargé d'un noyau, d'un modele ou d'une chape, lesquelles trois pieces sont renfermées l'une dans l'autre ; la chape renferme le modele, & le modele contient le noyau. Dans le fond de l'attelier on voit deux rotisseries. La rotisserie est une auge de briques, au fond de laquelle on a mis des charbons allumés pour sécher les moules que l'on y expose : les deux bouts des arbres qui traversent les moules, portent sur les bords de la rotisserie qui sont couverts de planches. Une des deux rotisseries est vuide, & le mur antérieur est abattu pour laisser voir l'intérieur. Au-dessus de chaque rotisserie sont des planches *e f*, disposées à claire-voie : ces planches reçoivent différentes pieces de moules que l'on y met sécher, elles sont suspendues aux solives *a b*, qui portent par leurs extrémités *a* dans le mur du contrevent du fourneau, & par l'autre extrémité dans le mur de clôture de l'attelier qui lui est parallele. Chaque solive est aussi soutenue dans le milieu par un poteau *c* ; & les trois poteaux sont reliés les uns aux autres par des entretoises *l l* à hauteur convenable pour y appuyer une des extrémités des arbres sur lesquelles on a formé des noyaux, comme on voit en *d*.

Bas de la Planche.

Fig. 1. Arbre de fer pour former les noyaux des pieces creuses. A extrémité quarrée de l'arbre, laquelle reçoit la manivelle *a*, qui est serrée contre sa portée par une clavette. B D tourillons ou parties cylindriques de l'arbre, lesquelles roulent dans les entailles pratiquées dans les traverses de l'établi. C partie quarrée de l'arbre, sur laquelle on enfile le trousseau, *fig.* 2, qui est de bois.

2. Trousseau de bois de forme pyramidale tronquée : il est de bois & percé d'outre-en-outre d'un trou quarré ; extérieurement il est à huit, dix ou douze pans. F le côté de l'entrée de l'arbre de fer, ou le petit bout : E le côté de la sortie, ou le gros bout, auquel on attache le bout de la torche, comme il sera dit ci-après.

3. Un des établis représenté en grand & en perspective. A *a* la manivelle. B D les tourillons logés dans les entailles des traverses X P, V O, qui servent de collets. F E le trousseau. O P l'établi à terre, L N le dossier appliqué au mur de l'attelier. M la terre à mouler. R S T le calibre d'un noyau. V X la barre

de devant de l'établi, dans laquelle les traverses s'assemblent. G G les piés de derriere, qui soutiennent la solive attachée au mur par des crampons. La face supérieure de la solive, dont la longueur est égale à l'espace que contiennent les quatre établis, est entaillée en queue d'aronde pour recevoir les tenons en queue d'aronde, pratiqués aux extrémités des traverses X P, V O, de quatre piés de longueur. La partie antérieure des traverses est soutenue par les piés H H, dont les tenons s'assemblent dans les mortaises de la face inférieure des traverses, & non dans le devant V X de l'établi. Le devant de l'établi est assemblé à tenons & mortaises avec les traverses qui sont distantes l'une de l'autre de 3 piés 4 pouces, ou 4 piés, y compris l'épaisseur des bois, qui sont tous de 4 pouces d'équarrissage : le dessus des traverses & du devant de l'établi est élevé de 3 piés au-dessus du sol de l'attelier.

PLANCHE IV.

Travail pour mouler en terre une marmite à gros ventre.

Le mouleur pourvu de terre préparée & corroyée dans le marchoir, & de qualité convenable, c'est-à-dire ni trop grasse ni trop chargée de sable ; car les terres trop grasses ou glaises pures se fendent en séchant, & celles qui sont trop sablonneuses, outre qu'elles sont moins ductiles, n'ont point assez de consistance pour conserver la forme qu'on leur donne ; & étant pourvu aussi de natte de paille tissue, comme celle des paillassons, ou seulement de corde ou cadenettes de paille, il commence le moule par le noyau, le continue par le modele, & le finit par la chape, ainsi que la suite des *figures* le fera entendre.

Fig. 1. L'arbre garni de son trousseau. A l'extrémité quarrée de l'arbre qui reçoit la manivelle : on y voit la mortaise destinée à recevoir la clavette qui assujettit la manivelle. B D les tourillons. F E le trousseau.

2. L'arbre garni de nattes ou torches de pailles A B ; on commence par attacher le bout de la torche au gros bout du trousseau en E, *fig.* 1, & faisant tourner l'arbre, on revêtit le trousseau d'une quantité suffisante de tours de la corde de paille ou natte, pour qu'elle approche à un pouce & demi environ du calibre R T, découpé de la forme du profil de l'intérieur de la marmite depuis *a* jusqu'en *b* : on fait en *c* une entaille pour y mouler l'arasement qui sert à raccorder les différentes pieces du moule.

3. Le noyau achevé. C le ventre ou panse. D le drageoir. E l'évasement. R T le calibre du noyau ; la terre qui compose le noyau est mise à différentes couches, & chaque fois on laisse sécher, ou on porte à la rotisserie, on se sert de différens calibres, ou on éloigne successivement le premier en se servant des différens trous qui sont percés à la face supérieure des traverses de l'établi : c'est dans ces trous que l'on met des chevilles de fer pour contenir le calibre & l'empêcher de s'éloigner de l'arbre : après que la derniere couche qui doit former le noyau est seche, on blanchit avec de la craie délayée dans de l'eau : on emploie cette couleur avec un pinceau, ou peignon de filasse, pour empêcher que les couches de terre qui doivent former le modele ou la chape ne s'attachent au noyau ou au modele. Au-lieu de craie délayée dans de l'eau, on peut employer pour la même fin & de la même maniere de la cendre passée au tamis de soie. On donne aux cendres ainsi tamisées, ou à la craie, ou au mélange de toutes les deux avec quelques autres matieres convenables, selon le pays, le nom de *potée*. On fait sécher.

4. Modele dans son calibre. F le ventre. G le drageoir, E l'arasement du noyau qui déborde le modele, pour que la chape y trouve l'appui nécessaire. R T le calibre du modele plus grand que celui du noyau, de la quantité dont on veut que l'épaisseur de l'ou-

vrage foit, comme on peut voir dans la 10 *figure*. La terre qui forme le modele eft une terre plus maigre que celle du noyau, avec lequel elle n'a point d'adhérence, à caufe de la potée dont il a été enduit : après que le modele eft achevé, & qu'il remplit exactement fon calibre, on fait fécher, enfuite on le couvre d'une couche de potée pour empêcher l'adhérence de la chape qui doit le recouvrir, & on porte à la rôtifferie.

5. La chape H I qui renferme le modele contenant le noyau. R T le calibre de la chape : la chape recouvre l'arafement encore vifible dans la *fig*. précédente, ce qui fert à la centrer & à la mettre droite, lorfque l'on remonte les pieces du moule. Après que l'on a fupprimé le modele, la chape achevée par plufieurs couches de terre, on porte à la rôtifferie où on fait fécher.

6. Modeles des anfes de la marmite. Le modele eft compofé de deux cylindres de bois *a b*, *c d* ; le premier eft terminé par un tenon *b* qui eft reçu dans une mortaife pratiquée à l'extrémité *c* de l'autre cylindre, enforte qu'ils puiffent fe joindre en onglet fous l'angle convenable, comme on le voit en *e f g*.

7. Les moules des anfes. Pour les faire on entoure les deux bâtons ou cylindres *e f g* de la *figure* précédente, avec la même terre qui fert à faire les chapes ; & avant laiffé fécher, on retire les modeles : pour cela on commence par faire fortir les bâtons *a* & *c* qui portent le tenon, les deux autres *b* & *d* fortent enfuite aifément ; & les moules des anfes fe trouvant vuides, il ne refte plus qu'à les fixer fur le corps de la marmite.

Pour cela le mouleur muni d'une ficelle prend la mefure de la circonférence de la chape de la marmite, il ploie cette ficelle en deux également, puis ayant fixé une des extrémités fur la chape, & y avoir fait une marque, il étend cette ficelle en double auffi loin qu'elle puiffe s'étendre, & là il fait une autre marque ; l'ouvrier répete cette opération pour trouver l'emplacement du bas de l'anfe ; puis le moule étant mis fur une table, il perce la chape jufqu'à la rencontre du modele qui y eft renfermé : il retaille en onglet & fous l'angle convenable les deux parties du moule de l'anfe, & le préfente dans les ouvertures de la chape, où il l'affermit dans la fituation requife avec de la terre à mouler. On fait la même opération pour l'autre anfe, qui doit être diametralement oppofée. Le haut de l'anfe doit s'implanter dans la partie inférieure du drageoir, & la partie inférieure après la gorge à la naiffance de la pance.

8. Modeles des piés. A B modele du pié, que par analogie on pourroit nommer *jambe* ; fa figure eft pyramidale & cannelée : on forme le moule de cette partie du pié, en entourant le modele de la même terre qui fert à faire les chapes : l'autre partie du pié, que l'on nomme *patin*, fe fait en imprimant le modele E du patin dans un gâteau de terre D, percé au milieu : on joint & on lutte ce moule au moule C, formé par l'autre modele A B, & on a le moule complet d'un pié. On en fait trois femblables à celui défigné par la lettre F.

Les moules des piés faits, il refte à les placer fur le moule de la marmite : pour cela le mouleur divife en trois parties égales la circonférence qui a été tracée fur la chape lors de la formation dans le calibre, obfervant de commencer fa divifion par un des deux points de cette circonférence qui répondent au milieu de l'intervalle des deux anfes ; il perce la chape jufqu'à la rencontre du modele, & y ayant préfenté les moules des piés, il les y fixe par de la terre, enfuite on fait fécher.

Après que la chape, garnie des anfes & des piés, eft entierement féchée, on démonte le moule : pour cela on chaffe avec un maillet le trouffeau hors du noyau en frappant fur le petit bout F. le trouffeau amene avec lui le bout de la torche de natte attaché au gros bout E *fig*. 1. Le refte de la natte fuit en fe

dépelotant intérieurement, enfuite on acheve de couper entierement la chape en deux parties, fuivant les lignes que l'on y avoit tracées avant qu'elle fût feche, lefquelles ne doivent paffer ni par les anfes, ni par les piés. La chape féparée en deux demichapes, fe détache aifément du modele à caufe de la potée dont il a été enduit, & le laiffe voir à découvert. On brife le modele pour découvrir le noyau que l'on répare s'il eft néceffaire ; on bouche enfuite avec la même terre le fommet du noyau qui eft refté ouvert à l'endroit où le trouffeau par fon petit bout F le traverfoit ; on répare avec foin cette partie qui doit former le fond intérieur de la marmite : on la couvre de potée, & on la fait fécher fur les planches de la rôtifferie, le côté de l'arafement du noyau qui refte ouvert en cette partie étant tourné en em-bas.

Il refte auffi une ouverture circulaire à la chape correfpondante à celle du noyau : pour fermer cette ouverture, dont les bords ont dû être tranchés nettement, lorfque la chape étoit encore fur le tour ou établi, on moule une calotte de grandeur & épaiffeur convenable, à laquelle on adapte les coulées ou évents qui font des tuyaux coniques affez femblables au moule des piés : la calotte féchée, ainfi que les coulées, on remonte entierement le moule ; pour cela ayant pofé le noyau fur une table du côté de fon arafement, on préfente fucceffivement les deux pieces de la chape, que les feuillures qui fe font moulées fur l'arafement du noyau, font replacer & centrer facilement : une des deux pieces de la chape porte une anfe & un pié, l'autre piece porte l'autre anfe & les deux autres piés ; on lès remet ainfi facilement en la place qu'elles occupoient avant d'avoir été féparées du noyau, au moyen de différens repaires faits aux pieces de la chape & à l'arafement, enforte qu'une des deux moitiés de la chape ne peut pas être mife en place de l'autre, foit en tout ou en partie : il ne refte plus qu'à adapter la calotte qui porte les jets, & lutter tous les joints avec de la terre pour que le moule foit achevé.

D'autres mouleurs ne font point de calotte féparée, mais à chaque demi-chape ils ajoutent ce qui manque pour remplir le vuide que le trouffeau y a fait refter, ils uniffent & poliffent ces parties le plus exactement qu'ils peuvent, & les percent enfuite pour y adapter les jets. Ces parties répondent au fond extérieur de la marmite.

On fe fert auffi de petites balles ou grenailles de fer fondu que l'on place en différens endroits entre la chape & le noyau pour limiter & rendre égale la diftance qui eft entre la chape & le noyau, ces petites balles font corps avec le métal qui eft fondu ; mais on peut fe paffer d'en faire ufage lorfque la feuillure de la chape eft bien faite, & l'arafement du noyau bien confervé, fi ce n'eft peut-être pour foutenir la calotte à laquelle les jets & évents font attachés.

9. Vue perfpective du moule de la marmite entierement achevé. A B C les 3 piés qui doivent refter ouverts, mais feulement d'un très-petit trou capable de donner iffue à l'air lorfque le métal qui vient remplir le moule le force à fortir. D E les coulées ou évents. H I ligne de féparation des deux moitiés de la chape ; cette ligne ne doit point paroître lorfque les joints font luttés ; les jets doivent être plus élevés que les patins des piés afin que le métal foit forcé d'y monter.

10. Coupe générale du moule par la ligne H I de la *figure* précédente. E le trouffeau fur fon arbre de fer. B A A B la torche ou natte qui entoure le trouffeau. D C C D le noyau. D D le drageoir. C C la pance. G F F G le modele ou le vuide qui doit être rempli par le métal. I H H I la chape. I I l'arafement que la chape emboîte fur le plat & fur le champ.

C'eft de la même maniere que l'on moule les vafes pour les jardins, & différens autres ouvrages non chargés d'ornemens, qui en rendroient la dépouille difficile,

difficile; car pour ces fortes d'ouvrages, comme lions, fphinx & autres figures, on les moule à cire perdue, comme les ftatues de bronze.

PLANCHE V.

Moulage en fable.

La vignette repréfente l'intérieur de la halle au-devant du fourneau, & une partie de l'intérieur du pavillon où fe fait le moulage en fable. On voit comment la charpente qui porte les combles de la halle & des pavillons, eft appuyée fur des encorbellemens formés aux angles S & T du mole du fourneau & fur le mur de clôture aux angles de retour de la halle & des pavillons : *p q* les deux rotifferies : Y Y porte de l'attelier du côté d'amont ou de l'étang qui fournit l'eau à la roue : Z Z porte du côté d'aval; on a abattu les murs de clôture de ce côté pour laiffer voir l'intérieur; on a auffi fignalé de mêmes lettres tous les objets du plan général qui font vifibles dans la vignette; cette attention eft un devoir pour toutes les *Planches* qui font relatives les unes aux autres.

Fig. 1. Mouleur qui taffe le fable au-tour du modele du corps d'une marmite, contenu dans le chaffis de corps *b*. Le chaffis eft porté fur un ais ou planche à mouler *a*, dont le deffous eft fortifié par deux barres, comme on le verra dans les *Planches* fuivantes. La planche à mouler eft pofée fur la table *z* du mouleur, dont la longueur eft d'environ 12 piés, la largeur de 4, & la hauteur au-deffus du rez-de-chauffée d'un pié & demi : ces tables font entourées de trois côtés, de rebords d'environ un pié de haut, comme on le voit dans le plan général en *z z z z*, *Pl.* I. pour empêcher le fable de tomber hors de deffus la table.

Le fable convenable pour mouler doit être fin & gras pour que la furface des ouvrages que l'on y fondra foit unie, & pour que le moule puiffe fe foutenir; il faut auffi qu'il foit humecté légerement; on connoît qu'il a les qualités requifes en le comprimant fortement dans la main; s'il conferve la figure que la compreffion lui a donnée, il eft fuffifamment humecté & mélangé-d'argille. Sa fineffe fe connoît à l'œil.

2. Autre mouleur qui avec la regle *c d* racle le fuperflu du fable fuffifamment comprimé avec la batte plate pour l'affleurer au niveau du chaffis *b* qui renferme le modele du corps de la marmite; le chaffis eft pofé fur la planche à mouler *a* qui eft pofée fur la table, fur laquelle on voit en *m* un tas de fable.

3. Fondeur qui charge les moules entierement achevés avec des poids de 50, ou autres morceaux de fonte, pour empêcher que lorfqu'on coule le métal les deux moitiés du moule ne fe féparent : *a a* chantiers fur lefquels les chaffis ou moules font pofés : *b c d* les chaffis ou moules dont on voit les jets & les évents indiqués par des trous dans le fable : ces moules font deftinés pour des tuyaux de conduite. Tous ces ouvriers ont les manches retrouffées jufqu'au coude, & un tablier de groffe toile devant eux.

4. Ouvrier qui moule un contre-cœur de cheminée; il eft occupé à battre le fable tout-autour du modele qui eft de bois, & dont on ne voit que l'envers dans la *figure*, le côté fculpté du modele étant tourné vers le fable qui forme l'aire au-devant du fourneau; on forme auffi dans ce fable le moule de la gueufe Y L qui fournit le métal pour former le contre-cœur en paffant par la petite coulée *m*, qui communique du moule de la gueufe au moule du contre-cœur.

Le contre-cœur eft en tout femblable au modele qui a fervi à former fon moule; il a à droite les mêmes objets que le modele a à droite : il en eft de même à gauche où les figures ou autres ornemens dont le modele eft chargé en cette partie reparoiffent.

Il eft effentiel que le modele foit bien pofé de

niveau, car fans cette attention les plaques, contre-cœurs, ou autres ouvrages que l'on moule de cette maniere feroient plus épais en un endroit que dans l'autre. On ferme avec une boule d'argille la petite coulée *m*, après que le métal contenu dans le moule de la gueufe eft répandu en quantité fuffifante dans le moule du contre-cœur, & on la faupoudre de frazin qu'on y lance horifontalement avec une pelle.

5. Ouvrier occupé à enterrer les moules de terre décrits ci-devant, dans le fable du devant du fourneau; il ne laiffe paffer au-deffus du fol de l'attelier que les coulées & les évents, on emplit ces moules à la poche ou cuillere, comme on le verra dans la Pl. IX. mais fi les moules font capables d'abforber une grande quantité de matieres, on forme une petite coulée qui communique du moule de la gueufe au jet, par lequel la fonte doit entrer dans le moule enterré.

6. Chevalet pour décrouter les marmites ou autres ouvrages creux; il eft compofé d'une folive A B, arrondie en A, & de deux piés C D : c'eft fur la partie arrondie que l'on coëffe les marmites que l'on décroute avec les rapes de fer fondu que l'on voit dans la Pl. VIII.

Bas de la Planche.

Contenant les modeles des différens ouvrages à l'ufage des forges que l'on moule à découvert, comme les plaques dans le fable qui eft à côté de la gueufe.

Fig. 1. Modele de collier pour entourer un arbre de marteau lorfqu'on ne paffe point de bras à-travers; il eft à cinq cames ou levées; fon intérieur eft décagone, auquel cas l'arbre du marteau doit avoir la même forme dans la partie fur laquelle on enfile le collier. On en fait auffi à quatre levées, dont l'intérieur eft octogone, cela dépend de la viteffe & de la quantité d'eau dont on peut difpofer pour faire tourner la roue du marteau, de la grandeur de la roue, & même du poids du marteau.

2. Modele du chevalet pour porter l'empoiffe du tourillon de dedans de l'arbre du marteau, la face A B C D du chevalet laquelle eft inclinée à fa bafe eft l'oppofée de celle qui fe préfente à l'arbre; la rainure qui eft entre la languette entiere A B & les portions *a b*, *c d* de la languette parallele, eft deftinée à recevoir la bafe de l'empoiffe; les extrémités A & B de la languette antérieure fervent de point d'appui pour les ringards avec lefquels on fouleve l'empoiffe & l'arbre de la roue du marteau pour le faire avancer du côté de l'enclume ou pour l'en éloigner, la bafe du chevalet pofe fur un fond folide au niveau du fol de la forge. *Voyez la fection fuivante.*

3. Au-deffus du chevalet, modele d'empoiffe ou empoiffe du tourillon en-dedans, de l'arbre du marteau, H G bafe de l'empoiffe qui entre dans la rainure du chevalet, I colet de l'empoiffe dans lequel roule le tourillon de l'arbre du marteau, F E oreilles de l'empoiffe, fous lefquelles on paffe les ringards pour la foulever. A côté on voit l'empoiffe ou fon modele tourné de l'autre côté, ou du côté qui s'applique au bout de l'arbre du marteau, F E les oreilles, L K l'eftomac qui foutient le devers de l'empoiffe; cette partie entre dans l'intervalle *b c* des deux parties de la languette poftérieure du chevalet, & elle ne doit point remplir entierement cette partie, ce qui empêcheroit le mouvement en long dans la rainure ou couliffe du chevalet; on préfente le modele au fable par le côté que repréfente cette derniere *figure* & celui du chevalet fens-deffus-deffous.

4. Modele de tourillon à quatre aîles pour l'arbre du marteau; on le moule du haut-en-bas dans le fable à côté de la gueufe.

5. Modele de tourillon à deux aîles pour les arbres des foufflets lorfqu'on n'y met point de tourillons de fer forgé.

F

6. Modele d'enclume de forge que l'on moule dans le fable du même fens dont il eft tourné dans le deffein, l'anfe ou poignée tournée en-haut; il eft formé de plufieurs planches affemblées comme une caiffe pour qu'il foit plus léger; la longueur totale eft de trois piés quatre pouces, la bafe *L I K* de l'enclume, laquelle entre d'un pié dans le ftock, a dix-huit pouces en quarré, ce qui eft la groffeur de l'enclume dans la longueur *I C, L H*, de deux piés depuis la ligne C H des deux côtés oppofés; elle va en rétréciffant dans la hauteur de feize pouces, & fe réduit en E & en F à la largeur de quatre pouces, enforte que la table E F de l'enclume a dix-huit pouces de long fur quatre pouces de large. Après avoir fouillé dans le fable de devant du fourneau un efpace convenable dont on aura dreffé le fond, on y place de niveau le modele, autour duquel on bat du fable pour former les côtés, on arafe le deffus, on retire enfuite la table E F, faite d'un bois plus dur que le refte du modele, pour qu'il foit plus liffe, & que le fable qui fe moule contre cette partie foit bien uni, d'où dépend la perfection de la table de l'enclume; on retire enfuite le modele par la poignée A B, fixée par les deux montans C D à la plus longue face de l'enclume, car la table eft un peu oblique à fa longueur, ce qui favorife la fortie du modele; on donne pour la même raifon un peu de dépouille au corps de l'enclume.

Pour rendre les tables des enclumes plus parfaites & éviter les peines que l'on prend pour les redreffer & les polir, on pourroit former en terre le moule de cette partie. Les terres de qualités requifes feroient moulées fur un morceau de glace de miroir de la grandeur de l'aire, en y appliquant fucceffivement différentes couches de terre fine avec le pinceau, & enfuite plufieurs autres couches de terre plus commune; les bords du morceau de glace feront ébifelés pour n'avoir point de vives arêtes. Il n'y a guere lieu de douter que ces planches de terre placées dans le moule vis-à-vis de la partie E F, & féchées & chauffées convenablement avant d'y couler la fonte, n'aient toutes les propriétés convenables pour procurer des enclumes dont les aires foient planes & unies.

7. Modele d'un marteau & moule du noyau de l'œil. Le marteau dont la tête *k i l* a douze pouces en quarré, conferve la même groffeur depuis *i* & *l* jufqu'en *g* & *h*, enfuite de même que l'enclume il s'étrécit dans la longueur de huit pouces jufqu'en *e f* où il n'a plus que quatre pouces de largeur fur feize pouces de long; il eft percé d'une mortaife de dix-huit pouces de long fur fix pouces de large, deftinée à recevoir le manche & les coins qui fervent à l'affujettir dans l'œil; la panne ou table du marteau doit être fabriquée comme celle de l'enclume, les marteaux étant moulés de la même maniere, *a b* la poignée pour retirer le modele du marteau de dedans le fable, *c d* les montans qui attachent la poignée au modele. Après que le modele eft retiré du moule, on place dans ce dernier le chaffis *m n*, dont les dimenfions intérieures font les mêmes que celles de l'œil, on le place de maniere dans le moule, que fa partie inférieure entoure le fable qui eft entré dans l'œil du modele, & étant bien pofé de niveau & parallelement aux faces du moule, on l'emplira de fable battu avec la batte pour qu'il prenne de la confiftance; on décrochera enfuite les quatre crochets antérieurs 1, 2, 3, 4, & les quatre poftérieurs qui font femblables. On enlevera facilement les quatre pieces de chaffis, & il reftera une maffe de fable qui formant comme une île au milieu du métal fondu, lorfqu'on coulera le marteau, y réfervera l'œil néceffaire pour pouvoir l'emmancher.

PLANCHE VI.

Cette planche & les deux fuivantes dont les numéros des figures fe fuivent, contiennent les outils & les opérations particulieres au moulage en fable dans des chaffis.

Fig. 1. Batte quarrée; elle eft de bois & eft affez femblable au battoir dont les blanchiffeufes fe fervent, au-deffous eft fon plan; cette batte fert à comprimer le fable lorfqu'il eft amoncelé dans les chaffis à la hauteur de leurs bords.

2. Batte ronde faite comme un pilon; cet outil fert à fouler le fable dans les chaffis entre le modele & les planches qui les compofent; on voit auffi fon plan au-deffous.

3. Batte à parer; elle eft mince & plus étroite, & plus alongée que la batte quarrée; on s'en fert pour planer différentes parties du moule.

4. Batte à anfe, de même efpece que la précédente; elle fert à battre le fable autour du modele des anfes: le plan de l'une & de l'autre qui peuvent facilement fe fuppléer l'une l'autre, eft au-deffous de chacune.

5. Paffe-par-tout; forte de batte platte moins épaiffe, & dont le manche eft plus long qu'à la batte quarrée dont le paffe-par-tout eft une efpece; cet outil fert à fouler le fable entre les côtés du chaffis où la batte ronde ne pourroit point entrer; celui que la *figure* repréfente eft deffiné fur une échelle double.

6. Couteau à parer; ce couteau n'a rien de particulier; il fert entr'autres ufages à couper le fable qui eft au-deffus du jet, & à y former comme une trémie qui en élargit l'ouverture.

7. Gouge & outil qui eft convexe d'un côté & concave de l'autre, comme un demi-cône creux, fert à vuider le fable qui remplit les trous des chaffis où les gougeons qui fervent à en raccorder les différentes pieces doivent être reçus: cet outil eft mal repréfenté, il paroît être un poinçon triangulaire au-lieu d'une gouge circulairement concave.

8. Marteau; il n'a rien de particulier; on fe fert du bout de fon manche auffi-bien que de la tête ou de la panne, felon l'occafion.

9. Planche à mouler vûe par le deffous, ou du côté qu'elle s'applique à la table à mouler; elle eft fortifiée par deux barres arrêtées avec des clous; ces planches, ainfi que celles qui compofent les chaffis, font ordinairement de fapin.

10. Plan du chaffis de corps dans lequel on moule le corps de la marmite, A B les poignées par lefquelles on porte le chaffis pour le retourner, C D les couliffes pour recevoir les coulans de la fauffe piece de deffous.

Les *figures* qui fuivent depuis 11. jufqu'à 15. font les différentes pieces du chaffis repréfentées en perfpective & placées les unes au-deffus des autres dans l'ordre où elles fe fuccedent.

11. La planche à mouler vûe par le deffus.

12. La fauffe piece de deffous dont les quatre parties font affemblées à queue d'aronde, *a b c* les gougeons, qui avec les coulans *e f, g h* fervent à raccorder cette piece avec le chaffis de corps, *d* crochet pour attacher à l'anneau E de la fauffe piece de deffus; c'eft à la fauffe piece de deffous que l'on moule le noyau qui forme le vuide de la marmite.

13. Chaffis de corps vû par le côté de la couliffe D D; toutes les planches qui compofent le chaffis font affemblées à queue d'aronde, les angles font fortifiés par huit équerres de fer, quatre en-haut & quatre en-bas: de plus, chaque face eft garnie de deux barres de bois fixées aux planches du chaffis par des clous, c'eft vers les deux angles oppofés GG de la partie inférieure que l'on dirige les deux parties du modele où doivent être placées les anfes, *a b c* les trous qui reçoivent les gougeons de la fauffe piece de deffus.

14. Le même chaffis de corps vû du côté de la poignée A; C D les couliffes, *a b c* les trous pour recevoir les gougeons de la fauffe piece de deffus.

15. Fauffe piece de deffus dans laquelle on moule le jet & les évents; elle eft tournée du fens convenable

pour s'adapter à la *figure* 13. sa partie inférieure est garnie de trois ou quatre gougeons qui doivent entrer dans des trous pratiqués au bord de deffus du chaffis de corps, *fig.* 13.

PLANCHE VII.

Cette planche & la fuivante contiennent la fuite des opérations pour mouler en fable une marmite ayant piés & anfes.

Fig. 16. Modele de corps de marmite ; il eft de cuivre jaune ou laiton, il doit être exactement de l'épaiffeur que l'on veut que foient les marmites de fonte, bien arrondi & poli autour ; 1, 2, 3, les trois trous où on adapte les modeles des piés, 4, 5 le drageoir qui reçoit les anfes.

17. Modele des anfes deffinées fur une échelle double, *a b c* modele du haut de l'anfe, la partie arrondie *b c* paffe à-travers d'un trou rond pratiqué dans le drageoir du modele, l'autre partie qui eft quarrée refte dans l'intérieur du modele ; le deffous de la partie arrondie eft percé en *c* d'une mortaife pour recevoir le tenon quarré *d* de l'autre partie de l'anfe, *d e f* deffous de l'anfe, *d e* partie arrondie qui, introduite dans un trou par le dedans du modele, va le réunir à l'autre partie *a b c* pour former l'anfe complette A B C, dont les parties quarrées A D C font en-dedans du modele du corps de la marmite & les parties arrondies en-dehors.

18. Modele d'un pié de marmite auffi fur une échelle double, *a b* le pié & fon patin vû par le devant, *a* le tenon quarré qui entre dans un des trous 1, 2, 3, du modele du corps, *fig.* 16. *c d* le même pié vû par la partie oppofée, *c* le tenon quarré, *d* le patin, *e f*, *g* le pié & fon patin féparés l'un de l'autre ; le pié *e f*, que par analogie on auroit dû nommer *jambe*, pour laiffer au patin le nom de *pié*, *h* coupe tranfverfale d'un pié, pour faire voir qu'il eft compofé de trois gaudrons féparés par quatre cannelures & d'une face plane *h*, qui eft tournée du côté du centre du fond de la marmite.

19. Premiere opération pour mouler le corps de la marmite ; on a fupprimé la planche antérieure des chaffis pour laiffer voir le modele B dans fon intérieur ; le mouleur étant donc pourvû de fable de qualité convenable, ainfi qu'il a été dit ci-devant, & d'un fac de crin contenant du frafil ou charbon pulvérifé & tamifé, ou bien de la pouffiere ou cendre qui s'attache aux murs & fur les charpentes des halles des fourneaux à fer. Le mouleur pofe le modele B de la marmite dans l'intérieur de chaffis, fon ouverture pofée fur la planche à mouler fur laquelle le chaffis eft pofé ; les trous du modele où doivent être les anfes tournées vers deux angles oppofés de l'intérieur du chaffis, il faupoudre le tout de frafil, puis il remplit le chaffis de fable, & cela en différentes fois, pour pouvoir plus facilement le fouler ou le comprimer également en fe fervant de la batte ronde dans les angles du chaffis & du paffe-par-tout dans les endroits, comme vers le milieu des côtes du chaffis où la batte ronde ne peut pas entrer, il continue ainfi couche par couche à taffer le fable A jufqu'à ce qu'il ait entierement rempli le chaffis jufqu'à la hauteur des bords, alors il applanit le fable avec la batte plate & l'arafe au chaffis avec une regle ; 1, 2, 3, les trous quarrés du modele pour recevoir les tenons quarrés des modeles des piés, 4 deux des quatre trous deftinés à recevoir les anfes.

20. Suite du travail précédent. Après que le chaffis eft rempli de fable on moule les piés & on place le jet, pour cela on foule dans le fable pour découvrir les trous du modele où les piés doivent s'adapter, on place les modeles des piés qui font ou de cuivre ou de fer fondu, on fait entrer les tenons quarrés dans les trous du modele, on bat du fable tout-autour, ayant préalablement faupoudré les modeles des piés avec du frazin pour en faciliter l'extraction. Sur les piés on place les patins dont

la furface doit affleurer celle du chaffis, on place enfuite le modele X du jet fait en forme de coin ; fon épaiffeur dans la partie ceintrée qui s'applique à la convexité du fond de la marmite eft d'environ deux lignes, & fon épaiffeur par le haut d'environ un pouce, fa faillie au-deffus du chaffis eft d'environ deux pouces, H le modele du corps de la marmite, 1, 3, deux des piés que l'on doit imaginer cachés par le fable, G G le chaffis, A A la planche à mouler.

21. La même que la figure précédente, mais repréfentée en plan, A B les poignées du chaffis, T V Y les patins des trois piés ; ils devroient être égaux & mieux formés, X emplacement du jet.

22. Le même chaffis chargé de la fauffe piece de deffus. Après que le moule eft dans l'état de la figure précédente, & ayant replacé le modele du jet, on joint la fauffe piece que l'on fait raccorder par des gougeons qui entrent dans les trous correfpondans, faits au-deffus du chaffis ; & ayant faupoudré de frazin pour empêcher que le fable dont on va remplir la fauffe piece ne s'attache au fable du chaffis, on emplit cette piece de fable que l'on taffe avec la batte ronde & la batte plate jufqu'à ce qu'il affleure le deffus du chaffis ; on dreffe le fable à la regle & avec le couteau à parer, on forme comme un entonnoir au-deffus du jet, que l'on découvre par ce moyen ; en cet état le moule du dehors de la marmite eft achevé, à cela près que les anfes n'y font point encore placées, D D couliffe pour la fauffe piece de deffous, E crampon pour les crochets des coulans de la fauffe piece de deffous ; il y a un femblable crampon & une femblable couliffe à la face oppofée.

23. Le moule de la figure précédente retourné fens-deffus-deffous, on découvre l'intérieur M de la marmite : pour y adapter les modeles des anfes & les mouler, on creufe le fable du moule en *b* & en *d*, jufqu'à ce que les trous du modele qui eft encore vuide foient à découvert extérieurement ; on introduit par le dedans de la marmite les deux pieces qui compofent le modele d'une anfe, ayant attention de faire rencontrer le tenon & la mortaife de leurs parties extérieures ; on enfable bien ces parties que l'on a auparavant faupoudrées de frazin, on taffe le fable avec une batte, on le redreffe à la regle ; *c* une des anfes placée dans fes trous, *a* un des trous du modele pour recevoir la piece de deffus de l'autre anfe, C, D, les couliffes, E un des deux crampons de la fauffe piece de deffus qui eft maintenant deffous, A une des deux poignées du chaffis.

24. La fauffe piece de deffous tournée deffus. Cette fauffe piece s'adapte au moule précédent, au moyen des coulans E F qui rempliffent exactement les couliffes C D. Les crochets *e d* des coulans dont on ne voit qu'un feul dans la figure, s'accrochent dans les crampons E de la fauffe piece de deffus.

Avant de remplir l'intérieur de la marmite, on retire les modeles des anfes, la partie ceintrée ; la premiere pour dégager le tenon *d*, *fig.* 17, de la mortaife de la partie droite *c*, qui fort alors aifément : la forme des deux pieces qui compofent le modele d'une anfe fait affez connoître dans quelle direction il convient de les tirer hors du modele pour ne point troubler l'ordre du fable dans lequel elles ont été moulées : les quatre pieces qui compofent le modele des anfes étant retirées, on bouche les ouvertures avec des tampons de laine pour empêcher que le fable dont on va former le noyau ne s'introduife dans le vuide où les anfes doivent fe former. En cet état & ayant faupoudré l'intérieur de la marmite avec du frafin, on l'emplit de fable, que l'on taffe à différentes reprifes avec la batte ronde, on met du fable neuf dans le fond de la marmite comme plus capable de réfifter à la chute du métal fondu qui, lorfque l'on coule, entre dans le moule par cette partie. On continue de remplir toute la fauffe piece dont le fable fait corps avec celui qui remplit la marmite, alors le moule eſt achevé.

PLANCHE VIII.

25. Le moule entierement achevé, les trois pieces réunies qui le compoſent, forment un maſſif dans lequel il n'y a de vuide que la place des anſes dont l'entrée a été fermée par des tampons de laine. E crampon de la fauſſe piece de deſſous; le ſable qui la remplit & qui fait corps avec le noyau, ayant été araſé à la regle, doit être chargé de huit petits tas de ſable d'un pouce environ d'épaiſſeur pour recevoir une nouvelle planche à mouler, avec laquelle & ſur laquelle le mouleur retourne ſon moule, aidé, s'il eſt néceſſaire dans cette manœuvre, par ſes compagnons.

Il reſte maintenant à retirer les différens modeles qui ſont comme noyés dans le ſable qui les environne de tous côtés, & cela ſans déranger le ſable afin de faire place à la fonte qui doit remplir le vuide qui reſtera après que les différentes parties du moule ſeront raſſemblées; les trois *figures* ſuivantes qui repréſentent ſéparément les deux fauſſes pieces & le chaſſis du corps de la marmite ſont relatives à cette opération.

26. La fauſſe piece de deſſus ſéparée du reſte du moule. & entonnoir au-deſſus du jet pour y verſer le métal; on forme cet entonnoir avec le couteau à parer. E un des crampons pour les crochets de la fauſſe piece de deſſous. La fauſſe piece de deſſus ſe ſépare aiſément à cauſe de la couche de fraſin dont le chaſſis du corps de la marmite a été couvert avant de former la fauſſe piece de deſſus. Cette piece enlevée, on découvre les patins des piés de la marmite.

Vis-à-vis de chaque pié on perce avec une ſonde des trous qui traverſent l'épaiſſeur de la fauſſe piece de deſſus. Ces trous ſervent d'évents & laiſſent ſortir l'air renfermé dans les moules des piés, à meſure que le métal qui y monte le force à ſortir.

27. Chaſſis ou moule du corps de la marmite. X la place du jet. T V Y les trois patins que l'on enleve aiſément, leur côté le plus large étant celui qui ſe préſente. C, D couliſſes pour recevoir les coulans de la fauſſe piece de deſſous: on voit auſſi dans le deſſous, du chaſſis les trois trous deſtinés à recevoir les gougeons qui ſervent à raccorder la fauſſe piece de deſſus, la poignée qui devroit être à la face antérieure, manque dans cette *figure* : c'eſt par ces poignées que l'on enleve le chaſſis du corps pour le ſéparer de la fauſſe piece de deſſous ſur laquelle le noyau reſte : le chaſſis du corps ſe ſépare facilement de la fauſſe piece de deſſous à cauſe de la couche de fraſin dont il a été ſaupoudré avant la formation de cette ſeconde fauſſe piece.

28. La fauſſe piece de deſſous ſéparée de toutes les autres parties du moule. Y le noyau qui remplit exactement le modele, il eſt de ſable, & fait corps avec le ſable qui remplit la fauſſe piece. *m m* les coulans auxquels les crochets manquent. A A planche à mouler ſéparée du deſſous de la fauſſe piece par les huit petits tas de ſable dont on a parlé.

Le modele du corps de la marmite eſt encore reſté engagé dans ſon chaſſis, *fig.* 27; pour l'en faire ſortir on tourne le chaſſis comme il eſt dans la *fig.* 23; & ayant avec le tire-laine, qui eſt un petit crochet de fil de fer ou de laiton, retiré les tampons qui bouchent les trous des anſes, on ébranle doucement le modele en frappant intérieurement & de côté avec la batte ronde, ou le manche du marteau; par ce moyen on le fait ſortir: ayant enſuite retourné le chaſſis, comme il eſt dans la *figure* 27, & frappant légerement ſur le petit bout des piés par les ouvertures T V Y, on les fait ſortir par le dedans du moule; leur forme pyramidale facilite leur extraction, puiſqu'il ſort plus gros par le côté où ils joignent la marmite, que par le côté où ils ſe réuniſſent aux patins, il ne reſte plus qu'à remonter les trois pieces qui compoſent le moule après avoir réparé les défectuoſités & rebattu le noyau

vis-à-vis des anſes où il porte l'empreinte des tampons de laine avec la batte à anſes, & replané l'intérieur du moule du corps avec la cuillere; pour cela deux ouvriers prennent le chaſſis de corps par les poignées, & le deſcendent verticalement le long des coulans, qui ſont reçus dans les couliſſes du chaſſis; en cet état il reſte un vuide entre le noyau & la chape; ce vuide eſt égal à l'épaiſſeur du modele. Par-deſſus le chaſſis de corps on replace la fauſſe piece de deſſus; on accroche les crampons aux crochets des coulans, le moule eſt alors en état de recevoir le métal fondu qui doit former une marmite en tout ſemblable au modele.

Il réſulte de tout ce qui vient d'être dit, que le modele d'une marmite à trois piés avec patins, eſt compoſée de douze pieces, ſavoir du corps de la marmite, de quatre pieces qui forment les anſes, des trois piés, de leurs patins & du modele du jet.

29. Coupe tranſverſale du moule complet par un plan qui paſſe par l'axe de la marmite. A A la planche à mouler. I K la fauſſe piece de deſſus. Z Y le ſable continu de la fauſſe piece de deſſous & du noyau. Y le noyau. 3, 4 ligne de ſéparation du chaſſis & de la fauſſe piece de deſſous. L M le chaſſis de corps. S S la chape qui forme le dehors de la marmite, la partie vuide réſervée en blanc entre le noyau & la chape eſt l'eſpace qui doit être rempli par la fonte. T V les deux piés antérieurs projettés ſur le plan ſecteur. X le jet. On n'a pas repréſenté en & la coupe de l'entonnoir qui répond au jet; entonnoir qu'il eſt facile de ſuppléer. 1, 2 ligne de ſéparation de la fauſſe piece de deſſous & du chaſſis. G H cette fauſſe piece.

30. Coupe diagonale du chaſſis de corps & de la fauſſe piece de deſſus par un plan qui paſſe par les anſes. A A planche à mouler ſelon les dimenſions de ſa diagonale. I K fauſſe piece de deſſus. X le jet. Y pié antérieur au plan ſecteur. V T piés poſtérieurs au même plan ſecteur, qu'il faut concevoir cachés par le ſable. 1, 2 ligne de ſéparation du chaſſis de corps & de la fauſſe piece de deſſus. L M le chaſſis de corps ſuivant les dimenſions de ſa diagonale. S S la chape. N partie du noyau. *b d* excavation pour placer les modeles des anſes. *a c* ces modeles.

31. La marmite entierement achevée telle qu'elle ſort du moule, à cela près que l'on a rompu le jet & les évents des piés. *a c* les anſes. T V Y les piés.

32. Le ſecoueux, inſtrument de bois ſervant à rompre les chapes des moules, après que le métal y a été coulé.

33. Modele en bois des groſſes rapes de fonte 8, 9, dont on ſe ſert pour décroûter les pieces après qu'elles ſont ſorties du ſable; ces rapes, après qu'elles ſont hors de ſervice, ſe refondent, ainſi que les jets & les évents, ſoit à l'affinerie pour faire du fer en barre, ſoit au fourneau pour être employées en fontes moulées.

34. Cuilliere dont la convexité ſert au mouleur pour planir l'intérieur des chapes des moules, après que les moules en ont été retirés.

35. A le tire-laine; c'eſt un petit crochet de laiton dont on ſe ſert pour retirer les tampons de laine qui bouchent les trous des moules des anſes, même *figure.* B le houſſoir qui ſert à épouſter le dedans des chapes.

PLANCHE IX.

Coulage à la poche.

La vignette repréſente l'intérieur de la halle du devant du fourneau; on a fracturé le comble & la charpente qui le porte pour laiſſer voir l'intérieur: on découvre dans le lointain les rotiſſeries *p q*, les hauts ſéchoirs *e f*, ſuſpendus à des ſolives que les poteaux *l* ſoutiennent : on voit auſſi différens chaſſis prêts à recevoir la fonte. S T devant du fourneau, au fond de l'embraſure duquel on voit la dame F. S pilier de cœur. S X face de la tuyere; on découvre une partie du ceintre & de l'embraſure au-deſſus des ſoufflets. D D forts chaſſis de charpente aſſemblés à encoches,

encoches, que quelques-uns croient pouvoir tenir lieu des contreforts décrits dans la section précédente; ce en quoi ils se trompent, ces chassis ne pouvant opposer qu'une foible résistance à la force d'expansibilité des vapeurs humides contenues dans le mole du fourneau, vapeurs auxquelles les canaux expiratoires, décrits ci-dessus, donnent issue. On voit sur le devant du fourneau les orifices de quelques-uns de ces canaux, & comment les charpentes & les chassis sont portées par des en-corbellemens.

Le coulage des pieces moulées à découvert dans le sable du devant du fourneau, comme contre-cœurs, marmousets & autres pieces dont les modeles occupent le bas de la *Pl. V.* expliquée ci-devant, n'a aucune difficulté; ayant percé le fourneau & lâché la fonte qu'il contenoit dans le moule de la gueuse, il n'y a plus qu'à déboucher les coulées particulieres qui communiquent du moule de la gueuse aux différens moules des pieces que l'on veut fondre à découvert, & fermer ces coulées lorsque les moules ont reçu la quantité suffisante de fonte. On jette alors quelques pellerées de frasin sur la surface extérieure des pieces ainsi moulées, pour les défendre du contact immédiat de l'air, & empêcher que les fontes contenues dans les moules ne petillent.

Mais pour emplir les moules faits en terre, ou ceux faits en sable, il y a trois manieres que je vais expliquer.

Si les moules sont d'une capacité médiocre, c'est-à-dire si une seule cuillerée de fonte pour les remplir, un seul ouvrier avec un aide qui est ordinairement un petit garçon, suffit pour les emplir.

Fig. 1. Ouvrier qui avec la cuillere, nommée *poche*, puise la fonte dans l'ouvrage par le dessus de la dame; pendant cette opération les soufflets sont arrêtés, & la tuyere bouchée; la flamme qu'ils lanceroient hors de l'ouvrage, ajouteroit trop à la grande chaleur où les ouvriers sont exposés; l'ouvrier donc prend la poche enduite de lest ou herbue, il la fait couler dans l'ouvrage par le dessus de la dame: son bras du côté du feu est garni d'une manche de toile fort amplé; cette manche qui, dans la *figure*, devroit paroître envelopper aussi sa main, le garantit de la grande ardeur du feu. Il porte ainsi cette cuillerée vers les moules.

3. Ouvrier qui verse sa cuillerée ou pochée contenant environ cinquante liv. de fonte dans le moule formé dans un chassis; l'ouverture par laquelle il verse, a pris de cette opération le nom de *jet*; l'autre ouverture que l'on voit au même moule sert d'évent. *a a* chantiers. *b c* chassis ou moules posés sur les chantiers; ces moules sont en deux parties.

4. Aide de l'ouvrier précédent. Cet ouvrier retient avec un bâton les crasses ou le laitier qui surnage dans la poche afin qu'il n'y ait que la fonte qui entre dans le moule.

5. 6. Lorsque les pieces sont plus considérables, qu'il faudroit, par exemple deux, ou trois, ou quatre cuillerées de fonte pour les remplir, le fondeur, *fig.* 5, verse sa cuillerée dans le moule par le jet Z, & un ou deux autres fondeurs, *fig.* 6 & *fig.* 1, vont & viennent alternativement puiser de la fonte dans l'ouvrage ou creuset du fourneau, & versent leurs pochées dans la cuillere ou poche du premier fondeur, *fig.* 5, ce qu'ils continuent jusqu'à ce que le moule soit rempli, ce qu'on connoît par le reflux du métal dans les évents qui sont à droite & à gauche du jet Z.

7. Petit ouvrier qui écume le laitier avec un bâton.

Quelquefois les pieces sont si considérables que le service de les couler à la poche deviendroit trop long & trop pénible, vû qu'il faut que le métal coule dans le moule sans interruption, tels sont les gros tuyaux pour la conduite des eaux; en ce cas on enterre le moule dans le sable qui est au-devant du fourneau, comme on le voit en Y, les jets & les évents hors du sable; on perce alors la coulée du fourneau avec un ringard, & la fonte coule d'un seul jet dans le moule. Lorsqu'il est plein, on détourne le reste vers un autre moule, si on connoît que le fourneau contienne assez de matiere pour

l'emplir; ou vers un moule de gueuse pour en faire du fer.

8. Ouvrier occupé à briser la chape d'un tuyau avec le secoueux décrit ci-devant.

Bas de la Planche.

Fig. 1. Poche ou cuillere du fondeur vue en plan. A B le manche qui est de bois, il est reçu en B par la douille de la poche B C d'environ sept ou huit pouces de diametre. Cette poche est enduite d'argile ou de lest pour l'empêcher de se brûler.

2. La même poche vue de profil. *a b* le manche. *b c* la douille. *c d* la poche dont la profondeur est d'environ quatre pouces.

3. Pelle à mouler; on se sert de cette pelle pour mettre en-travers du canal ou de la rigole Y dans la vignette, pour retenir les laitiers ou crasses qui surnagent au-dessus de la fonte qui s'écoule du fourneau: on leve médiocrement cette pelle pour laisser passer par-dessous le métal fondu: lorsque les moules sont pleins, on bouche le fourneau, & on enfonce la pelle dans le sable: pour arrêter l'écoulement du métal, on met de la terre ou du sable derriere la pelle pour la soutenir & mieux étancher; le lingot qui reste, & est formé entre la pelle & l'ouverture de la coulée, se porte à l'affinerie pour en faire du fer. La pelle qui est de fer battu a douze pouces de diametre, sa douille environ neuf pouces, la longueur de son manche est de deux piés & demi.

4. Autre pelle ou beche pour remuer le sable de devant l'ouvrage afin d'y enterrer les moules: sa longueur est de dix pouces, & sa largeur de sept pouces; elle est emmanchée comme la précédente.

5. Grande pelle aussi de fer pour enlever les laitiers & déblayer le creuset; elle a quinze pouces de long sur douze pouces de large. Son manche y compris la douille qui a quinze pouces de long est de quatre piés & demi de longueur.

Toutes ces cinq *figures* sont dessinées sur l'échelle de quatre piés; les quatre suivantes sont relatives à l'échelle de neuf piés qui est au-dessus.

6. Crochet de trois piés de long pour déboucher la tuyere.

7. Ringard de huit piés de long, nommé *lâche-fer*, il sert pour percer le bouchage de la coulée, c'est de cet usage qu'il a pris son nom.

8. Ringard à relever. Il en faut deux. Ils ont chacun sept piés de long.

9. Grand ringard pour soulever la gueuse ou les moules des grandes pieces. Il en faut aussi deux, ayant chacun douze piés de longueur. Tous les ringards divisés en deux parties, non compris la pointe qui est quarrée, ont la partie qui est contiguë à la pointe de forme octogone, l'autre partie est arrondie.

PLANCHE X.

Cette *Planche* & les deux suivantes sont relatives à l'art de mouler les différentes sortes de tuyaux pour la conduite des eaux.

Fig. 1. Coupe d'un des anciens tuyaux à emboîture. *a c* le vuide du corps du tuyau. *c b* boîte pour recevoir le bout d'un autre tuyau. *d e* bourlet qui s'applique à la boîte d'un autre tuyau.

2. Le même tuyau représenté en perspective. A B le tuyau. C B la boîte qui reçoit le petit bout d'un autre tuyau. D E bourlet.

3. Deux tuyaux de l'espece précédente, assemblés comme il faut qu'ils le soient pour former une conduite. A B un des deux tuyaux. B la boîte qui reçoit le petit bout de l'autre tuyau D E, B B. D E bourlet du second tuyau qui s'applique contre le bord de la boîte du premier pour retenir le mastic & la filasse dont elle est garnie intérieurement. B B boîte pour recevoir un troisieme tuyau, ainsi de suite.

4. Les deux pieces qui composent le modele d'un tuyau de l'espece précédente. A B dans les deux *figu-*

res les extrémités du noyau. *a c* le corps du tuyau. *a a* le petit bout qui doit être reçu dans la boîte. *c c* la boîte. BB extrémité du noyau dont le diametre doit être d'une ligne ou deux plus grand que le diametre de la partie *a a*. *d e* le bourlet. *f g* les gougeons qui servent à raccorder les deux parties du modele lorsque l'on fait le moule.

5. Les deux parties du même modele rassemblées. A B les extrémités du modele du noyau. D E le bourlet. C la boîte.

Le noyau de toutes les sortes de tuyaux se fait en terre, que l'on applique à plusieurs couches sur la torche dont le trousseau est recouvert; *voyez* ci-devant *moulage en terre*. Le calibre pour le noyau des tuyaux, *fig*. 2 & 3, doit être profilé, comme la ligne qui termine l'intérieur du tuyau, *fig*. 1. il doit aussi être plus long que le tuyau de la quantité indiquée par les *lettres* A B dans les *figures* 4 & 5.

La terre que l'on emploie doit être pêtrie avec de la fiente de cheval, ou de la bourre, pour lui donner de la confistance; chaque couche est séchée fur la rotifferie avant d'en appliquer une autre; le nombre des couches est tout-au-plus de six pour les gros tuyaux; quatre couches suffisent pour les moyens, & deux pour les petits. Lorsque la derniere couche est séche, on fait reculre les bouts des noyaux en leur donnant à la rotifferie un feu plus vif; on remplit les fentes ou crevasses; on enduit le noyau d'une couche de charbon ou pouffier détrempé, pour faciliter la séparation de la fonte & de la terre: cette couche de frafil doit être appliquée lorsque le noyau est encore chaud, & il ne doit être enfermé dans le moule que lorsqu'elle est parfaitement séche.

Le moule qui est de fable se forme dans deux chaffis, qui se raccordent par les gougeons & crochets; les chaffis font de grandeur convenable lorsqu'il peut refter trois ou quatre pouces de fable tout-au-tour du modele.

Pour faire le moule, on prend un des chaffis, celui qui n'a point de gougeons, & l'ayant appliqué fur une planche à mouler, le côté du chaffis qui a des trous pour recevoir les gougeons tourné du côté de la planche, on prendra la moitié du modele, *fig*. 4, celle qui n'a point de gougeons, on l'appliquera fur la planche à mouler dans le chaffis, le côté applati du demi-modele tourné fur la planche à mouler; en cet état, & ayant avant faupoudré le tout avec du frafil, on emplira le chaffis de fable que l'on taffera à différentes couches, au-tour & fur le demi-modele, on arafera le fable au niveau du chaffis en fe ferdant de la regle: cela fait, on retournera le chaffis fur la planche à mouler, on y adaptera l'autre chaffis en faifant entrer les gougeons qu'il porte dans les trous du premier deftiné à les recevoir.

La feconde moitié du modele étant appliquée fur la premiere, fes gougeons *f* & *g*, *fig*. 4, dans les trous correfpondans de la premiere moitié du modele, & ayant faupoudré de frafil, on emplira de fable ce fecond chaffis, comme on a fait le premier: le fable duement battu & arafé avec la regle, on percera avec le couteau quatre ou cinq trous coniques pour fervir de jets & d'évents; deux de ces trous feront, l'un fur le bourlet, l'autre fur la boîte, les autres fur le corps du tuyau que les trous doivent découvrir dans une étendue d'environ fix lignes de diametre, la chape du moule est alors achevée.

Enfuite on féparera les deux chaffis pour ôter le modele, au lieu duquel on fubftituera le noyau, dont les extrémités porteront dans le fable dans l'emplacement que les parties A & B du modele, *fig*. 6, y ont formé; on remettra enfuite le fecond chaffis, celui dans lequel on a formé les jets & les évents; le moule est alors en état de recevoir la fonte, qui en coulant au-tour du noyau qui est ifolé dans les chaffis, formera un tuyau femblable à celui que la *figure* 2 repréfente.

6. Autres anciens tuyaux formant une conduite dite *à*

manchons, à caufe des viroles qui couvrent les joints des tuyaux. A virole ou manchon. B, D, F tuyaux. C, E manchons. Les tuyaux qui font cylindriques étoient réunis par une virole, du maftic & de la filaffe; ces fortes de tuyaux ont auffi été abandonnés, vû la difficulté de les remplacer dans le milieu d'une conduite, & que le maftic perdant fon onctuofité, ne permettoit pas aux manchons de gliffer pour remettre un autre tuyau; d'ailleurs ces fortes de conduites ne pouvoient pas fupporter une grande charge d'eau; on a donc inventé les tuyaux à brides, que l'on affemble avec des vis & du cuir entre deux. Il y en a de cinq fortes, à deux, trois, quatre, fix & huit oreilles.

7. Tuyau à deux brides ou oreilles de deux pouces de diametre intérieurement. A coupe du tuyau. B élévation ou profil du tuyau de trois piés & demi de long. L'épaiffeur du métal qui est d'environ fix lignes, eft un peu augmentée à l'approche des brides. *a* entre les deux *figures*, ouverture du tuyau, ou élévation géométrale de la bride. 1 & 2 les deux trous pour recevoir les vis qui fervent à les affembler.

8. Tuyau à trois brides ou oreilles de même longueur que le précédent; fon diametre intérieur est de trois pouces. A coupe du tuyau. B élévation extérieure du tuyau. *a* entre les deux *figures*, ouverture du tuyau. 1, 2, 3 les trois trous pour recevoir les vis.

9. Tuyau à quatre brides ou oreilles de huit pouces de diametre intérieurement. A coupe du tuyau. B élévation extérieure du tuyau dont la longueur est la même que celle des précédens. *a* entre les deux *figures*, ouverture du tuyau, ou élévation géométrale des brides. 1, 2, 3, 4 les trous pour recevoir les vis qui fervent à les affembler; l'épaiffeur du métal est d'environ fept lignes.

10. Deux tuyaux femblables à ceux de la *figure* précédente, repréfentés en perfpective, & affemblés avec des vis. A ouverture du tuyau. 1, 2, 3, 4 les trous des brides pour y joindre un autre tuyau. B le corps du tuyau. 1, 2, 4 au milieu de la *figure*, trois des quatre vis qui affemblent les deux tuyaux, & fervent à comprimer les cuirs qui font entre les deux platines des brides. C le fecond tuyau. 1, 2, 4 trois des quatre trous pour affembler un autre tuyau, comme au milieu de la *figure*.

11. Tuyau à brides exagones, de douze pouces de diametre intérieurement, & trois piés de long, l'épaiffeur des brides comprife. A coupe du tuyau par des oreilles oppofées. B élévation extérieure du même tuyau, l'épaiffeur du métal est d'environ douze lignes, & celle des brides est de quinze. Entre les deux figures est l'élévation géométrale d'une bride. 1, 2, 3, 4, 5, 6 les fix trous pour recevoir autant de vis pour affembler ces fortes de tuyaux les uns aux autres.

12. Tuyau à brides octogones de dix-huit pouces de diametre intérieurement; la longueur est de trois piés, l'épaiffeur des brides comprife. A coupe du tuyau; l'épaiffeur du métal est de dix-huit lignes, celle des brides de dix-huit à vingt lignes. B élévation du même tuyau, & entre les deux *figures* l'élévation d'une des brides. 1, 2, 3, 4, 5, 6, 7, 8 les huit trous pour recevoir autant de vis pour, en comprimant les cuirs, affembler ces tuyaux les uns aux autres.

PLANCHE XI.

Suite de la précédente.

Coupe d'un des nouveaux tuyaux propofés pour faire des conduites. A B le vuide du tuyau de huit pouces de diametre fur quatre piés de long. Ce tuyau qui est un de ceux qui portent un bras D, & une branche C dans le fens vertical, fervent & doivent être placés dans les endroits où les étranglemens d'air fe font; ils fervent de ventoufe, & tiennent lieu du long tuyau vertical que l'on adapte fur une conduite pour fervir de ventoufe à l'air qui peut y être renfermé, ou que l'eau entraîne avec elle. Pour cela on adapte dans la fourchette D un levier horifontal qui peut s'y mouvoir à charniere; ce levier, dont l'autre extrémité eft chargée d'un poids, comprime une foupape qui ferme l'ouverture C; lorfque l'air eft condenfé par une charge d'eau fuffifante, il souleve la foupape & fort au dehors, ce qui laiffe à l'eau fon libre cours dans la conduite; les autres tuyaux de même efpece n'ont point de bras D, ni de branche C.

Ces tuyaux different de ceux décrits ci-devant, *figure* 10, lefquels font du même calibre, en ce que leurs brides à fix trous efpacés également ne font point exagones, comme celles des *figures* 11, mais font arrondies, comme on le voit dans la *figure* fuivante, & de plus que les bords de l'ouverture font garnis d'un bourlet de cinq à fix lignes de faillie; enforte que les brides de deux tuyaux de cette efpece mis bout-à-bout, & ferrées par les vis autant qu'ils le peuvent être, ne fe touchent point. On remplit de plomb fondu l'intervalle entre les plans des deux brides, au-lieu d'y employer du cuir; pour cela on entoure les deux brides contiguës avec une bande de toile ou autre chofe équivalente, que l'on foutient extérieurement avec de la terre; on verfe le plomb par le haut. L'expérience n'a pas fait connoître que cette façon d'étancher les tuyaux dût avoir la préférence, le plomb n'ayant pas, comme le cuir, la propriété de fe renfler à l'humidité, & par ce moyen de s'appliquer immédiatement aux furfaces planes des brides entre lefquelles il eft comprimé.

14. Le même tuyau en perfpective. A l'ouverture du tuyau entouré d'une bride fur laquelle il y a un bourlet. B l'autre bride. C la branche à laquelle s'applique la foupape ou ventoufe. D le bras dans lequel ce levier dont on a parlé eft affemblé à charniere par un boulon; ce levier s'étend au-delà de B où il eft chargé d'un poids convenable à l'effort de la colonne d'eau qui comprime l'air renfermé; le même poids fert dans tous les cas en le faifant glisser le long du levier, comme le long d'une romaine. Les moulures circulaires que l'on voit aux deux côtés de la branche, fervent feulement d'ornement. Les tuyaux fans branche & fans bras font conftruits de la même maniere & dans les mêmes dimenfions.

15. Coupe d'un des corps de pompe foulante du fecond & troifieme relai de la machine de Marli. Ces corps de pompes font dans la fituation verticale, le bout le plus large A tourné en em-bas, l'autre extrémité F terminée par une bride circulaire percée de fix trous, eft raccordée avec le tuyau montant par une branche de figure convenable à l'emplacement; les piftons portés par des étriers font effort pour foulever le corps de pompe; c'eft pour empêcher ce mouvement que l'on a pratiqué les portées B, C, D, qui font embraffées par des moifes de fer attachées folidement à la charpente du puifard.

La *fig.* 16. & les fuivantes dans tout le refte de la *Planche*, font relatives à la maniere de mouler un tuyau à brides exagones dans les chaffis à platines; j'ai pris pour exemple le tuyau d'un pié de diametre intérieurement, lequel eft repréfenté, *fig.* 11, de la *Planche* précédente; ce qui fera dit fur la maniere de mouler ce tuyau, fera entendre, à peu de chofe près, comment il faut s'y prendre pour les autres.

16. Modele du corps du tuyau & des brides. Le modele du corps du tuyau eft compofé de deux parties A & B de trois piés de long, non compris les parties *x y*, & X Y qui repréfentent les extrémités du noyau; le diametre du corps du tuyau eft de douze pouces plus le double de l'épaiffeur que l'on veut donner au tuyau, laquelle, dans notre exemple, eft de douze lignes; ainfi le diametre extérieur du corps du tuyau eft de quatorze pouces, & le diametre extérieur des parties *x y*, X Y, qui ont le diametre de l'intérieur du tuyau, eft de douze pouces, les deux parties du modele fe joignent par leurs faces planes au moyen des gougeons 1 & 2 dans la piece B,

ce qui les maintient en état. *a c e*; 1, 2, 3; 1, 2, 3; 4, 5, 6 les modeles des quatre demi-brides; ces modeles qui font ceintrés en demi-cercle, & ont quinze lignes d'épaiffeur, s'appliquent fur les parties *x y*, X Y du modele du corps, & contre les reffauts du modele.

Le noyau étant préparé, ainfi qu'il a été dit, on fera le moule en cette maniere.

17. Sur la planche à mouler on placera un des chaffis: le chaffis formé de planches de pouce & demi d'épaiffeur, aura intérieurement vingt pouces de large fur dix de profondeur; fa longueur auffi prife intérieurement fera de trois piés neuf pouces ou environ; les côtés affemblés à queue d'aronde, feront fortifiés par des équerres de fer: chacun des longs côtés fera percé de deux mortaifes de trois pouces de large pour recevoir les tenons des platines, *fig.* 19. Ces mortaifes feront éloignées l'une de l'autre de la quantité dont on veut que foit la longueur du tuyau, l'épaiffeur des brides comprife: dans l'exemple cette longueur eft de trois piés deux pouces & demi, les brides devant avoir quinze lignes d'épaiffeur, & le tuyau trois piés jufte entre les brides; ayant donc placé un de ces chaffis fur la planche à mouler, le côté qui a des trous, pour recevoir les gougeons du fecond chaffis, tourné en deffous, on prendra le demi-modele A, *fig.* 16, on le pofera fur la planche à mouler, enforte que fes parties *x y* paffent fous les ceintres des platines qui doivent s'y appliquer exactement, on prendra enfuite les modeles des deux demi-brides *a c e*, 1, 2, 3, qui font vis-à-vis les bouts du demi-modele A, on les placera entre les reffauts du modele & les platines, de maniere que leurs extrémités inférieures *a e* s'appliquent à la planche à mouler; on affurera alors les platines avec des coins que l'on chaffera dans les mortaifes pour faire ferrer les platines contre les modeles des demi-brides, & les demi-brides contre le modele du tuyau; en cet état, & après avoir faupoudré de frafin ou charbon pilé, le chaffis fera en état de recevoir le fable que l'on taffera avec la batte, & qu'on arafera avec la regle, ainfi qu'il a déja été expliqué.

Cette moitié du moule ainfi faite, on la tournera fens-deffus-deffous fur la planche à mouler, & ayant adapté le fecond chaffis, celui qui porte des gougeons, la feconde partie B du modele, & auffi les modeles des deux demi-brides 1, 2, 3; 4, 5, 6, & faupoudré de frafin, on achevera le moule, comme la *figure* 18 le repréfente, à cela près que les parties *m n* de chaffis, comprifes entre les platines & les traverfes des mêmes chaffis, feront demeurées vuides; on percera alors avec le couteau ou la gouge cinq trous *e f g h i* pour fervir de jets & d'évents; le premier & le dernier répondent aux brides, les trois autres au corps du tuyau que l'on doit découvrir, ainfi que les brides, dans l'étendue d'environ fix lignes: la forme conique renverfée que l'on donne aux jets & aux évents, facilite la rupture du métal fuperflu qu'ils renferment.

On féparera les deux moitiés du moule pour en retirer les modeles, ce qui fe fera facilement: ayant defferré les platines, on ôtera d'abord les modeles de corps A & B, *fig.* 16, enfuite les modeles des demi-brides; on placera alors le noyau M N, *fig.* 17, qui s'emboîtera dans les entailles circulaires des platines. Les bouts quarrés de l'arbre *a b* du noyau entreront dans des entailles faites aux traverfes du chaffis, il reftera alors un vuide entre le noyau N N, le fable *c e* & les platines, vuide égal & femblable au modele: on introduira alors fix des douze chevilles de terre, dont on doit être pourvu (dont la fabrication fera expliquée ci-après, *fig.* 22), dans les trois trous de chacune des deux platines *l, m*, que l'on aura préalablement refferrées avec les coins; on taffera légerement du fable avec la main dans le vuide qui refte entre les platines & les extrémités du chaffis, tant pour affurer les chevilles dans leurs trous, que pour empêcher le métal de couler dans cette partie : les chevilles doivent traverser tout le vuide que les modeles des demi-brides occupoient avant qu'elles fuffent retirées, & même entrer légerement dans le fable qui leur eft oppofé ; c'eft pourquoi il feroit très-bon que chaque cheville portât une pointe de fer qui lui ferviroit d'axe, le bout de la cheville étant alors coupé quarrément, elle feroit auffi-bien affurée.

18. Chaffis de deffus ou feconde moitié du moule dans lequel on a pratiqué les jets & les évents *efghi*; on a rempli de fable les extrémités *mn* du chaffis, après avoir introduit les fix chevilles de terre de cette moitié du moule. *lk, li* les platines qui foutiennent les chevilles de terre. Dans cette figure & dans la précédente, on a fupprimé les coins qui affurent les tenons des platines, pour mieux laiffer voir les mortaifes dans lefquelles elles font mobiles ; ces deux figures rapprochées & appliquées l'une fur l'autre compofent le moule, qui dans cet état eft prêt à recevoir la fonte.

19. Les platines de fonte dont on a parlé, vûes en plan & perfpective. A B platine du chaffis de deffus. C D platine du chaffis de deffous ; les demi-cercles doivent embraffer exactement le noyau. 1, 2, 3, 4, 5, 6, les fix trous pour recevoir autant de chevilles de terre qui fervent à percer les oreilles ou brides. *a b* platine du chaffis de deffus en perfpective. *c d* platine du chaffis de deffous vûe de la même maniere.

20. Plan du chaffis de la *figure* 17. c'eft le chaffis de deffous pofé fur la planche à mouler. *a b* arbre de fer du trouffeau du noyau. NN le noyau. *ce, ce* le vuide où doit couler le métal du corps du tuyau. *ec, ec* le vuide traverfé par les chevilles de terre où doit couler le métal pour former les brides. C D, C D les platines dans les trous defquelles les chevilles de terre font arrêtées.

21. Coupe tranfverfale du moule près de la partie extérieure des platines. *a b* ligne de féparation des deux chaffis ou parties du moule. O P planche à mouler. C D platine du chaffis de deffous. A B platine du chaffis de deffus. *c* axe de fer du trouffeau. *d* le trouffeau. *e* la torche qui l'entoure. *f* la terre qui entoure la torche. 1, 2, 3, 4, 5, 6, les fix trous des platines pour recevoir les chevilles de terre.

22. Moules & chevilles de terre ; pour former les chevilles il faut avoir deux demi-cylindres de bois *b c*, cannelés dans toute leur longueur ; les deux moitiés de cylindres creux étant réunies & préalablement faupoudrées de frazil, & ayant de la terre de qualité convenable mêlée de boure ou de crotin de cheval, on emplira le moule avec un bâton, on foulera la terre jufqu'à ce que la cheville ait pris une confiftance convenable, on féparera les deux coquilles ou moitiés du moule, & on aura une cheville de terre *a* qu'il faut laiffer fécher à l'ombre ; on fabrique à la fois un grand nombre de ces chevilles que l'on fait recuire avant de s'en fervir dans les moules des tuyaux.

PLANCHE XII.

Cette planche contient les différentes fortes de tuyaux à branches du calibre de huit pouces ; ceux d'un plus fort calibre fe moulent de la même maniere.

Fig. 23. Coupe d'un tuyau de huit pouces à quatre oreilles. A B le tuyau de trois piés & demi de longueur, ainfi que tous ceux de cette planche. C la branche qui porte une bride femblable à celles des tuyaux pour fe raccorder avec une autre conduite.

24. Coupe du noyau du tuyau précédent: on commence par former le noyau du tuyau fur l'arbre de fer A B, qui eft percé d'une mortaife en C, pour recevoir le bras C D. *a b, c d*, la torche qui entoure l'arbre. 1, 2, 3, 4, la terre du noyau qui recouvre la torche. Après que le noyau du tuyau eft achevé, on le perce pour découvrir la mortaife C, on y adapte le bras C D que l'on recouvre de torche *e f*, fur laquelle, avec un calibre ceintré, on arrange la terre 5, 6, qui forme le noyau de la

branche ; les noyaux doivent avoir plus de longueur que les tuyaux pour pouvoir être foutenus par les platines lorfqu'on met les noyaux dans les moules.

25. Le tuyau à branche entierement achevé. A B le tuyau. A fon ouverture. C la branche. 1, 2, 3, 4, les quatre trous ou oreilles d'une des brides ; la branche & l'autre extrémité du tuyau en ont une femblable.

26. Le modele dans les chaffis. Le modele eft compofé de huit pieces, favoir deux demi-modeles de tuyau & de branche, chacun fait de deux pieces A B & C qui tiennent enfemble ; plus, de fix modeles de demi-brides dont on ne voit que les trois du chaffis de deffus. 1, 2; 1, 2 pour le tuyau, & *m n* pour la branche, les trois autres & l'autre demi-modele étant enfablés dans le chaffis de deffous. E F, G H, I K les trois platines du chaffis de deffus qui portent chacune deux des fix chevilles de terre qui fervent à percer les oreilles dans les brides de la moitié du moule comprife dans le chaffis fupérieur; il y en a autant dans le chaffis de deffous. *ef, gh, ik* efpaces vuides derriere les platines par lefquelles on introduit les chevilles de terre dans leurs trous après avoir ôté tous les modeles ; on remplit enfuite ces efpaces avec du fable que l'on taffe légerement avec la main pour affurer les chevilles ; avant de tirer les modeles on forme fept jets ou évents, cinq fur le tuyau, dont deux répondent aux brides, les deux autres jets font fur la branche, à la bride de laquelle on a foin d'en faire convenir un. *a b*, D les extrémités des arbres de fer qui portent les noyaux ; ces arbres des noyaux ne devroient pas paroître dans les *fig.* 26, 30, & 34, on les a mis feulement pour faire connoître comment les noyaux font placés après que l'on a ôté les modeles, & que leurs extrémités excedent au-dehors des platines ; les chambres F G & H I reftent vuides, tant pour alléger le moule que parce que leur rempliffage eft inutile.

27. Coupe d'un tuyau à branche dont un des bouts eft coupé obliquement pour fervir à tourner une conduite de droite à gauche ou au contraire, ou de haut-en-bas ou dans le fens oppofé; on fait auffi de femblables tuyaux fans branche. A B le tuyau. C la branche.

28. Noyau du tuyau précédent. A B noyau du tuyau. C D noyau de la branche.

29. Le tuyau oblique & à branche entierement achevé & repréfenté en perfpective. A B le tuyau. C la branche. 1, 2, 3, 4, les quatre oreilles de la bride oblique ; l'autre bride du tuyau & celle de la branche font perpendiculaires.

30. Modele du tuyau oblique à branche dans le chaffis, A B C demi-modele du tuyau & de la branche dans le chaffis de deffus non encore rempli de fable. 1, 2: 1, 2, demi-modeles des brides du tuyau. *m n* demi-modele de la bride de la branche, A B D extrémités des axes de fer des noyaux du tuyau & de fa branche; ces barres de fer ne doivent pas paroître, puifqu'on ne met les noyaux qu'après avoir retiré tous les modeles. E F, G H, I K les platines du chaffis de deffus. *ef, gh, ik* efpaces derriere les platines par lefquelles on introduit les chevilles de terre du chaffis de deffus; après que tous les modeles font retirés du moule & que le noyau eft placé, les chevilles du chaffis de deffous fe mettent en place avant de mettre le noyau. F G, H I chambres qui reftent vuides.

31. Coupe d'un tuyau à brides droites & à deux branches. A B le tuyau. C, D les deux branches.

32. Noyau du tuyau précédent & de fes deux branches. A B noyau du tuyau. C, D noyaux des branches.

33. Le même tuyau entierement achevé. A B le tuyau. C, D les branches. Le modele de ces fortes de tuyaux eft compofé de dix pieces ; deux demi-modeles de tuyau & des deux branches ; plus, huit modeles de demi-brides : on peut donner de

l'obliquité

l'obliquité à celles des brides que l'on veut du corps du tuyau, ou à l'une & à l'autre des deux branches, selon le besoin.

34. Modeles du tuyau à deux branches dans le chassis de dessus. A, B, C, D, extrémités des axes de fer des noyaux, lesquelles ne devroient pas paroître; *a b c d* modele du tuyau & de ses deux branches, 1, 2 : *m*, *n* : *m*, *n* : 1, 2, demi-modele des brides de la moitié du modele contenue dans le chassis de dessus. EF, GH, IK, platines dont les entailles demi-circulaires embrassent les noyaux; la platine GH a deux entailles circulaires pour embrasser les deux noyaux des branches; *ef*, *gh*, *ik*, espaces vuides par lesquels on introduit les chevilles de terre dans les trous des platines, après que le noyau est placé. On remplit ensuite ces parties avec du sable que l'on tasse à la main pour assurer les chevilles, & les moules sont en état de recevoir la fonte.

Il résulte, 1°. de tout ce qui a été dit sur les *figures* de ces deux dernieres Planches, que le moule complet d'un tuyau à brides ou oreilles est composé de deux chassis, de quatre platines de fonte pour porter les chevilles de terre, & d'autant de chevilles de terre que les platines ont de trous; ce nombre est douze dans l'exemple de la Planche XI. & que les pieces qui composent le modele sont au nombre de six, comme il a déjà été remarqué; 2°. que le moule complet d'un tuyau à branche est composé de deux chassis, de six platines, & de douze chevilles de terre; les brides dans l'exemple de la Planche XII. n'étant percées que de quatre trous; les pieces qui composent le modele sont au nombre de huit, savoir deux demi-modeles de tuyaux à branche, & six demi-modeles de brides; 3°. que le moule complet d'un tuyau à deux branches, comme celui, *fig.* 33. est composé de deux chassis, de six platines, & de seize chevilles de terre; les pieces qui composent le modele étant au nombre de dix, savoir deux demi-modeles de tuyau à double branche, & de huit modeles de demi-brides.

On fait aussi des tuyaux courbes, c'est-à-dire que leur axe est ceintré en arc de cercle, les noyaux se font à la main en se servant d'un calibre; le modele se fait en terre aussi-bien que la chape. *Voyez* ci-devant *moulage en terre.*

On fait aussi des tuyaux à trois branches pour les pompes dont les manivelles sont à tiers-point.

QUATRIEME SECTION.

De la Forge.

PLANCHE Iere.

Plan général d'une forge à deux feux.

APRÈS que le minerai a été fondu dans le fourneau & coulé en gueuse, comme il a été expliqué dans la seconde section, on transporte les gueuses ou fers cruds à la forge pour les recuire, & obtenir par cette opération un fer malléable.

La forge à deux feux & deux marteaux est composée de trois halles, A A, B C, & D D : celle du milieu B C a intérieurement huit toises de long sur sept de large. La largeur de cette halle est égale à la longueur des deux autres halles. A A, D D des tines à recevoir le charbon; la largeur de ces deux dernieres halles est d'environ quatre toises. A, B, C, D, portes extérieures & portes de communication des trois halles placées dans le même alignement. EE, EE autres portes extérieures des deux halles à charbon, F, F deux portes de la halle du milieu ou de la forge, G G autres portes de communication des halles à charbon à la forge.

Il y a quatre roues, deux destinées à faire mouvoir les marteaux, les deux autres pour faire agir les soufflets des deux feux; l'eau introduite par un canal souterrain HI au haut de la planche se distribue dans la huche de charpente, & de-là tombe par des empellemens particu-

liers sur la roue du marteau & sur celle des soufflets; K empellement que l'on ouvre de dedans la forge pour donner de l'eau à la roue L de l'équipage à double harnois qui meut les soufflets. *a c* tourillons de l'arbre de cette roue qui est à augets, l'eau y étant portée par le dessus. *b* lanterne fixée sur le même arbre, *e* hérisson fixé sur l'arbre des soufflets. *f* cet arbre garni de six cames disposées trois à trois en tiers-point. *d e* les tourillons du même arbre. 8, 9, les soufflets dont les buzes sont dirigées dans la tuyere du foyer *z*. 7 petite porte par laquelle on introduit les gueuses dans le foyer en passant sous la huche dont le fond est élevé au-dessus du sol de l'attelier. 6 le basche plein d'eau, dans lequel on rafraîchit les outils; c'est aussi par l'ouverture dans laquelle le chiffre 6 est placé, que l'on manœuvre avec un gros ringard pour faire avancer la gueuse dans le foyer, 5 billot de bois ou bloc de pierre adossé au pilier quarré qui soutient la cheminée de la forge; sur ce bloc est posée l'écuelle à mouiller.

L'autre empellement M que l'on peut ouvrir tant & si peu que l'on veut de dedans l'intérieur de la forge, distribue l'eau sur la roue N de l'arbre de la roue du marteau que l'on a supprimé dans cette figure. O partie du coursier du côté d'aval par lequel l'eau superflue qui a fait tourner les roues s'écoule. Y l'arbre du marteau garni de quatre bras revêtus par des pieces de bois que l'on nomme *sabots*. *y* 3, tourillons de l'arbre de la roue du marteau; 3 représente aussi une vieille enclume couchée sur le côté faisant la fonction du chevalet décrit dans la section précédente. *w* l'enclume posée dans son stock. *h* plan de la grande attache. *i* espace de deux piés & demi entre la grande attache & le court carreau. *k* le court carreau. 1 & 2 les mortiers qui reçoivent les jambes du marteau. *p* le refouloir. *m* plan de la petite attache, *n* plan d'un poteau qui soutient la ferme du comble, *r* piece de bois couchée par terre, contre laquelle on appuie les tenailles, *s* banc pour reposer les ouvriers, *t* autre piece de bois sur laquelle on pose les ringards qui servent à la chaufferie.

L'autre forge & chaufferie ne differe de celle que l'on vient d'expliquer, qu'en ce que la roue du marteau est à aubes & reçoit l'eau par-dessous, & que le basche est au-dehors de la cheminée. P *p* P, canal souterrain qui conduit l'eau à la roue du marteau. P empellement qui fournit l'eau à la roue; on peut ouvrir cet empellement tant & si peu que l'on veut de dedans la forge au moyen d'une bascule qui y répond. P Q la roue de l'arbre du marteau. X cet arbre garni de quatre bras revêtus de sabots. *x* 3 les tourillons de cet arbre; 3 vieille enclume tenant lieu de chevalet pour porter l'empoisse qui reçoit le tourillon, *h* plan de la grande attache, *i* espace de deux piés & demi entre la grande attache & le court carreau. 1 & 2 plan des jambes. 1 la jambe dite sur l'arbre. 2 la jambe dite sur la main. 4 le manche du marteau, *u* le marteau posé sur l'enclume; dans cette *figure* le manche est mal formé, & il y manque la braye qui l'environne dans l'endroit où les bras de l'arbre le rencontrent.

L'équipage des soufflets qui est à double harnois est en tout semblable à celui de l'autre chaufferie, V *u*, R, V canal souterrain qui conduit l'eau à la roue des soufflets, R empellement que l'on tient ouvert pour laisser entrer l'eau dans la huche R S; S empellement particulier de la roue des soufflets, T cette roue qui est à augets & reçoit l'eau par-dessus, *a c* l'arbre de la même roue. *b* lanterne qui engrene dans l'hérisson *e* de l'arbre des soufflets, *f* l'arbre des soufflets garni de six cames disposées en tiers-point pour faire lever alternativement les soufflets, *d g* les tourillons de l'arbre des soufflets, 8, 9 les soufflets dont les buzes entrent dans la tuyere de la chaufferie pratiquée dans la cheminée Z, 7 ouverture par laquelle on introduit les gueuses qui passent par-dessous la huche & sur le pont de planches qui recouvre en partie le coursier de la roue du marteau du côté d'aval. 6 le basche pour rafraîchir les ringards; il est placé hors de la cheminée : c'est aussi par l'ouverture 6, entre le pilier qui soutient la cheminée & le mur de clôture de la forge, que l'on place le gros ringard qui sert à avancer ou reculer la gueuse vers le foyer, 5 billot ou bloc de pierre fur lequel eft pofé l'écuelle à mouiller, *o* refouloir de la chaufferie, Z ce refouloir qui, ainfi que le refouloir *p* de l'autre chaufferie, eft une plaque de fonte pofée à fleur du fol de la forge; les deux refouloirs communiquent l'un à l'autre par une longue plaque de fonte fur laquelle on peut traîner les pieces d'un refouloir à l'autre, *r* piece de bois contre laquelle on appuie les tenailles, *s* banc pour repofer les ouvriers, *t* autre piece de bois pour pofer les ringards, *n* plan du pilier qui foutient une ferme du comble, *m* plan de la petite attache du drofme de l'autre forge. L'eau qui a fait tourner la roue du marteau & la roue des foufflets s'écoule par les canaux fouterrains W, W, qui ainfi que le canal O aboutiffent au fous-bief, V empellement de décharge pour évacuer l'eau du bief fupérieur lorfqu'elle vient avec trop d'abondance ou que la forge eft en chomage, F, E, E, G, différentes pórtes tant de la halle au charbon DD que de la forge.

PLANCHE II.

Coupe longitudinale de la forge & des deux halles à charbon par le milieu des portes A, B, C, D″, marquées des mêmes lettres dans la *Planche* précédente, A A halle à charbon, E, E, portes pour amener le charbon dans la halle, F″ porte pour fortir de la forge, F reffort ou perche flexible fufpendue à une autre perche par une S ou crochet de fer; cette feconde perche ainfi que le reffort porte d'un bout dans le mur de la halle, & de l'autre fur un des entraits qui fupportent le comble de la forge, l'extrémité du reffort fufpend le balancier D des foufflets 8 & 9 aux extrémités duquel ils font fufpendus par les doubles crochets, *g* arbre de la roue des foufflets; on voit les trois cames qui abaiffent alternativement le foufflet antérieur, 10 ouverture dans le comble par laquelle paffe la bafcule qui répond à l'empellement K dans la *Planche* précédente; cette bafcule abaiffée ou élevée par le moyen d'une bielle pendante près le pilier *a f* de la chaufferie produit un effet oppofé fur la pelle de l'empellement K, on modere de cette maniere le jeu des foufflets, que l'on peut même arrêter totalement en élevant l'extrémité de la bafcule qui eft en-dedans de la forge.

La cheminée *z*, *z z* de la forge eft quarrée, fon tuyau de même forme traverfe le toît, elle doit être fondée fur un terrain fec & folide; au défaut de la premiere condition on pratique une voute fous le creufet, comme il a été dit dans la fection des fourneaux; les piliers *a f*, *c b* qui foutiennent le devant de la cheminée, doivent être conftruits folidement en quartiers de pierre, ou pour le mieux en plaques de fer coulées de forme & de grandeur convenables que l'on affied les unes fur les autres avec du mortier, ces piliers portent les maraftres *e f h* ou bandes de fer fondues exprès, *e* la maraftre du devant, *f h* les maraftres en retour, la premiere du côté de la tuyere, la feconde du côté du contrevent, dont le deffous eft entierement ouvert; c'eft fur ces trois maraftres & le mur de clôture que font élevés les quatre murs qui forment la cheminée; le devant eft encore garni d'une maraftre *a b* pofée obliquement, fur laquelle on conftruit un petit mur *d d* pour garantir les ouvriers de la grande ardeur du feu, & mieux renfermer les vapeurs, fumées, & étincelles de charbon dans la capacité de la cheminée; l'élévation de la maraftre *a b* eft en *a* d'environ quinze pouces au-deffus de la plaque qui forme le devant du creufet, & de l'autre côté en *c b* l'élévation eft de trois piés, la diftance entre les piliers du devant eft de fix piés, & la largeur de la cheminée prife de dehors en-dehors eft de neuf piés, les piliers ayant dix-huit pouces d'épaiffeur; cette largeur de neuf piés eft égale à la profondeur de la cheminée depuis le devant jufqu'au mur où elle eft adoffée, l'efpace vuide au-deffous de la maraftre en retour *h* qui eft celle du côté du contrevent eft de cinq piés de haut, la maraftre étant pofée à fix piés au-deffus du rez-de-chauffée; la hauteur de l'aire de la chaufferie au-deffus du rez-de-chauffée eft de douze pouces.

Le chiffre 7 indique l'ouverture pratiquée dans le mur du fond de la cheminée par laquelle on introduit la gueufe que l'on doit affiner. Le chiffre 6 indique une fourchette ou y grec, dans laquelle on décraffe les ringards qui ont été plongés dans le creufet, & qui en ont rapporté du fer fondu, cette fourchette eft plantée dans la plaque qui forme le devant de l'aire de la chaufferie; au-deffous de cette plaque eft une petite embrafure au fond de laquelle eft le chio, par lequel on donne écoulement au laitier fuperflu, ou à la fonte dans les macérations; cette embrafure eft notée par le chiffre 13.

A travers la partie ouverte de la forge comprife entre la cheminée & le mur *c*, on voit une partie de la huche M qui fournit l'eau à la roue N à augets de l'arbre du marteau; on voit au-devant les principales pieces qui compofent l'ordon du marteau. 11 fommet de la grande attache. 4 & 5 bras buttans de la grande attache; ces pieces s'affemblent à tenons & embreuvement dans les faces latérales de la grande attache, & par le bas dans une fabliere, ou fur les traverfines qui embraffent le pié de la grande attache. Δ coupe du drofme. 1 & 2 les deux jambes, la premiere la jambe fur la main, la feconde la jambe fur l'arbre. Le chiffre 2 indique auffi l'extrémité du reffort & la tête du marteau qui eft pofé fur l'enclume w. 15 la hus ou huraffe qui embraffe le manche du marteau. 12 la clé tirante qui réunit les jambes, & les ferre dans les entailles du drofme. Sous le drofme il y a un morceau de bois dans l'entaille duquel la clé paffe; ce morceau de bois fe nomme *tabarin*. 14 coins qui fervent à fixer la partie inférieure des jambes dans les mortiers de la croifée. 3 tourillon & empoiffe de l'arbre de la roue du marteau; l'arbre eft garni de quatre bras, chacun revêtu d'un fabot qui eft fixé par un anneau de fer, dans lequel on force autant de coins qu'il eft néceffaire pour rendre le tout inébranlable. C porte pour communiquer à la halle à charbon de l'autre chaufferie. DD halle à charbon. D″ porte extérieure de la halle.

Bas de la Planche.

Toutes les *figures* repréfentent en perfpective les différentes pieces tant vifibles que cachées qui compofent l'ordon, deffinées fur une échelle double.

Fig. 1. Parties des traverfines que l'on a fracturées, leur longueur n'ayant pas pu tenir dans la *Planche*, on y voit les entailles A qui embraffent le collet de la grande attache; ces traverfines ont douze pouces d'équarriffage.

2. Le pié d'écreviffe, forte piece de bois fourchue; les fourches *a* & *b* qui portent fur les traverfines embraffent le bas de la grande attache, qui eft reçue dans l'entaille *c*; du fond de l'entaille *c* jufqu'à l'extrémité *d* de la mortaife *d e* il y a deux piés & demi, la mortaife *d e* de deux piés de long, fix pouces de large, reçoit le tenon inférieur du court carreau de même dimenfion. Le collet *g* eft reçu dans une entaille pratiquée au milieu de la croifée dans laquelle le pié d'écreviffe eft encore retenu par la tête *f*.

3. A La grande attache vue par le devant & par le côté de l'arbre de la roue du marteau, la grande attache a dix-huit ou vingt pouces d'équarriffage fur environ dix-huit piés de longueur: la tête *k* paffe au-deffous des traverfines qui embraffent le collet C *c*. La partie quarrée au-deffus du collet eft embraffée par les fourches du pié d'écreviffe. E mortaife embrevée qui reçoit un des bouts du culard. D mortaife qui reçoit l'extrémité du reffort. FG mortaife de trois piés de long fur fix pouces de large pour recevoir le tenon du drofme. H une des mortaifes embrevées pour recevoir la partie fupérieure des bras butans de la grande attache; le haut eft terminé en pointe pour mieux égoutter les eaux pluviales.

4. B La même grande attache vue par le côté de la jambe fur la main, & le côté de la jambe de taupe oppofée au devant. *k* la tête. C *c* collet qui eft embraffé par les traverfines qui font au-deffous. *f g* mortaife pour recevoir le tenon du drofme vue du côté de la fortie du tenon. H mortaife embrevée pour recevoir le bras buttant du côté de la main. *g i* autre mortaife auffi embrevée pour recevoir le bras

buttant, dit de la *taupe*, fur laquelle il porte par fon extrémité inférieure.

Le court carreau & le culard.

4. Le court carreau de deux piés d'équarriffage a fix ou fept piés de long, non compris les tenons A & E de fix pouces d'épaiffeur. Le tenon A eft reçu dans une mortaife de deux piés de long fur fix pouces de large, pratiquée à la face inférieure du drofme, & le tenon E eft reçu dans la mortaife *d e* du pié d'écreviffe qui eft au-deffus. B mortaife de douze pouces en quarré pour recevoir la queue du reffort, *fig.* 10. Cette mortaife eft percée d'outre en outre & un peu en montant pour fuivre la direction du reffort. C autre mortaife qui traverfe auffi d'outre en outre les faces latérales du court carreau pour recevoir la clé du reffort; cette mortaife qui a dix pouces de haut fur fix pouces de large, a fon fond horifontal élevé de deux piés au-deffus du rez-de-chauffée, ou de la furface fupérieure du pié d'écreviffe; l'autre mortaife eft un peu plus élevée. D mortaife embrevée de dix pouces de haut, ayant huit pouces de large, pour recevoir le tenon 2 du culard F auffi de huit pouces de large & dix pouces de haut fur deux piés & demi de long, ce qui eft la diftance entre la grande attache & le court carreau. 1 autre tenon du culard pour être reçu dans la mortaife E de la grande attache. Le culard dont la fituation eft horifontale, eft élevé de douze pouces au-deffus du pié d'écreviffe.

5. Le drofme, forte piece de charpente d'environ trente piés de long, non compris les tenons qui font à fes extrémités, deux piés d'équarriffage au gros bout en Δ, réduits à vingt pouces de l'autre côté en δ. A B le tenon qui eft reçu dans la mortaife F G de la grande attache, dont on remplit le vuide avec des coins qui compriment le drofme fur le court carreau. Δ partie du drofme à la face inférieure duquel s'affemble le tenon A du court carreau de deux piés de long fur fix pouces d'épaiffeur, & autant de longueur dans une mortaife des mêmes dimenfions: cette partie à quatre piés & demi de long, deux piés pour le court carreau qui affleure les entailles ou encoches C D du drofme; les deux autres piés & demi font pour l'efpace qui eft entre le court carreau & la grande attache: les entailles E deftinées à recevoir le haut des jambes ont vingt pouces de long de C en D, & fix pouces de profondeur, enforte que le bois qui refte entre les deux encoches a un pié d'épaiffeur: la partie F ou δ de vingt pouces d'équarriffage, eft terminée par un tenon G de fix pouces d'épaiffeur, qui eft reçu dans la mortaife de la petite attache, *fig.* 12.

6. La croifée, la clé tirante & le tabarin. A B la croifée de fept piés de long fur dix-huit ou mieux vingt pouces d'équarriffage. *c* mortier ou cavité pour recevoir l'extrémité inférieure de la jambe fur l'arbre, cette ouverture a dix pouces de large, autant de profondeur, & douze pouces de longueur dans le fens A B: fes bords font garnis de bandes de fer affermies par les cerceaux 1,6; 2,7 de même métal. *d* entaille ou encoche d'un pié de large fur huit pouces de profondeur, pour recevoir le collet *g* du pié d'écreviffe, *fig.* 2, qui a les mêmes dimenfions: *e* autre mortier de même largeur & profondeur que le précédent, ayant dix-huit pouces de longueur; c'eft dans ce mortier qu'eft reçue la partie inférieure de la jambe fur la main, où, ainfi que l'autre jambe, elle eft fixée par des coins: les bords de ce mortier font auffi garnis de bandes de fer retenues par les cerceaux 3,8; 4,9. Les mortiers font éloignés de dix-huit pouces de part & d'autre du milieu de l'entaille *d*, enforte que l'efpace qui les fépare eft de trois piés. Les encoches que l'on voit au-deffous de la lettre *f* & près le chiffre 5, font deftinées à recevoir les longrines enterrées qui fortifient tout l'affemblage de la fondation de l'ordon: ou-bien fi les longrines fe rencontrent fous les mortiers, comme on le voit dans la *Planche* fuivante,

on fait les encoches peu profondes à la face inférieure de la croifée entre les cercles ou anneaux 6,7, & ceux défignés par les chiffres 7 & 8.

La clé tirante qui eft repréfentée au-deffus, laquelle traverfe les jambes, a fix pouces de haut fur trois pouces de large: la tête *a* eft plus large; elle eft percée d'une mortaife *b c* pour recevoir une autre clé qui la tient en état, en faifant appliquer les jambes au fond des entailles du drofme.

Au-deffus eft le tabarin *f d* de dix-huit pouces de long, d'une largeur égale à ce qui refte de bois au drofme, après que les encoches ou entailles font faites. Son épaiffeur eft de fix pouces. L'entaille *e* de trois pouces de large & autant de profondeur reçoit la partie de la clé qui eft entre les jambes, enforte que le tabarin qui s'applique à la face inférieure du drofme empêche qu'il ne foit meurtri par le contact immédiat de la clé tirante qui l'auroit bientôt endommagé fans l'intermede du tabarin que l'on renouvelle aifément, & dont la dépenfe n'eft en rien comparable à celle d'un drofme.

7. Les jambes. A B la jambe fur l'arbre vue par fa face intérieure relativement à la jambe oppofée C D qui eft la jambe fur la main; les jambes ont dix pouces d'équarriffage réduits à fept pouces vers le haut A & C qui fe place dans les entailles du drofme; le bas des jambes qui entre de dix pouces dans les mortiers de la croifée eft également réduit à fept pouces pour laiffer place aux coins avec lefquels on les affermit.

Chaque jambe eft percée de deux mortaifes de quinze pouces de long, cinq pouces de large & quatre pouces de profondeur, pour recevoir les boîtes de fonte qui fervent de crapaudine à la hus ou huraffe du marteau; la partie inférieure de ces mortaifes eft élevée de huit pouces au-deffus de l'ouverture des mortiers ou 18 pouces au-deffus de leurs fonds où defcendent les extrémités B D des jambes: ces mortaifes ou encaftrures font bordées de bandes de fer affujetties par les cerceaux 1, 2; 3, 4; 5, 6, 7, 8 chaffés à force; les fupérieurs par le haut des jambes qui eft un peu piramidal, & les inférieurs par le bas où la dépouille eft encore plus fenfible. Plus haut & au niveau de la face inférieure du drofme font percées d'outre en outre des mortaifes E F, pour recevoir la clé tirante qui affermit les jambes contre le drofme. G & H font les deux boîtes de fonte de dix pouces de longueur fur quatre pouces d'épaiffeur, & cinq de largeur comme les mortaifes des jambes; la longueur des boîtes eft moindre que celle des mortaifes afin de pouvoir les élever par des calles à la hauteur convenable pour que l'aire du marteau foit parallele à celle de l'enclume à la diftance de l'épaiffeur des fers que l'on veut fabriquer. Chaque boîte eft creufée de deux cavités pour recevoir les pivots de la huraffe du marteau: on pratique deux cavités à chaque boîte pour, lorfque l'une eft trop aggrandie par le frottement de la huraffe, fe fervir de l'autre fans être obligé de fondre de nouvelles boîtes; pour cela il fuffit de les tourner du haut en-bas dans leurs mortaifes: lorfqu'elles font entierement hors de fervice, on les brûle à la forge pour en faire du fer; il en eft de même de toutes les autres pieces de fonte qui deviennent inutiles dans les forges.

8. La hus ou huraffe repréfentée en plan & en perfpective. La huraffe qui eft de fer forgé & d'une feule piece a trois parties. L'anneau C qui reçoit le manche du marteau a dix à onze pouces de diametre, un & demi d'épaiffeur fur fix pouces de largeur. Des deux pivots A & B, le premier de trois pouces de longueur fe nomme le *court-bouton*, il eft reçu dans la boîte de la jambe fur l'arbre; le fecond de vingt pouces de longueur, que l'on nomme la *grande branche*, eft reçu dans la boîte de la jambe fur la main. *a b* la huraffe en perfpective. *c* l'anneau qui reçoit le manche du marteau, que l'on y affermit avec des coins de fer.

9. Le manche du marteau, le marteau & la braie. A B

le manche du marteau de dix à 12 pouces d'équarriſſage dont les arêtes ſont abattues. La partie A eſt reçue dans l'anneau de la huraſſe, où elle eſt affermie par des coins de fer chaſſés à force dans le bois. La partie B formée en tenons de 6 pouces d'épaiſſeur, eſt reçue dans l'œil C du marteau, dont la panne D doit être parallele à l'aire de l'enclume. Le tenon B eſt un peu plus large en B pour mieux retenir le marteau, dont l'ouverture C eſt un peu plus longue du côté de la ſortie du tenon que du côté de l'entrée : on remplit le vuide de cette ouverture, après que le tenon du manche y eſt placé avec des coins de forme convenable que l'on y chaſſe à force. Le tenon B eſt auſſi percé obliquement d'une mortaiſe a dans laquelle on chaſſe à force une clé de fer qui fait appliquer le marteau contre la racine du tenon, enſorte qu'il ſoit ſolidement fixé au manche, ainſi que le manche l'eſt à la huraſſe. E eſt la braie, platine de fer qui entoure le manche pour le garantir de l'uſure que le frottement des ſabots des bras de l'arbre y occaſionneroit ſans cette précaution. La braie eſt repréſentée ſéparément & étendue à plat en FG au-deſſus du marteau. F l'anneau dans lequel l'autre extrémité G qui eſt arrondie doit entrer. Pour mettre la braie en place, on la fait rougir au feu, elle ploie alors aiſément : le bout rond G ayant été paſſé dans l'œil E, on rabat ce même bout, & la braie ſe trouve fixée.

10. Le reſſort de bois d'hêtre ou de frêne de neuf pouces d'équarriſſage. a la queue du reſſort, laquelle après qu'elle a traverſé le court carreau, eſt reçue dans la mortaiſe D de la grande attache. Le reſſort devroit être entaillé en-deſſous vers b pour recevoir la clé traverſante qui paſſe par la mortaiſe C du court carreau. b c partie élégie du reſſort pour lui donner la flexibilité convenable. d tête du reſſort qui repouſſe le marteau.

11. L'enclume en élévation & en perſpective & élévation du marteau. Le corps quarré de l'enclume a dix-huit pouces d'équarriſſage, & deux piés de long. La partie M ou m entre de douze pouces dans le ſtock ; la partie trapézoïdale a ſeize pouces de hauteur. L'aire L ou l a quatre pouces de largeur. La tête H du marteau a douze pouces en quarré : la mortaiſe I qui reçoit le tenon du manche a dix-huit pouces de longueur & ſix pouces de largeur ; le deſſus de la mortaiſe a deux pouces d'épaiſſeur : la longueur totale du marteau depuis la tête H juſqu'à la panne K de quatre pouces de largeur, & d'une longueur égale à l'aire de l'enclume eſt de deux piés & demi.

12. La petite attache qui ſoutient le droſine, & reçoit ſon tenon G. A D la petite attache. BC la mortaiſe de ſix pouces de large, qui reçoit le tenon du droſine. G, H deux moiſes ou traverſines qui embraſſent le collet de la petite attache. B le boſſage au-deſſous du collet & des moiſes. E, F clés qui aſſemblent les moiſes. F tête d'une des clés. F queue de l'autre clé retenue par une clavette. K bras buttant qui ſoutient la petite attache du côté oppoſé au droſine.

PLANCHE III.

Fig. 1. Coupe tranſverſale de la forge & des courſiers où ſont placées les roues, vue du côté d'amont. C & G portes de communication de la forge à la halle à charbon. ZZ & Z′, Z″ Z″ cheminées des chaufferies ; la premiere eſt vue par le côté des ſoufflets, la ſeconde par le côté du contrevent qui eſt ouvert. 6 endroit où le forgeron place le gros ringard qui ſert à avancer la gueuſe dans la chaufferie. b c pilier iſolé entre le devant de la cheminée & le côté du contrevent. c bout de la maraſtre qui ſoutient le devant. 5 billot ſur lequel on poſe l'écuelle à mouiller. h k bielle pendante à l'extrémité de la baſcule k m mobile en o ſur un boulon qui la traverſe auſſi-bien que la fourchette dans laquelle elle eſt reçue. n extrémité de la pelle K qui fournit l'eau à la roue L de l'équipage à double harnois des ſoufflets. b la lanterne qui engrene dans l'hériſſon e fixé ſur l'arbre

des ſoufflets : les baſcules qui levent les empellemens des roues des marteaux, ſont diſpoſées de la même maniere, comme on le voit en h k P m. P extrémité ſupérieure de la pelle qui fournit l'eau à la roue de l'arbre X du marteau, *Planche* 1, roue qu'on ne voit pas dans la *figure*. S empellement que l'on leve ſans baſcule ou avec une baſcule pour donner l'eau de la huche à la roue T à augets de l'équipage à double harnois des ſoufflets. b lanterne qui engrene dans l'hériſſon e e de l'arbre f qui meut les ſoufflets. d g les tourillons de l'arbre. 8 & 9 les ſoufflets vus par la tête. 8 & 9 indiquent auſſi les cames de l'arbre. D baſcule aux extrémités de laquelle les volans des ſoufflets ſont ſuſpendus par de doubles crochets de fer. D F autre bande de fer qui ſuſpend la baſcule à la perche ou reſſort F viſible dans ſa longueur dans la *Planche* précédente. 4 le manche du marteau près le brayer qui reçoit le frottement des ſabots des bras de l'arbre. 2 la tête du reſſort ; ce chiffre indique auſſi la tête du marteau ; le marteau eſt poſé ſur l'enclume W : on n'a point repréſenté le droſme dans cette figure ni la petite attache qui eſt placée derriere le poteau n qui ſoutient la charpente du comble. R empellement particulier que l'on ferme pour interdire à l'eau l'entrée de la huche. V empellement de décharge pour les eaux ſuperflues du bief ſupérieur.

Bas de la Planche.

Plan du double grillagé de charpente qui ſert de fondation à l'ordon lorſqu'on ne trouve point un terrein aſſez ſolide, deſſiné ſur une échelle double, A B C D la premiere grille, A B, C D les longrines perpendiculaires à la longueur du courſier, A C, B D les traverſines paralleles à la longueur du courſier ; les longrines & les traverſines de douze pouces d'équarriſſage ſont entaillées à mi-bois, les encoches des traverſines ſont reçues dans celles des longrines ; on remplit les mailles ou creches de la grille avec des ſcories de fourneaux ou bien avec des cailloux ou pierres de meulieres que l'on poſe à ſec ſans mortier. La ſeconde grille E F G H eſt conſtruite comme la premiere, & également remplie de pierres ſeches ; cette ſeconde grille fait retraite d'un pié tout-autour pour que la premiere lui ſerve d'empatement. I K, P Q : L M, N O chaſſis qui embraſſe le pié du ſtock W de trois piés ou plus de diametre, h projection de la grande attache, k projection du court carreau.

3. Auſſi deſſinée ſur une échelle double, plan au rez-de-chauſſée de la fondation de l'ordon, E F, H K, G g, C D, longrines qui relient l'ordon avec le ſtock, L M, l m les moiſes qui embraſſent le colet de la grande attache, h emplacement de la grande attache, k emplacement du court carreau ; on a indiqué le pié d'écreviſſe par des lignes ponctuées. A B la croiſée encochée en-deſſous pour recevoir les longrines G g, H K, dans les encoches deſquelles elle eſt affermie par des coins, c mortier pour recevoir le pié de la jambe ſur l'arbre, 1 & 2 cerceaux de fer qui aſſurent les bandes de même métal qui entourent le mortier, d entaille qui reçoit le pié de la jambe ſur la main, 3 & 4 cerceaux de fer qui aſſurent la garniture de ce mortier, N O, P Q traverſines encochées en deſſous vis-à-vis les longrines & vis-à-vis les bras R S, r s du chaſſis qui embraſſe le ſtock ; les longrines & les bras du chaſſis ſont auſſi encochés à la rencontre des traverſines. Le chaſſis eſt compoſé de deux fortes longrines R S, r s de quinze pouces d'équarriſſage & deux traverſes, T t, V u de même calibre aſſemblés à doubles tenons à queue d'aronde ; on ſerre les traverſes contre le ſtock en introduiſant huit clés ou coins de bois derriere les tenons, enſorte que les différentes pieces du chaſſis ne peuvent s'écarter en aucun ſens les uns des autres ; on continue de remplir le vuide qui peut ſe trouver entre les angles intérieurs du chaſſis & le ſtock avec

autant

autant de coins de bois que l'on enfonce verticalement, que ces espaces en peuvent recevoir. W chambre de l'enclume de dix-huit pouces d'equarrissage sur douze pouces de profondeur.

PLANCHE IV.

La vignette représente plusieurs ouvriers autour d'une chaufferie, & l'opération de refouler le renard; on voit aussi une partie de l'ordon, M la huche qui fournit l'eau à la roue de l'arbre du marteau, Δ ʃ le drosme, 12 le court carreau, 13 le ressort, 1 la jambe sur la main, 2 la jambe sur l'arbre réunies près du drosme par la clé tirante qui soutient le tabarin entre les deux jambes, 14 coins qui assurent la jambe dans son mortier, & au moyen desquels on fait convenir la panne du marteau avec l'aire de l'enclume, 15 hus ou huraffe dans laquelle le manche du marteau est affermi, 4 la braye qui entoure le manche du marteau; on voit la clé qui le retient passée obliquement dans le tenon ou emmanchure après qu'il a traversé l'œil, W l'enclume sur laquelle pose le marteau.

La chaufferie ou cheminée ʒ est vûe par le devant & le côté du contrevent où est placé l'ouvrier *figure 1. e* marastre qui soutient le devant de la cheminée, sur cette marastre sont posées en retour celles de la tuyere & du contrevent : *a b* autre marastre ou bande de fer qui soutient le manteau *d d* de la cheminée, 7 ouverture dans le fond de la cheminée par laquelle on introduit de dehors la gueuse qui doit être affinée dans la chaufferie, *k* le chio par lequel les scories s'écoulent hors de l'ouvrage ou creuset, *m* fourchette plantée dans le devant, entre les fourchons de laquelle on décrasse les ringards; on voit le basche. tout-auprès, 8 & 9 les soufflets, *f* l'arbre qui les fait mouvoir, D *d* bascule à laquelle ils sont suspendus, de maniere que lorsque les cames de l'arbre en abaissent un, l'autre se trouve relevé, F ressort ou perche à laquelle la bascule est suspendue, *t* piece de bois ou chantier sur lequel on pose les ringards; on voit auprès une partie du banc pour asseoir les ouvriers.

Les ouvriers vêtus comme les *figures* les représentent, c'est-à-dire en chemise & tablier, le chapeau rabattu pour défendre leur visage de l'ardeur du feu, & leurs yeux de la vibration de la flamme, les jambes garnies de bottines pour les défendre de l'ardeur du feu, & pour chaussure des especes de sandales de bois qu'ils nomment *patins*, avec lesquels ils peuvent marcher impunément sur les laitiers ardens ou autres pieces chaudes qui se rencontrent dans la forge, sont occupés aux opérations suivantes.

Fig. 1. Ouvrier qui avec le gros ringard dont il se sert comme d'un levier du premier genre, fait avancer la gueuse que l'on voit dans l'ouverture 7 vers le foyer; à mesure qu'elle se consomme, la gueuse est portée sur des rouleaux, & le ringard que cet ouvrier tient a pour point d'appui une partie d'une autre gueuse posée sur l'aire de la chaufferie parallelement à la face de la tuyere; lorsque cet ouvrier ne se sert point de son ringard, il le pose sur le basche.

2. Forgeron ou affineur, qui avec un ringard à piquer détache les parties de la gueuse qui sont ramollies par la chaleur, les rassemble dans l'ouvrage ou le creuset, les souleve pour les exposer au vent de la tuyere & en former par ce moyen une masse que l'on nomme *renard*; c'est pour cet ouvrier que l'on a construit le manteau de cheminée *dd* ou de garde-vûe, pour retenir les étincelles qui sont lancées avec violence par le souffle des soufflets, & sortent avec la fumée par les sommets ʒʒ, & Z″ Z″ des cheminées dans les *Planches* précédentes.

3. Ouvrier qui refoule le renard à coup de masse pour en rapprocher les parties. *p* le refouloir ou la plaque de fonte sur laquelle on refoule le renard pour l'équarrir en quelque maniere, & faire place aux tenailles à cingler avec lesquelles on le saisit pour le porter sous le gros marteau : pendant cette opération on voit le laitier s'écouler de tous côtés sur

le refouloir à-travers les fentes de la masse spongieuse du renard.

Bas de la Planche.

Fig. 1. gros ringard pour avancer la gueuse dans le foyer, il a dix piés de long; c'est celui que l'ouvrier, *fig.* 1. de la vignette tient.

2. Autre ringard pour piquer la gueuse, comme fait l'ouvrier, *fig.* 2. de la vignette, & déboucher le chio; ces ringards qui sont au nombre de quatre pour chaque chaufferie, ont sept piés de long.

3. Fourgon ou écoiffe pour ramener ou pousser les charbons dans la chaufferie; la croisée de cet outil a dix pouces de long, sa tige terminée par une douille a quatre piés; le manche de bois que cette douille reçoit a deux piés de longueur.

4. Crochet pour tirer le renard hors du feu, le crochet a huit pouces depuis le coude jusqu'à son extrémité, la tige terminée par une douille & le manche de bois ont chacun trois piés & demi de longueur.

5. Pelle de fer de douze pouces de long & douze pouces de large, terminée par une douille qui reçoit un manche de bois de cinq piés de longueur; cette pelle outre différens usages sert à porter les battitures ou écailles qui tombent au pié de l'enclume sur le renard, pour le rafraîchir avant de le tirer hors de la chaufferie.

6. Haveau ou gambier que tient le goujat pour aider au marteleur à porter les bandes depuis la chaufferie jusque sur l'enclume.

7. Marteau à chapeler, servant à dresser les aires des enclumes, A le marteau à chapeler vû de face. B le même marteau vû de profil; ce marteau a deux tranchans, éloignés l'un de l'autre de huit pouces, l'un B dans le plan du manche, & l'autre dans un plan qui lui est perpendiculaire; il est dessiné sur une échelle double ainsi que la *figure* suivante.

8. Hache à paille pour couper les pailles qui se levent quelquefois sur les bandes de fer : elle est aussi à deux tranchans, distans de neuf pouces; le manche a environ deux piés de longueur. C la hache à paille vûe de profil, D la même hache vûe de face.

9. Pierre de grès servant à polir les aires des enclumes en la traînant au moyen des manches A & B selon la longueur des aires; la pierre est serrée dans le chassis des manches par des coins de bois.

PLANCHE V.

La vignette représente l'opération de cingler le renard, opération qui suit immédiatement celle qui est représentée dans la vignette de la *Planche* précédente. La chaufferie est vûe par l'angle du devant & de la tuyere, l'ordon du marteau est vû par le côté de la jambe sur la main, ʒ la hotte de la cheminée, *e* marastre qui soutient le devant, *f* marastre du côté de la tuyere, *h* marastre du côté du contrevent, *d* manteau de la cheminée, *c* pilier isolé entre le devant & le côté du contrevent, formé ainsi qu'il a été dit par des taques de fonte posées les unes sur les autres, *m* la fourchette ou l'Y plantée dans le devant, entre les cornes de laquelle on décrasse les ringards, *k* embrasure au fond de laquelle est le chio par lequel les scories superflues sortent, A chambriere pour porter l'extrémité des bandes ou maquettes B lorsque l'on chauffe l'autre extrémité, *p* le refouloir auprès duquel est la masse dont se servoit l'ouvrier, *fig.* 3. de la *Planche* précédente.

Fig. 1. Chauffeur qui avec un ringard pique la gueuse, retourne le renard dans le foyer pour en exposer successivement toutes les parties au feu; on voit sur l'atre de la cheminée un tas de charbon & une rasse ou panier qui en paroit rempli : cet ouvrier fait la même chose que celui représenté par la *fig.* 2. de la *Planche* précédente.

Dans l'ordon représenté dans la vignette on distingue différentes pieces, Δ ʒ le drosme, 1 la jambe sur la main, 2 la jambe sur l'arbre, 3 & 4 coins qui affermissent le haut des jambes dans les entailles du drofme, 12 le tabarin porté fur la clé tirante dont on voit la clavette au-devant de la jambe fur la main, la tête de la clé tirante étant au-delà de l'autre jambe, 13 le reffort qui renvoie le marteau, Y l'arbre de la roue du marteau freté d'un nombre de cercles de fer, on voit trois des quatre bras garnis de fabots qui levent fucceffivement le marteau. v la braye qui garantit le manche du marteau du frottement des bras, H le marteau defcendu & pofé fur le renard a qui change alors de nom & s'appelle *piece*, lorfqu'après un nombre de petits coups, il a pris la forme d'un prifme octogone ou d'un parallelepipede rectangle dont les arêtes font abattues. W l'enclume. C la porte qui communique de la forge à la halle à charbon.

2. Goujat ou aide du marteleur, *figure 3.* il tient la bielle ou perche fufpendue à l'extrémité de la bafcule de l'empellement de la roue de l'arbre du marteau, pour donner en tirant cette perche la quantité d'eau néceffaire à la roue pour que fon arbre leve lentement le marteau qui doit frapper à petits coups fur le renard ; on augmente fucceffivement la viteffe de la roue à mefure que les différentes parties du renard fe rapprochent les unes des autres, & qu'il acquiert la forme & la capacité qui lui fait donner le nom de *piece* ; le goujat arrête le mouvement du marteau en élevant la perche qui répond à la bafcule de l'empellement de la roue ; on voit cette bafcule & la perche en *h k m* dans la *Pl. III.*

3. Le marteleur qui cingle le renard, il faifit avec les tenailles à cingler le renard refoulé fur le refouloir, (*fig. 3.* de la *Planche* précédente), il le porte fur l'enclume où fucceffivement les coups de marteau lui donnent la forme & la confiftance qui lui méritent le nom de *piece* ; les premiers coups doivent être foibles, car un coup violent feroit éclater le renard en pieces au grand danger des ouvriers : dans le commencement de cette opération on voit ruiffeler le laitier fondu comme l'eau qui fort d'une éponge que l'on comprime ; la piece façonnée eft enfuite reportée à la chaufferie.

Bas de la Planche.

Fig. 1. Tenailles à cingler, *a b* les mords de fix pouces de longueur & cinq d'ouverture ou environ, *c* le clou ou charniere de la tenaille, *c d* les branches arrondies dont la longueur eft d'environ quatre piés ; les mords faififfent le renard par la partie que l'on a comme équarrie en le refoulant, le marteau le quitte & le reprend fur l'enclume pour le tourner de différens fens, & par ce moyen faire tomber les coups de marteau où il convient qu'ils foient appliqués.

2. Autres tenailles plus petites fervant à radouber les outils, *d* les mords, *e* le clou ou charniere, *e f* les branches.

3. Groffes tenailles à chauffer les pieces, A B les mords qui doivent être très-gros pour mieux réfifter au feu dans lequel ils font plongés, C le clou ou charniere qui doit être très-fort ; la diftance du clou ou la longueur des mords eft de fept pouces, celles des branches C D, C E qui font meplates eft de cinq piés & demi, F clame ou S fervant à ferrer la piece entre les mords de la tenaille en la faifant couler vers les extrémités D & E des branches, G H la clame vûe en plan: on voit dans la vignette de la derniere *Planche* de cette fection une tenaille de cette efpece placée dans le foyer de la chaufferie.

Après que les pieces font chauffées on les retire fur la plaque qui eft au-devant du creufet, plaque fous laquelle eft l'embrafure du chio : là on defferre la tenaille en faifant couler la clame du côté ou clou ou de la charniere pour lui fubftituer une tenaille à coquille repréfentée par la *figure* fuivante.

4. Tenaille à coquille pour tenir les pieces & les porter au marteau, *a* le mords de deffus, *b* le mords

de deffous formé en demi-cylindre creux, d'une grandeur propre à recevoir les pieces; la longueur des mords depuis le clou ou charniere eft de neuf pouces, les pieces y entrent de cinq à fix pouces: la longueur totale de la tenaille dont les branches *c e* font arrondies, eft de quatre piés & demi, *d* clame ou anneau que l'on introduit par l'extrémité *e* pour ferrer les branches & par ce moyen les pieces dans les mords, *f* la même clame ou anneau repréfentée en plan.

Les *figures* fuivantes repréfentent la fuite des diverfes conformations qu'acquiert fucceffivement un renard pour être transformé en bandes ou en barreau.

5. Le renard ou loupe tel qu'il fort du creufet, affinerie ou renardiere ; fa figure ne peut mieux être comparée qu'à une éponge.

6. Piece ; c'eft l'état où parvient le renard dès la premiere chaude.

7. Encrénée; c'eft l'état où parvient la piece à la feconde chaude, A B les deux bouts de la piece, C la partie du milieu qui a été tirée fur le travers de l'enclume, ainfi que la vignette de la *Planche* fuivante le repréfente.

8. Maquette; c'eft l'état où parvient l'encrénée à la troifieme chaude, après que fon extrémité A a été étirée fur le travers de l'enclume, & parée fur la longueur de fon aire; on refroidit alors la partie A C de la maquette dans le bafche, on defferre la tenaille à coquille & on met chauffer la partie B que l'on étire fur le travers de l'enclume, & que l'on pare fur fa longueur comme l'autre côté, pour avoir le barreau ou la bande que la *figure* fuivante repréfente.

9. A B le barreau ou la bande entierement achevée; on place les bandes & les barreaux de bout contre les murs de féparation de la forge & des halles à charbon, & auffi derriere la petite attache contre le mur de la forge.

PLANCHE VI.

La vignette repréfente l'opération de forger ou étirer l'encrénée: l'ordon du marteau eft vu de l'entrée C de la halle à charbon, du mur mitoyen de laquelle on a abattu une partie pour laiffer voir l'arbre de la roue du marteau & la partie de l'ordon qui eût été cachée fans cette attention.

Y l'arbre de la roue du marteau; on y diftingue trois des bras garnis de leurs fabots qui levent le marteau & les différens cercles ou frettes de fer qui le fortifient; le cercle de la bafe eft percé de différens trous pour y appuyer un ringard auquel les oreilles de l'empoiffe E fervent de point d'appui, & par ce moyen faire prendre à la roue un commencement de rotation qui puiffe tenir le marteau fufpendu, comme on le voit dans la *figure*, lorfqu'on y apporte le renard. 3 le tourillon qui porte fur l'empoiffe. D le chevalet qui porte l'empoiffe. W l'enclume. L fon aire large de quatre pouces. K la panne du marteau. I l'emmanchure traverfée obliquement par une clé de fer formée en coin, introduite par le haut de fa mortaife. H la tête du marteau.

Les différentes pieces vifibles de l'ordon font (outre la huche M qui fournit l'eau à la roue du marteau), la grande attache marquée Ω, un de fes bras buttans marqué 5. Δ ♪ le drofme. δ Σ la petite attache.

La chaufferie eft vue par le pilier ifolé *c* qui fépare le devant du contrevent. *b* extrémité fupérieure de la bande de fer ou maraftre qui foutient le marteau *d* de la cheminée. *h h* maraftre qui foutient la hotte de la cheminée du côté du contrevent. 7 ouverture dans le mur de fond de la cheminée par laquelle paffe la gueufe portée par des rouleaux: on voit auffi le gros ringard qui fert à l'avancer dans le foyer, & le billot fur lequel eft pofée l'écuelle à mouiller.

Le forgeron ou marteleur, *fig. 1*, eft occupé à étirer l'encrénée A B, qu'il tient de la main gauche, avec les tenailles à coquille, ferrées par une clame ou anneau, faififfant alternativement les branches de la tenaille près la cheville qui les affemble. Il donne quartier à la piece qu'il forge pour que les coups du marteau qui eft renvoyé avec violence par le reffort 13 , tombent alternativement fur les différentes faces du barreau qu'il meut auffi en long fur le travers de l'enclume, pour que les coups du marteau ne tombent pas toujours au même endroit. Par cette opération la piece s'allonge , & devient dans fon milieu un barreau ou une bande meplate de l'échantillon demandé. On rechauffe enfuite la partie A, que l'on étire de la même maniere. On la pare fur la longueur de l'aire de l'enclume, comme on le voit dans la planche fuivante. En cet état la piece quitte le nom d'encrénée, & prend celui de *maquette*, dont on refroidit la partie achevée dans l'eau du bafche pour pouvoir la tenir avec les mains, & rechauffer la partie B qui étoit renfermée dans les tenailles à coquille que l'on ôte & qu'on met refroidir dans la place qui leur eft deftinée. On voit dans la vignette de la *Planche* précédente à côté de la barre B, une maquette dont la partie non encore étirée eft placée dans le foyer.

Bas de la Planche.

Plan & coupes d'un foyer, affinerie ou renardiere, autrement dit *ouvrage*, formé de taques ou plaques de fer fondu d'environ trois pouces d'épaiffeur.

2. Plan de la renardiere. A , B partie du mur de la chaufferie du côté de la tuyere. B pilier de l'angle du devant & de la face du côté de la tuyere. C D le mureau conftruit de brique ou tuileaux; le mureau enveloppe la tuyere. E F G la tuyere qui eft de cuivre rouge. E F l'ouverture de la tuyere qui reçoit les bufes des foufflets. G le mufeau de la tuyere qui doit être fort épais, & entrer dans l'ouvrage d'environ trois pouces. H I la varme fous la tuyere. K L l'aire. M N le contrevent. R S le fond de deux piés & demi de long fur quinze pouces de large, non compris la partie de fa longueur qui paffe fous le chio. T V le chio percé d'une ouverture pour donner l'écoulement aux fcories dans l'efpace k entre les deux fuppôts X X qui foutiennent la grande taque Z fur le devant de l'ouvrage. Cette taque eft indiquée par des lignes ponctuées. Y trou qui reçoit la fourchette dans laquelle on décraffe les ringards.

3. Coupe tranfverfale de la renardiere de la tuyere au contrevent. E F G la tuyere. G fon mufeau élevé de fix pouces au-deffus du fond. H I la varme. K L l'aire. M N le contrevent. R S le chio : l'aire & le contrevent font élevés de dix pouces au-deffus du fond R S qui eft pofé fur deux chantiers de fonte.

4. Coupe longitudinale de la renardiere creufet, ou ouvrage, parallélement à la face de la tuyere. B pilier du devant à la face de la tuyere. H I la varme fous l'orifice de la tuyere marquée par la *lettre* G. K L l'aire ; le contrevent eft fupprimé pour laiffer voir l'intérieur. R S le fond pofé fur les deux chantiers O P. Q canal expiratoire pour évaporer les humidités qui peuvent fe trouver fous le creufet. T V le chio percé d'un trou prefque à la hauteur de la tuyere. Z Z la grande taque du devant, dans laquelle la fourchette à décraffer les ringards eft fixée : cette taque ou plaque pourroit recouvrir le chio, le contrevent étant entaillé convenablement pour la recevoir. k embrafure ou niche formée par les deux taques X, X, *fig*. 2, par laquelle les fcories s'écoulent lorfqu'on perce le chio pour leur donner iffue.

5. La tuyere de cuivre rouge repréfentée en perfpective par le côté de fon ouverture qui reçoit les bufes des foufflets.

PLANCHE VII.

La vignette qui repréfente l'opération de parer une maquette, la chaufferie & l'ordon du marteau, font vus prefque du même point que dans la vignette de la planche V. z la chaufferie. e maraftre qui foutient le devant de la cheminée. f maraftre du côté de la tuyere. h maraftre du côté du contrevent. a b bande de fer ou maraftre qui foutient le manteau de la cheminée, c pilier ifolé entre le

devant & le contrevent. 5. le billot ou bloc de pierre fur lequel on pofe l'écuelle à mouiller. 6 le bafche où on puife l'eau. k embrafure qui conduit au chio , par laquelle les fcories fortent hors de l'ouvrage. On voit au-deffus une tenaille à chauffer une piece, fes branches font ferrées par une clame. p eft le refouloir.

Les parties de l'ordon qui font vifibles dans cette *Planche* font le drome marqué par les lettres Δ ϑ. 1 la jambe fur la main. 2 la jambe fur l'arbre. 12 le tabarin porté par la clé tirante. 13 l'extrémité du reffort qui renvoie le marteau. H K le marteau. K fa panne vue par fa longueur. W l'enclume de long de l'aire, de laquelle la partie étirée de la maquette eft étendue pour être parée, c'eft-à-dire rendue unie. C porte de communication de la forge à la halle à charbon. Σ ϑ la petite attache près de laquelle on voit le poteau n o qui foutient la charpente du comble de la forge; près la bafe de ce poteau on voit la piece de bois r , fur laquelle on appuie les tenailles à coquilles. On voit derriere le marteau une grande plaque de fer fufpendue au drofme, elle fert à garantir l'extrémité de l'arbre de la roue du marteau de la grande ardeur des renards & des pieces, & auffi à réfléchir fur l'enclume l'eau que le goujat jette, quand on pare les bandes ou barreaux. Cette eau par fa prompte évaporation occafionne à chaque coup du marteau un grand bruit qui n'eft rien moins qu'agréable à l'oreille.

Fig. 1. Forgeron qui avec un ringard débouche le chio. pour faire écouler le laitier ou les fcories fuperflues.

2. Goujat qui avec l'écuelle à mouiller jette l'eau qu'il puife dans le bafche fur le marteau & l'enclume. Cette eau fait détacher les écailles de la bande de fer que l'on veut parer, de laquelle toutes les inégalités occafionnées par la panne du marteau lorfqu'on l'a étirée en-travers de l'enclume difparoiffent.

3. Forgeron ou marteleur tenant une maquette fur l'enclume avec la tenaille à coquille. Il conduit la partie étirée de la maquette le long de l'aire de l'enclume, faifant tomber les coups du marteau tantôt fur le plat de la bande, tantôt fur le champ, pour effacer toutes les empreintes des coups de panne que le marteau y a faites en étirant la barre, & par ce moyen en bien dreffer les faces, & en former les vives arêtes, ce en quoi confifte la perfection de cette opération. La maquette ainfi parée & rafraîchie dans l'eau du bafche, eft remife au feu pour chauffer la partie contenue dans la tenaille; on étire & on pare cette partie de la même maniere que l'autre bout, pour avoir une bande ou un barreau de l'échantillon demandé.

Bas de la Planche.

Fig. 1. La varme vue de face & en perfpective; la tuyere fe pofe au milieu de fon deffus H I qui eft élevé de fix pouces au-deffus du fond de l'ouvrage.

2. Le contrevent; fon deffus M N eft élevé de 10 pouces au-deffus du fond de l'ouvrage ou renardiere; au-deffus de la partie M N, on met une autre plaque femblable que l'on nomme *contrevent de deffus*, cette plaque qui garantit les charbons qui lui font adoffés, & concentre la chaleur dans l'ouvrage, eft vifible dans les chaufferies des vignettes des *Planches IV , VI & VII*.

3. L'ouvrage ou renardiere en perfpective ; on a fupprimé la plaque du devant, le contrevent de deffus & le chio pour laiffer voir l'intérieur. A B partie du mur du côté de la tuyere. C D le mureau. E F G la tuyere. G fon mufeau. H I la varme. K L l'aire. M N le contrevent. R S le fond.

4. Le chio en perfpective ; il fe pofe fur le bout excédent du fond, & contre les extrémités de la varme & du contrevent; l'ouverture que l'on voit au milieu eft celle que l'ouvrier, *fig*. 1 de la vignette, débouche avec un ringard pour laiffer écouler le laitier & les fcories fuperflues : cette ouverture doit être plus bas que le niveau de la tuyere.

5. Une des deux plaques qui forment l'embrafure du chio fous la grande taque du devant qui s'applique fur le deffus X x.

6. X Z La grande plaque ou taque du devant de l'ouvrage. Y *y* la fourche dans laquelle on décraffe les ringards qui ont été plongés dans le creufet, & en ont rapporté ou du fer fondu ou des laitiers figés. *y* la queue de la fourchette.

7. Plaque femblable à celle décrite ci-devant, *fig.* 5, avec laquelle elle forme l'embrafure du chio.

CINQUIEME SECTION.

Des deux efpeces de fenderies.

PLANCHE Iere.

PLan général d'une fenderie dans laquelle on divife les bandes de fer en plufieurs verges. La fenderie de la premiere efpece eft conftruite fur la chauffée d'un étang, ou autre lieu convenable pour avoir une chute fuffifante pour l'eau qui doit faire mouvoir les machines. AB l'étang, canal ou bief fupérieur qui fournit l'eau à la fenderie. *a*, *a* jouecieres de l'empellement qui fournit l'eau à la roue des efpatards; les vannes ou pelles de cet empellement qui fervent de portes de garde, reftent levées tant qu'il n'y a point de réparations à faire à l'empellement particulier de la roue des efpatards. *a a* poteau de féparation des deux vannes; on a fupprimé dans tous les empellemens le chapeau qui recouvre les potils ou poteaux, pour laiffer voir les feuillures qui reçoivent les pelles. C empellement particulier de la roue des efpatards auquel l'eau eft conduite par-deffous un pont. *c'*, *c"* bafcule pour ouvrir ou fermer à difcrétion cet empellement de dedans l'attelier, au moyen d'une bielle ou perche fufpendue en *c"*, ainfi qu'il a été expliqué dans la fection précédente. CD continuation du courfier fouterrein qui porte l'eau à la roue. EF la roue à aubes dont l'arbre fe raccorde en S avec le tourillon de l'efpatard de deffus. G pont dans le mur de clôture, fous lequel paffe l'eau qui a fait tourner la roue. G H fous-bief par lequel l'eau fe perd en paffant fous le pont H I dans le fous-canal ou prairie. I, I *i*.

L'autre empellement *b*, *b*, *b b* femblable au précédent, fournit l'eau par-deffous le pont *b b* K, & le canal K, *k k* dans la huche L, qui par l'empellement particulier M, la fournit à la roue N O. L'empellement M s'ouvre & fe ferme au moyen de la bafcule *m' m"*, à l'extrémité *m"* de laquelle une perche ou bielle eft fufpendue. L'arbre de cette roue fe raccorde en T avec le tourillon des taillans de deffous : l'une & l'autre de ces deux roues, non compris les aubes, ont douze piés de diametre, font enrayées en huit parties; leur circonférence eft formée par un double cours de courbes de fix pouces de large fur quatre d'épaiffeur élégies, pour referver des boffages vis-à-vis les rayons. Ces courbes font pofées en liaifon, le plein à côté du joint. Elles portent vingt-quatre aubes de vingt pouces de large fur douze de hauteur, foutenues chacune par deux coyaux, comme on le voit dans le profil, *planche* fuivante. L'eau après avoir fait tourner la roue N O, enforte que le point N paffe fous l'arbre pour remonter en O, s'écoule par le canal dans lequel on a placé une fleche, paffe fous la huche dans le fous-bief H *h*, & s'écoule par deffous le pont H*h*I *i*, dans le marais ou fous-canal dans lequel elle fe perd, l'autre roue tourne dans le fens oppofé.

Le bâtiment qui contient les deux roues, ou la *fenderie* proprement dite, contient auffi le fourneau de reverbere dans lequel on fait chauffer les bandes de fer que l'on veut fendre en plufieurs verges. Ce bâtiment qui communique à l'attelier du bottelage par la porte Z, a intérieurement environ fept toifes de large entre les murs paralleles aux courfiers, & fix toifes de longueur depuis le fond du fourneau jufqu'à la porte qui communique à l'attelier du bottelage Z Æ. Cet attelier a intérieurement environ cinq toifes & demi de large fur cinq toifes de long de Z en Æ, qui eft la porte chartiere par laquelle on entre dans la fenderie.

Le fourneau eft compofé de trois parties; du fourneau Q dans lequel on met chauffer les bandes de fer que l'on veut fendre, de deux toqueries ou chaufferies P R, dans lefquelles on jette le bois. Il y a des fenderies où

il n'y en a qu'une; l'ouverture du deffus de la toqueries par laquelle on jette le bois, eft garnie d'un chaffis de fer fondu, dans les feuillures duquel coulent des pelles de fer forgé que l'on ferme après avoir introduit le bois qui tombe fur une grille. R toquerie fermée. P toquerie ouverte. Les ouvertures des cendriers par lefquelles entre l'air extérieur qui anime la flamme pour la lancer dans le fourneau par les ouvertures V, V, font placés en *r* & *p*. On monte à chaque toquerie pour y jetter le bois par trois marches ou degrés; il faut auffi entendre que dans cette *figure* le haut P & R des toqueries eft plus élevé que le plan du fourneau, plan qui eft pris au niveau de l'aire de fa gueule. V, V embrafures ou ouvertures qui communiquent à l'intérieur des toqueries, c'eft par ces ouvertures que la flamme entre dans le fourneau. X embrafure de la bouche du fourneau. Y la bouche garnie d'un fort chaffis de fer fondu pour préferver les parois du fourneau, qui font de briques, du frottement des barres de fer qui les auraient bien-tôt détruits fans cette précaution.

Les efpatards S & les taillans T font fixés fur deux fortes folles, femelles ou piece de charpente *s s*, *t t*, encochées par le deffous pour être reçues dans les encoches des traverfines; il en eft de même des pieces de charpente *s' s'*, *t' t'* qui foutiennent les chevalets & les empoiffes de fer des tourillons des arbres des roues; les empoiffes des tourillons extérieurs font de bois.

L'attelier du bottelage, dont on trouve les dimenfions ci-deffus, contient les tables à botteler, le fourneau à recuire les liens, & la forge pour radouber les outils. *ff*, *gg* les tables pour botteler & redreffer la verge. 1 & 4 chevilles entre lefquelles on redreffe la verge 2, 2, 3, 3 fourchettes dans lefquelles on la met en botte de 50 liv. pefant, y compris les liens. 5, 5, dans la table *f f* pieces de verticales pour féparer le bottelage de deux ouvriers. Œ la forge à radouber les outils. W le foufflet. *h* l'enclume. *k* la bigorne ronde d'un côté, & quarrée de l'autre. *l m* l'établi auquel un étau doit être attaché. *x* porte du cabinet ou magafin.

PLANCHE II.

Coupe tranfverfale & longitudinale de la fenderie de la premiere efpece.

La *figure* 1. eft la coupe tranfverfale de la fenderie prife par un plan entre les arbres des roues & le mur mitoyen à la fenderie & au bottelage. On voit dans le fond, derriere les efpatards & les taillans, le fourneau, fes deux toqueries & les trois cheminées qui les recouvrent. K pont fous lequel paffe l'eau qui vient emplir la huche, que l'on a fracturée pour laiffer voir la roue N O des taillans d'em-bas; cette roue tourne de forte que le point N defcend pardevant l'arbre *a b* pour fe rendre en O. On voit à côté la cloifon qui fépare le courfier du fous-bief par lequel l'eau s'écoule en paffant fous la huche. T la folle fur laquelle les taillans font établis. S la folle qui foutient les efpatards; on voit au-deffous la traverfine dans laquelle elles font encochées. *c d* l'arbre de la roue E F de l'efpatard de deffus; cette roue tourne de maniere que le point E defcend poftérieurement à l'arbre pour fe rendre en F. Au-deffus des lettres *b* & *c*, on voit la coupe des bafches qui fourniffent l'eau pour rafraîchir les efpatards & les taillans; plus loin, comme il a été dit, eft le fourneau. Y la bouche du fourneau bordée d'un chaffis de fer, & placée au milieu d'une efpece d'arriere-vouffure conftruite en briques, ainfi que l'intérieur du fourneau. P, R les deux toqueries ou chaufferies. *p r* les hottes de leurs cheminées. *p p*, *r r* orifices des cheminées au-deffus du toit, par lefquelles les fumées s'exhalent. Q la cheminée du fourneau dont la hotte fufpendue par trois liens de fer à une folive pofée fur les entraits des fermes qui foutiennent le comble, reçoit la flamme & la fumée qui fort par la bouche Y du fourneau. *q q* ouverture de cette cheminée au-deffus du comble.

2. Coupe longitudinale de la fenderie & du bottelage.

A

A étang ou bief supérieur qui fournit l'eau aux roues de la fenderie. *a* queue des pelles de garde à l'entrée du pont qui fournit l'eau à l'empellement de la roue des espatards. *a a*, *b b*, *b b b* I fond du coursier de la roue des espatards. E F cette roue. *c c* le basche qui fournit l'eau aux espatards, l'eau est portée dans le basche par une gouttiere ou chanlatte qui reçoit une partie de celle que la roue en tournant lance de tous côtés, & l'eau du basche est distribuée aux espatards par des petites gouttieres particulieres que l'on verra dans les *figures* suivantes. Il en est de même de l'équipage des taillans qui a son basche particulier. T l'équipage des taillans projetté sur celui des espatards. *t t* la solle ou semelle sur laquelle l'équipage des taillans est établi. Cette semelle est encochée en-dessous pour recevoir les quatre traversines que l'on voit dans la *figure*. Ces traversines sont aussi encochées en-dessus vis-à-vis les solles de l'équipage des taillans & de l'équipage des espatards pour les recevoir ainsi qu'elles reçoivent les chantiers qui portent les chevalets & les empoisses des tourillons des deux arbres des roues. Q le massif du fourneau. *q q* orifice de la cheminée. P la toquerie. V la grille sur laquelle tombe le bois. Au-dessous de la même lettre on voit le cendrier par lequel l'air extérieur entre dans la toquerie pour animer le feu, & en lancer la flamme dans le fourneau. *p* hotte de la cheminée de la toquerie. *p p* ouverture de cette cheminée au-dessus du toit.

La fenderie communique à l'attelier du bottelage par la porte Z. On voit dans cet attelier le fourneau à recuire les liens, formé par deux piliers de briques *d d*, adossés au mur; chacun de ces piliers a quinze pouces de large & vingt pouces de saillie hors le nud du mur; entre ces deux piliers qui sont espacés de douze pouces, est établie à dix-huit pouces de hauteur une grille de fer sur laquelle on pose les liens & les charbons destinés à les faire rougir. On verra dans une des *Planches* suivantes la maniere d'en faire usage. Æ porte d'entrée de la fenderie par l'attelier du bottelage.

PLANCHE III.

La vignette représente une vue du fourneau & des équipages des espatards & des taillans. Plusieurs ouvriers sont occupés à l'opération de fendre une barre de fer en verges.

Les bandes que l'on veut fendre étant coupées de longueur convenable pour pouvoir être placées dans le four, & y être arrangées les unes sur les autres en forme de la lettre X, comme on le voit dans la *Planche IX.* ci-après, on allume le feu dans les toqueries P & R, ou dans l'une des deux seulement, observant de boucher la communication de l'autre toquerie avec le four; le feu allumé, on l'entretient avec du bois que l'on jette par les ouvertures P & R du dessus des toqueries, ouvertures que l'on referme aussi-tôt que le bois est introduit avec les pelles de fer, ainsi qu'il a été dit ci-devant. Le bois que l'on emploie est de l'échantillon de trois piés & demi à quatre piés.

La flamme des toqueries lancée par l'air extérieur dans la capacité du four a bientôt échauffé les barres qui y sont renfermées, & sont comme isolées les unes au-dessus des autres; une heure suffit ordinairement pour que la fournée soit chauffée à blanc : en cet état, & ayant modéré le feu, ou fermé en totalité ou en partie les cendriers des toqueries, si la flamme sort avec trop de violence par la bouche Y du fourneau, on tire les barres les unes après les autres du fourneau pour les passer entre les espatards, & successivement entre les taillans qui les subdivisent.

Fig. 1. Ouvrier en chemise qui avec de longues tenailles tire les barres hors du four pour les présenter aux espatards C D, entre lesquels la barre s'applatit & s'allonge d'environ un tiers, & sort du côté d'aval pour être reçue par l'ouvrier, *figure* 2, qui avec des tenailles la passe par-dessus les équipages au troi-

sieme ouvrier, qui de la même chaude la présente aux taillans. Pendant cette opération les espatards ou cylindres sont continuellement rafraîchis par l'eau qui tombe dessus. Cette eau qui vient de la roue par la chanlatte ou canal 1 2, creusé dans une piece de bois, & arrive dans le basche *c c*, en sort par une ouverture garnie d'un fausset, & coule le long de la petite gouttiere de tolle 3 4, pour se rendre dans la passoire 5, d'où elle tombe comme d'un arrosoir sur les cylindres, espatards ou laminoirs C D, qui par ce moyen sont rafraîchis.

Le mouvement est communiqué directement par l'arbre E de la roue à l'espatard supérieur C, au moyen de la boîte G, qui raccorde le tenon quarré de l'espatard avec le quarré de la meche du touillon de l'arbre, le tenon opposé de l'espatard supérieur est reçu dans la boîte V, qui par le moyen de l'arbre de fer Y' & de l'autre boîte V' se raccorde à la trousse supérieure des taillans qui est mue ainsi par renvoi.

L'espatard ou cylindre inférieur D est mu par renvoi. L'arbre O de la roue qui meut directement la trousse inférieure des taillans au moyen de la boîte N qui raccorde la meche de cet arbre avec celle de cette trousse, est prolongé jusqu'à l'espatard inférieur D par le moyen des boîtes *u*', *u*, & de l'arbre de communication *y*, ce qui fait tourner cet espatard en sens contraire au premier. E *e*, E *e* les deux montans antérieurs du côté d'aval, ou de la sortie des bandes; ces montans & leurs correspondans du côté d'amont sont reliés par des brides serrées avec des coins qui traversent le haut des montans pour comprimer les empoisses ou collets sur les tourillons des espatards : c'est sur ces brides que portent les extrémités de la passoire. S *s'* *s'* partie antérieure du côté d'aval de la solle ou semelle sur laquelle les espatards sont établis.

A mesure que la bande de fer attirée par la rotation des cylindres ou espatards dont la vîtesse doit être égale, s'applatit, on voit s'en détacher des écailles de près de demi-ligne d'épaisseur; ces écailles ne sont autre chose que le laitier superflu que la recuisson vive du fer dans le fourneau de reverbere fait monter à la surface, joint à une petite partie de fer scorifié, & aux cendres vitrifiées qui s'attachent aux bandes de fer dans le fourneau; on peut employer ces écailles au même usage que les battitures que l'on rassemble au-tour de l'enclume, desquelles on a parlé dans la section précédente.

2. Second ouvrier qui attend que la bande que le premier ouvrier tire du fourneau, & qu'il présentera aux espatards, en sorte du côté d'aval S; alors cet ouvrier la saisit avec les tenailles sur lesquelles il semble se reposer, & la passe par-dessus les communications des équipages des espatards & des taillans à l'ouvrier, *fig.* 3, qui la présente du côté d'amont aux taillans.

3. Ouvrier qui ayant reçu de l'ouvrier, *fig.* 2, la bande applatie, & encore rouge, la présente aux taillans, entre lesquels elle est attirée & comme avalée par la rotation simultanée des deux trousses qui les composent; la bande sort du côté d'aval, divisée en autant de verges qu'il y a de taillans moins deux dans la somme de ceux qui composent la trousse supérieure impaire & la trousse inférieure qui est toujours paire; on ne pourra bien entendre comment se fait cette division, qu'après avoir vu l'explication des *Planches* suivantes, dans lesquelles on a représenté d'une maniere intelligible l'intérieur de la cage qui renferme les taillans & leur vraie construction.

Pendant l'opération de la fente, ainsi que pendant l'opération d'applatir le fer entre les espatards, les taillans sont continuellement rafraîchis & arrosés par l'eau du second basche *c c*, amenée de la roue par la chanlatte 12, & distribuée par la passoire 5, dans laquelle elle coule par la gouttiere de tolle 3, 4, & en outre l'ouvrier, *fig.* 3, graisse les taillans à chaque bande qu'il passe, avec du suif contenu dans la cuvette *c*, *fig.* 3 au bas de la *Planche*, en se servant d'une verge de fer *a b*, au bas de laquelle une éponge ou autre chose équivalente est attachée; cette cuvette est placée du côté d'amont entre la cage qui renferme les taillans & un des piliers qui soutiennent le basche, pour être à portée de l'ouvrier.

La cage qui renferme les taillans est composée d'un grand nombre de pieces, outre les quatre montans semblables aux deux antérieurs *ee* du côté d'aval, que l'on détaillera dans les *Planches* suivantes. T*t't'* partie d'aval de la solle sur laquelle l'équipage des taillans est établi. On voit près de T les tenailles croches, dont le plan de l'anneau que forment les mords est perpendiculaire à la longueur des branches. Ces tenailles servent à l'ouvrier, *fig.* 4, à rassembler les verges à la sortie des taillans. Entre les deux solles des espatards & des taillans on voit sous les communications des deux équipages, deux *Planches* qui recouvrent la fosse dans laquelle on descend pour retirer les clés qui assurent les montans en-dessous des solles lorsqu'il y a quelques réparations à y faire.

4. Ouvrier qui après avoir réuni les verges avec la tenaille croche qui est posée sur la solle, les saisit & les porte avec des tenailles ceintrées & planes, il s'éloigne de l'équipage des applatissoirs à mesure que la verge sort, & son aide, *fig.* 5, avec un crochet ou gambier qu'il passe sous les verges, lui aide, après qu'elles sont entierement sorties d'entre les taillans, à les porter dans l'attelier de bottelage où elles sont redressées, pesées & mises en bottes, comme on en voit un tas contre le mur de la fenderie près la roue qui donne directement le mouvement à la trousse inférieure des taillans.

5. Goujat ou aide de l'ouvrier précédent.

Bas de la Planche.

Fig. 1. Tenailles ceintrées & planes que tient l'ouvrier, *fig.* 4, pour porter les verges au sortir des taillans. *a* le mords de dessus. *b* le mords de dessous. *c* la cheville, clou ou charniere de la tenaille éloignée de huit pouces de l'extrémité des mords. *c d*, *c e* les branches de deux piés de long depuis la cheville *c*.

2. Crochet ou gambier que tient l'ouvrier, *fig.* 5, pour aider à l'ouvrier, *fig.* 4, à porter les verges; le crochet *a b* a environ quatre pouces de long; la longueur *c d* du manche est de deux piés quatre pouces ou environ.

3. Qui, ainsi que les deux précédentes, est dessinée sur la grande échelle; la boîte à suif & l'éponge attachée à une verge de fer pour graisser les taillans; cette boîte qui est de tôle a huit pouces en quarré & deux pouces de profondeur.

4. Dessinée sur la petite échelle. Coupe transversale du four & des deux toqueries qui y communiquent. Q le four dont l'aire élevée de trois piés au-dessus du rez-de-chaussée, est ainsi que la voute construite en briques de la meilleure qualité, vû le grand feu qu'elles doivent soutenir. La voute est élevée de deux piés au-dessus de l'aire: la largeur du four est de sept piés, sa longueur de dix à onze; le vuide des toqueries est de quatre piés en quarré, & elles communiquent au fourneau par deux ouvertures ou lunettes V, V de deux piés & demi de longueur, ce qui est l'épaisseur des murs du fourneau; ces ouvertures ont du côté de la toquerie dix pouces de hauteur, à compter du niveau de l'aire du fourneau, & huit pouces de largeur: chaque toquerie renfermée dans une maçonnerie cubique d'une toise de dimension, est voutée & terminée par une ouverture P & R de douze pouces en quarré par laquelle on jette le bois; le bois tombe sur des grilles *pp*, *rr* élevées de deux piés au-dessus du fond du cendrier. *p*, *r* ouvertures des cendriers, par lesquelles l'air extérieur entre pour animer le feu; ces ouvertures ont vingt pouces en quarré.

5. Coupe longitudinale du four par un plan perpendiculaire à la précédente. Q le four. V lunette de communication de la toquerie P avec le four. Y la bouche ou gueule du four revêtue d'un chambranle ou chassis de fer fondu. *q* la hotte de la cheminée. *qq* partie de la cheminée.

PLANCHE IV.

La vignette représente l'intérieur de l'attelier du bottelage, & deux ouvriers occupés l'un à redresser la verge, & l'autre à serrer les liens: on a supprimé la seconde table à botteler *ff* dans le plan général pour laisser voir le fourneau dans lequel on fait rougir les liens; on voit par la porte Z une partie de la fenderie. E la roue à aubes à l'arbre F de laquelle l'espatard de dessus est raccordé par une boîte. *c* le cendrier du fourneau. *d d* les deux piliers de briques dont on a donné ci-devant les dimensions. *a* plaque de fonte qui couvre le dessus du fourneau. *d d* représente aussi la grille sur laquelle les charbons & les liens sont posés. *x* tas de verges mises en bottes & liées de trois liens dressés contre le mur & le cabinet dont on a parlé.

Fig. 1. Botteleur qui redresse la verge en la ployant du sens convenable entre deux chevilles de fer fichées horifontalement dans l'épaisseur de l'établi, on voit deux chevilles semblables dans la face antérieure de l'établi. La verge redressée est posée dans les fourchettes ou demi-ronds 2, 2 jusqu'à ce qu'il y en ait cinquante livres poids de marc, ce dont on s'assure avec des balances dont cet attelier doit être pourvû, ainsi que d'un plateau ou grille commode pour les porter, lequel est représenté dans le bas de la *Planche*. Il y a une autre maniere de redresser la verge au martinet, préférable à celle que l'on vient d'exposer; on en trouvera l'explication dans la seconde espece de fenderie ci-après.

L'établi *g g g* est une forte table de bois de sept piés de long, trois piés de large, & environ six pouces d'épaisseur, soutenue par quatre piés A, B, C, D, scellés dans le sol de l'attelier, sur laquelle sont les quatre fourchettes ou demi-ronds 2, 2, 3, 3, dont les queues traversent l'épaisseur de l'établi, & deux pieces de fer verticales 5, 5, pour séparer l'établi en deux, lorsque comme celui-ci il est assez large pour servir en même tems à deux ouvriers.

2. Botteleur occupé à tordre les liens d'une botte contenue dans les fourchettes ou croissans 3, 3 préalablement pesée; il se sert pour cet effet des tenailles, avec lesquelles il a tiré les liens du feu. Pour réunir & approcher les verges les unes des autres, il se sert d'un instrument auquel ils ont donné le nom de *chaîne*: cet instrument est représenté par la *fig.* 3. du bas de la *Planche*.

L'enclume *h* que l'on voit placée sur son billot *k* sert à radouber les outils & les taillans de la fenderie; sa bigorne devroit paroître ronde. *n* le marteau. *l* un taillant ou rondelle intermédiaire. *m* lien. *o* tenailles.

Bas de la Planche.

Fig. 1. Tenailles pour tordre les liens.
2. Marteau du botteleur.
3. Chaîne ou levier dont le bout *a* entre dans le piton 4 de l'établi, *fig.* 5. près la verge placée dans les croissans ou fourchettes: la partie concave *b* recouvre la verge en-dessus, en rassemble les différens brins, ce qui permet d'y ajuster les liens; l'ouvrier appuie sur la partie *e* ensorte que cet instrument lui sert de levier du second genre pour comprimer & réunir les verges qui composent la botte.
4. Grille servant à peser la verge redressée avant de la lier en bottes. *c* crochet qui s'attache au fléau de la balance ou au crochet de la romaine, si on se sert de romaine pour peser. *c d* la bifurcation de la tige *c d* qui se sépare en deux crochets *e e*, pour recevoir la grille de bois A *a*, A *a*, formée par deux regles de bois A A & *a a* de huit piés de longueur, trois pouces de large aux extrémités, & trois pou-

ces & demi vers le milieu : ces deux pieces qui font diftantes l'une de l'autre de quatre pouces environ font entretenues enfemble par trois chevilles, placées, deux vers les extrémités, & la troifieme vers le milieu en C : c'eft fur ces chevilles que pofent les verges pendant le tems de la pefée.

5. L'établi ou la table à botteler. *gggg* la table de fept piés de long, trois de large, & fix pouces d'épaiffeur. ABCD les quatre piés coupés à rafe du terrein. 2, 2 les fourchettes, demi-ronds ou croiffans du côté oppofé au devant. 3, 3 les fourchettes du devant. 4, 4 les pitons terminés en anneaux où s'accrochent les leviers, *fig.* 3. que l'on nomme *chaînes.* 5, 5 fers pour féparer le bottelage de deux ouvriers.

PLANCHE V.

Le haut de cette *Planche* repréfente en perfpective & du côté d'aval l'équipage des laminoirs établis à Effonne pour profiler les plates-bandes de balcons à deux doucines, *&c.* Le bas de la *Planche* contient le plan en grand de l'équipage des efpatards & des taillans repréfentés dans la vignette de la *Planche* troifieme.

Fig. 1. Elévation perfpective de la machine d'Effonne : on a fracturé une partie de la folle fur laquelle elle eft établie. A'*a*, B'*b* les deux montans antérieurs du côté d'aval ; qui avec les deux montans poftérieurs du côté d'amont, defquels on ne voit que les fommets *c*, *d*, renferment la machine. O P empoiffes d'em-bas ; ces empoiffes ou colliers reçoivent les tourillons du cylindre inférieur. L F quarrés aux bouts des tourillons du cylindre inférieur D. Le quarré F eft reçu dans la boîte G, qui le raccorde avec le quarré H au bout du tourillon S de l'arbre T d'une des deux roues à aubes qui font mouvoir la machine. E contre-collets ou contre-empoiffes de bois pour foutenir les tourillons du rouleau ou cylindre fupérieur qui eft profilé. *k* K quarrés au bout des tourillons de ce même cylindre. *o* & *p* empoiffes de deffus ou empoiffes renverfées. 6, 6 brides plates raccordant les montans d'aval avec ceux d'amont. 5, 5 brides de champ que l'on ferre avec des clés ou coins 1, 2, 3, 4, pour faire appliquer les brides fur les empoiffes, & les empoiffes fur les tourillons du rouleau de deffus. A B la barre que l'on veut profiler ; la partie A du côté d'amont n'a point encore paffé par le laminoir. La partie B du côté d'aval qui en eft fortie eft entierement profilée.

2. Elévation géométrale du rouleau ou cylindre fupérieur. *k* K les quarrés au bout des tourillons. D & H les tourillons. G G le cylindre dans lequel on a tourné en creux la forme de la plate-bande. E face plate ou deffus de la plate-bande. C*c*, C*c* les deux doucines qui terminent la plate-bande : toutes ces *figures* font deffinées fur une échelle double.

3. Plan général de l'équipage des efpatards ou applatiffoirs, de l'équipage des taillans & de leur fondation. A B, C D traverfines de douze pouces de gros & environ huit piés de long, encochées en-deffus pour recevoir les folles *ssss*, *tttt*, qui font encochées en-deffous, & pour recevoir les coins & doubles coins qui affurent les folles dans les encoches des traverfines. Les traverfines qui font au nombre de quatre dans le profil, *fig.* 2. *Pl.* II. parce qu'on a donné douze piés de longueur aux folles, font ici au nombre de deux feulement, parce que les folles n'ont que fept piés de longueur, & que dans l'une & l'autre efpece il faut conferver libre le deffous des équipages ; les traverfines font affifes fur un maffif de maçonnerie, comme on le voit dans la *fig.* 1. de la *Pl.* II.

Les folles font de fortes pieces de charpente de deux piés d'équarriffage, diftantes l'une de l'autre de dix-huit pouces, au milieu defquelles font fixés verticalement quatre montans de fer 1, 2, 3, 4, dans les mortaifes qui traverfent toute l'épaiffeur des folles : ces mortaifes ont dix-huit lignes de

large & trois pouces & demi de long ; les montans qui y font placés font du même calibre, c'eft-à-dire ont dix-huit lignes d'épaiffeur & trois pouces & demi de large fur quatre piés neuf pouces de longueur ; la diftance entre les faces intérieures oppofées des montans 1, 2 du côté d'aval eft de neuf pouces, la même qu'entre les mêmes faces des montans 3, 4 du côté d'amont. L'intervalle qui fépare les montans felon la longueur des folles 1, 3 : 2, 4, eft de onze pouces. 66, 66, 66, 66 les brides qui relient enfemble les deux montans d'un même côté ; les brides font retenues par des coins ou clés qui traverfent les montans. S S efpatard de deffus de neuf pouces de diametre & fix de longueur, non compris les tourillons & les quarrés qui les terminent. R boîte pour raccorder le quarré du tourillon de l'efpatard de deffus avec le quarré de la meche ou du tourillon E de l'arbre de la roue des efpatards. *c c* le bafche qui fournit l'eau pour arrofer les taillans. *c* extrémité de la chanlatte ou gouttiere qui fournit l'eau de la roue au bafche. V & V boîte de neuf pouces de long & huit pouces de diametre, qui par le moyen de l'arbre Y de trois pouces, trois pouces & demi ou quatre pouces de gros, font communiquer les efpatards avec les taillans. T T trouffe des taillans de deffus au nombre de trois, pour fendre les bandes de fer en cinq verges : la trouffe de deffous qu'on ne voit point dans la *figure* a quatre taillans, dont les deux du milieu entrent dans les vuides que laiffent entre eux les trois taillans de la trouffe de deffus, & les deux autres les embraffent extérieurement. P boîte pour raccorder la trouffe inférieure des taillans avec le quarré de la meche ou tourillon O de la roue des taillans. *c c* le bafche pour arrofer les taillans. *c* extrémité de la gouttiere qui amene l'eau de la roue des taillans dans le bafche.

PLANCHE VI.

Elévation géométrale de l'équipage des efpatards & de celui des taillans, vu du côté d'aval ou de la fortie des bandes, & coupe de la fondation des équipages.

C D ; C*c*, D*d* traverfine dans les encoches de laquelle les folles font placées & ferrées avec des coins que l'on n'a point repréfentés dans cette *figure*. *ssss* la folle de l'équipage des efpatards traverfée par les montans *a b*, *a b* qui font clavetés en-deffous des folles, par des clavettes ou clés qui traverfent les mortaifes qui font au-bas des montans. S S efpatard de deffous. W quarré d'un de fes tourillons : on fupprime quelquefois ce quarré. Æ chantier qui porte l'empoiffe R R du tourillon de l'arbre E de la roue des efpatards. R boîte de communication du quarré de la meche de l'arbre de la roue à l'efpatard fupérieur S : au-deffus de l'arbre eft le bafche *c c* qui fournit l'eau aux efpatards par la gouttiere de tôle 3, 4, 5. 3 eft un fauffet pour régler la quantité d'eau qui fort du bafche : la gouttiere eft percée en 4 pour laiffer tomber fon eau fur les tourillons du côté du bafche, & l'extrémité 5 de la gouttiere en fournit aux tourillons qui lui répondent ; on peut auffi, comme dans la vignette de la *Planche* III. faire aboutir cette gouttiere dans une paffoire, comme à l'équipage des taillans. 6, 6 brides qui relient les montans d'amont avec ceux d'aval : ces brides qui compriment les empoiffes fur les tourillons des efpatards font ferrées avec des coins qui traverfent l'épaiffeur des montans, près de leur fommet : la hauteur des montans au-deffus de la folle ou rez-de-chauffée de l'attelier, eft de deux piés quatre pouces. V Y V, *u y u* boîtes & arbres de communication de l'équipage des efpatards à celui des taillans : le centre de l'arbre *y* ou des boîtes *u u* eft élevé de fix pouces & demi au-deffus du rez-de-chauffée, & le centre de l'arbre Y & des boîtes V Y eft plus élevé d'environ neuf pouces & demi.

La folle *t t t t* de l'équipage des taillans eft de même traverfée par quatre montans *a b*, *a b* clavetés en-deffous, comme ceux des efpatards. T T les quatre taillans de la trouffe d'em-bas. T les trois taillans de la trouffe d'en-haut : ces trouffes font propres à fendre les barres en cinq verges. F F traverse ou entre-toise d'em-bas pour soutenir les calles sur lesquelles porte l'appui des fourchettes inférieures. F traverse qui comprime les calles sur l'appui des fourchettes supérieures : ces appuis sont séparés par les queues des T tirans ou guides des taillans qui sont clavetés du côté d'aval, comme on le voit dans la *figure*. Œ chantier qui soutient l'empoisse PP des tourillons de l'arbre O de la roue des taillans. P boîte qui raccorde la meche quarrée du tourillon de l'arbre avec la trousse inférieure des taillans, & par communication avec l'espatard inférieur. *u u* quarré ou extrémité de l'arbre de la trousse supérieure. 6, 6 les brides qui joignent les montans du côté d'amont avec ceux du côté d'aval. 5 passoire pour distribuer l'eau du basche sur les taillans. 3 4 gouttiere de tôle qui conduit l'eau du basche dans la passoire. *c c* le basche.

Fig. 2. Elévation latérale de l'équipage des espatards ou applatissoirs. *s' s'* partie de la solle. *c d, a b* les montans d'amont & d'aval reliés ensemble par la bride plate 6, 6, & par la bride de champ 5 5 : la distance entre les montans est de onze pouces. O O empoisse d'em-bas, dont le centre est élevé de six pouces & demi au-dessus de la solle. S S quarré du tourillon de l'espatard d'em-bas. *m m* contre-empoisse ou entre-empoisse faite de bois servant à séparer les tourillons des espatards supérieur & inférieur. S quarré du tourillon de l'espatard supérieur. *v o* empoisse supérieure, qui, ainsi que l'inférieure, est de fer fondu.

3. Elévation latérale de l'équipage des taillans du côté qui regarde les espatards. *t' t'* partie de la solle sur laquelle ils sont établis. *c d, a b* les montans d'amont & d'aval espacés de onze pouces, & réunis par les brides plates & de champ 66, 55. P P empoisse d'em-bas ; son centre est à six pouces & demi au-dessus de la solle ; son entaille demi-cylindrique qui reçoit le tourillon de la trousse d'em-bas a pour diametre celui du cercle inscrit dans le quarré T T : il en est de même de l'empoisse supérieure. *m m* contre-empoisse ou entre-empoisse de bois pour soutenir la trousse supérieure. *n* extrémité extérieure d'un des guides. *p p* empoisse supérieure comprimée par les brides, qui le sont elles-mêmes par les coins qui traversent le haut des montans : le surplus des pieces qui composent l'équipage des taillans sera expliqué dans la suite.

4. Elévation géométrale de l'équipage des taillans vûs du côté d'amont ou de l'entrée des barres qui doivent y être fendues. *t t t t* coupe de la solle de deux piés d'équarrissage, posée sur une partie de la traversine. *c d, c d* les deux montans du côté d'amont clavetés en-dessous comme il a été dit. T T, T T quarrés au bout de l'arbre ou axe de la trousse inférieure. T, T quarrés aux bouts de l'arbre de la trousse supérieure. W entre-toise inférieure dans la mortaise de laquelle les queues des fourchettes inférieures sont reçues : cette mortaise est au-dessus de la lettre W. *x x* têtes des guides accrochés aux entre-toises : l'autre bout des guides qui est claveté retient les appuis des fourchettes. V entre-toise d'en-haut, dans la mortaise de laquelle les queues des fourchettes supérieures sont reçues : cette mortaise est au-dessous de la lettre V. Y clé qui sert à comprimer l'entre-toise *v* sur les guides *x x*, & ceux-ci sur l'entre-toise inférieure *w*.

Les deux *Planches* qui suivent contiennent les développemens des équipages des espatards & des taillans avec des représentations perspectives des mêmes équipages dessinés sur une échelle double, & vûs du côté d'amont.

PLANCHE VII.

Développement de toutes les pieces qui composent l'équipage des espatards.

Fig. 1. Les pieces de l'équipage séparées & vûes en perspective du côté d'aval. *a b, a b* les deux montans du côté d'aval. *c d, c d* les deux montans du côté d'amont : ces montans ont dix-huit lignes d'épais-

seur, trois pouces & demi de large, & quatre piés neuf pouces de long : les mortaises inférieures *b, b d, d* reçoivent les clavettes *b b, d d* qui assurent les montans dans la solle, au-dessous de laquelle elles sont placées. O O les empoisses d'em-bas de six pouces & demi de hauteur jusqu'au centre des entailles demi-cylindriques M qui reçoivent les tourillons de l'espatard inférieur : les feuillures des empoisses reçoivent les montans, & sont éloignées l'une de l'autre de onze pouces : l'épaisseur des languettes des feuillures est de deux pouces un quart, ensorte que l'espace qui est entre les faces oppofées des empoisses lorsqu'elles sont en place, est de six pouces & demi. Q ou SS l'espatard inférieur de neuf pouces de diametre & de six pouces de long. S, R, *d d, h h* les tourillons, de six pouces de diametre & quatre pouces & demi de long. T ou *c c* quarré du tourillon de quatre pouces de côté, & quatre pouces & demi de longueur : ce quarré est raccordé à l'arbre de communication des deux équipages par la boîte *u* de fer fondu, ainsi que les espatards ou laminoirs : cette boîte percée d'un trou quarré de quatre pouces, a neuf pouces de longueur & huit de diametre : on a supprimé le quarré de l'autre tourillon comme inutile, l'espatard ne se raccordant à rien de ce côté. Au-dessus on voit l'espatard supérieur aussi de fer fondu & coulé dans des moules de terre des mêmes dimensions que le précédent. *c* quarré pour être raccordé au moyen de la boîte V avec l'arbre de communication de la trousse supérieure des taillans. *d* le tourillon qui est reçu dans l'empoisse renversée qui est au-dessus. S l'espatard ou applatissoir. *h* l'autre tourillon reçu de même dans l'empoisse qui lui répond. *k* l'autre quarré pour être raccordé avec la meche de l'arbre de la roue des espatards. *o, o* les deux empoisses renversées, dont la hauteur est de six pouces. *a, a : c, c* mortaises au haut des montans pour recevoir les coins qui servent à serrer les brides. 66 les brides plates. 5, 5 les brides de champ qui compriment les empoisses sur les espatards. *r, r r* FE la meche ou tourillon de l'arbre de la roue des espatards. *r* le quarré de la meche qui est raccordé avec le quarré *k* de l'espatard supérieur au moyen de la boîte R. *r r* tourillon de l'arbre de la roue. E E crosse qui empêche la meche de tourner séparément de l'arbre de la roue des espatards : il y a une semblable piece à l'arbre de la roue des taillans.

2. Elévation perspective de l'équipage des espatards deffinés sur une échelle double & vûe du côté d'aval ou du côté de la sortie de la bande de fer qui y est applatie. L'aspect de cet équipage est le même vû du côté d'amont ou de l'entrée des bandes ; on a fracturé la solle qui auroit occupé trop de place dans la *Planche*. A *a*, B *b* montans du côté d'aval. *c, d* extrémité supérieure des montans du côté d'amont. 1, 2, 3, 4 coins ou clés servant à serrer les brides sur les empoisses. 5, 5 brides de champ. 6, 6 brides plates. S S, S, espatards inférieur & supérieur embrassés par leurs empoisses & séparés par leur contre-empoisses. L N quarrés aux bouts des tourillons de l'espatard d'em-bas : le quarré N ne sert à rien. C K quarrés aux bouts des tourillons de l'espatard supérieur : le quarré K est raccordé avec la meche de l'arbre de la roue des espatards par la boîte R, & les quarrés C & L sont par de semblables boîtes aux arbres de communication des deux équipages, comme on le voit dans la premiere *figure* de la *Planche* précédente.

PLANCHE VIII.

Développement des pieces principales qui composent l'équipage des taillans.

Fig. 1. Les pieces de l'équipage séparées & vûes en perspective du côté d'amont. *a b* un des deux montans du côté d'aval. *b* mortaises pour recevoir la clavette au-dessous de la solle ; cette clavette est commune aux deux montans du côté d'aval, comme on le voit sous l'équipage des taillans dans la *fig.* 1.

de

de la *Planche VI.* F F mortaife pour recevoir la traverfe ou entre-toife qui foutient les calles de l'appui des fourchettes inférieures. F mortaife pour recevoir la traverfe fupérieure qui porte fur les calles qui compriment l'appui des fourchettes fupérieures. *a* mortaife pour recevoir le coin ou clé qui fert à ferrer les brides.

c d un des deux montans du côté d'amont ou de l'entrée des bandes. *d* mortaife pour recevoir fous la folle la clé qui fixe ces deux montans. w mortaife pour recevoir l'entre-toife inférieure W : cette entre-toife eft mortaifée pour recevoir les queues des fourchettes inférieures. V & Y mortaife pour recevoir l'entre-toife fupérieure. V mortaife pour recevoir les queues des fourchettes fupérieures, & la clé Y qui comprime les entre-toifes fur les guides : ces deux entre-toifes V & W font coudées par une de leurs extrémités pour qu'elles ne puiffent fe déplacer, & que leurs mortaifes demeurent vis-à-vis des taillans.

O O les empoiffes d'em-bas : elles font à rainure pour recevoir les montans ; elles ont quatre pouces d'épaiffeur & fix pouces & demi de hauteur , comme celles des efpatards : leurs entailles demi-cylindriques M qui reçoivent les tourillons de l'arbre de la trouffe inférieure des taillans ont le même diametre que celui des tourillons ou du cercle infcrit au quarré de cet arbre. Les joues des rainures ont un pouce un quart d'épaiffeur ; l'efpace qui refte entr'elles lorfqu'elles font en place, eft de fix pouces & demi , l'efpace entre les montans étant de neuf pouces. T T les quatre taillans de la trouffe inférieure pour fendre les bandes en cinq verges. w , w les tourillons. *t t, t' t'* les quarrés circonfcrits aux tourillons; le premier fe raccorde au moyen de la boîte *u* avec l'arbre de communication de l'efpatard inférieur ; l'autre quarré *t' t'* fe raccorde au moyen de la boîte P avec le quarré de la meche de l'arbre de la roue des taillans. Les taillans font féparés par des platines circulaires de fer forgé de même épaiffeur que les taillans que l'on nomme *petites rondelles.* X *n,* X *n* des guides qui paffent entre les montans & embraffent les taillans : les crochets des têtes X , X des guides font appuyés aux entre-toifes fupérieures, w & inférieure, w mortaifés pour recevoir les queues des fourchettes. Les extrémités *n n* des guides retiennent, au moyen des clés ou coins *z* 1 , *z* 2 les appuis 1 & 2 des fourchettes. Le premier qui fe place fous les guides entre les deux montans du côté d'aval, aux faces defquelles fes extrémités s'appliquent, fa longueur étant de neuf pouces , eft foutenu par plufieurs calles fur la traverfe ou entre-toife F F ; le fecond appui 2 des fourchettes fe pofe fur les guides fur lefquels il eft appuyé par l'entre-toife ou traverfe F au moyen de plufieurs calles intermédiaires.

La feconde trouffe de taillans T ou trouffe fupérieure a toujours un taillant de moins que l'inférieure , & deux petites rondelles de moins. *u, u* les tourillons qui font reçus dans les entailles demi-cylindriques *m* des empoiffes *o, o* renverfées qui font au-deffus. Ces empoiffes font affujetties comme celles des efpatards, par des brides & des coins ; le quarré *t* ne fert à rien, le fecond *t'* fe raccorde au moyen de la boîte V avec l'arbre de communication de l'efpatard fupérieur qui eft mu directement par la roue des efpatards.

2. Coupe de l'équipage des taillans par le milieu de fa largeur ou perpendiculairement à l'axe des trouffes, deffinée fur une échelle double. C *c* montant du côté d'amont. *c* mortaife pour recevoir les coins qui fervent à ferrer les brides que l'on a fupprimées dans cette *figure.* A *a* montant du côté d'aval. *a* femblable mortaife pour recevoir le coin qui ferre

les brides. P P empoiffe inférieure. O taillant de la trouffe d'em-bas de dix pouces de diametre. N N petite rondelle de fix pouces & demi de diametre. T T quarré au bout de l'arbre ou axe de la trouffe, lequel traverfe quarrément les taillans & rondelles intermédiaires qui font percés d'un trou quarré de trois pouces de côté ou trois pouces & demi : les taillans & les rondelles font encore percés de quatre trous ronds qui reçoivent des broches de fer pour affurer encore mieux les taillans les uns aux autres.

La trouffe fupérieure T eft compofée de la même maniere , les taillans des deux trouffes s'engagent les uns dans les autres d'environ un demi-pouce , & l'épaiffeur des rondelles eft égale à celle des taillans : *p p* eft l'empoiffe renverfée fupérieure.

Les fourchettes fupérieures 1 , 2 , 3 , & les inférieures 5 , 6 , 7, qui font en nombre égal à celui des verges que l'on fend , fervent à empêcher que les verges ne s'enroulent autour des rondelles ou taillans : leurs queues 1 & 5 font reçues dans les mortaifes des entre-toifes W , V , qui font ferrées au guide X N par la clé Y. C'eft entre les guides & entre les queues des fourchettes que l'on préfente en *x* la barre rouge & applatie à l'épaiffeur convenable pour être fendue ; elle eft bien-tôt attirée & comme avalée par la rotation fimultanée des deux trouffes de taillans qui tournant en fens contraire, la divifent & la font fortir du côté de *m* par l'efpace 4, 8 entre les appuis 3 , 4 , 7 , 8 des fourchettes; les appuis qui font retenus contre l'effort des fourchettes par le coin Z *z* & fon femblable, dans l'autre guide font foutenus & callés haut & bas, entre les entre-toifes F & F F par autant de coins ou calles de fer qu'il eft néceffaire ; ces calles que l'on place vers les extrémités des appuis font retenues par les coins Z *z.*

3. Elévation perfpective de l'équipage des taillans garni de toutes pieces , vû du côté d'amont , & deffiné fur une échelle double. *c* D montans du côté d'amont. *a* & *b* extrémités fupérieures des montans du côté d'aval. P P empoiffes inférieures. T T la trouffe inférieure des taillans. *t t t' t'* quarrés aux extrémités de l'axe des taillans ; le dernier fe raccorde par une boîte avec le quarré de la meche du tourillon de l'arbre de la roue des taillans ; l'autre quarré eft raccordé avec l'arbre inférieur des communications des deux équipages. W entre-toife inférieure mortaifée pour recevoir les queues des fourchettes inférieures que l'on n'a pas repréfenté dans cette *figure.* X X têtes des T ou guides accrochés aux entre-toifes V & W : c'eft par l'ouverture entre les guides & les entre-toifes que l'on introduit les bandes pour être fendues par les taillans. V entre-toife fupérieure mortaifée pour recevoir les queues des fourchettes fupérieures que l'on n'a pas repréfentées. Y clé fervant à ferrer l'entre-toife fupérieure fur les guides, & ceux-ci fur l'entre-toife inférieure. T la trouffe fupérieure des taillans. *t t* quarrés aux extrémités de fon axe ; le premier quarré fe raccorde à l'arbre de communication qui vient de l'efpatard fupérieur ; le fecond ne fert à rien. *p p* empoiffes fupérieures renverfées. 6 , 6 brides plates. 5 , 5 brides de champ fur le milieu defquelles repofent les extrémités ou oreilles de la paffoire. 1 , 2 , 3 , 4 coins ou clés qui fervent à ferrer les brides fur les empoiffes , & celles-ci fur les tourillons des axes des taillans.

On fend le fer applati en plus ou moins de verges ; l'épaiffeur du fer que l'on préfente aux taillans doit être égale à leur épaiffeur pour que les verges foient quarrées; on excepte de cette regle la derniere forte de la table fuivante, deftinée à faire du fer applati en le paffant une feconde fois entre les efpatards.

Noms des différentes espèces de verges.		Nombre des taillans.	Nombre des rondelles & des fourchettes.	Epaisseur des uns & des autres.	Nombre des verges.	Largeur des bandes avant la fente, exprimée en lignes.
Vitriere.	Trousse supérieure.	6	5			
	inférieure.	7	6			
	Total.	13	11	3 lignes.	11	33 lignes.
Couliere.	Trousse supérieure.	6	5			
	inférieure.	7	6			
	Total.	13	11	4 lignes.	11	44 lignes.
Soliere.	Trousse supérieure.	5	4			
	inférieure.	6	5			
	Total.	11	9	5 ou 6 lignes.	9	45 ou 54 lignes.
Moyenne.	Trousse supérieure.	4	3			
	inférieure.	5	4			
	Total.	9	7	6 ou 7 lignes.	7	42 ou 49 lignes.
Fanton.	Trousse supérieure.	3	2			
	inférieure.	4	3			
	Total.	7	5	9 ou 10 lignes.	5	45 ou 50 lignes.
Petit feuillard.	Trousse supérieure.	2	1			
	inférieure.	3	2			
	Total.	5	3	12 lignes.	3	36 lignes.

PLANCHE IX.

Plan général de la seconde espece de fenderie, dite *fenderie à double harnois*. A & B ponts sous lesquels passe l'eau qui vient de l'étang ou bief du côté d'amont : l'entrée de ces ponts est fermée par des empellemens ou pelles de garde. C D canal ou coursier qui fournit l'eau à la roue E F des espatards. D empellement particulier de cette roue que l'on ouvre avec la bascule D *d*, à l'extrémité *d* de laquelle est suspendue une bielle ou perche avec laquelle on abaisse ou on éleve la bascule pour lever ou abaisser la pelle D. *u* V S arbre de la roue se raccordant en S avec l'espatard ou applatissoir inférieur. V hérisson fixé sur l'arbre qui communique le mouvement à la lanterne X de l'arbre X T, qui se raccorde en T avec la trousse supérieure des taillans. *c c* le basche qui fournit l'eau aux espatards S & aux taillans T : l'eau qui a fait tourner la roue E F s'écoule par le sous-bief G, passe sous le pont G H, & se perd dans le sous-canal. & porte qui communique par un pont au-dessus des coursiers. P Q autre coursier parallele au précédent, qui fournit l'eau à la roue du martinet. P empellement de cette roue. Q R roue à aubes de l'arbre du martinet. *u u t* arbre du martinet. *r s* cames au nombre de douze. *r p* manche du martinet. *p* le martinet posé sur son enclume, qui est placée dans son stock *o* ; le martinet sert à redresser la verge & à en abattre les rebarbes. 1, 2, 3 trois des piliers qui soutiennent la charpente du comble de l'attelier. A A, B B portes de la fenderie du côté de l'étang ; entre ces deux portes est la boutique ou petite forge pour radouber les outils. *h* porte de la boutique vis-à-vis les taillans T. *l* la forge. *i* le soufflet. *m* l'enclume. *n n* établi vis-à-vis d'une fenêtre.

L'eau qui passe sous le pont B fournit aux deux empellemens K & S S. I K coursier souterrein qui fournit l'eau à l'empellement de la roue L M ; cet empellement s'ouvre au moyen de la bascule K *k*, que l'on abaisse au moyen d'une perche suspendue à l'extrémité *k* de la bascule ; l'autre empellement S S sert à débarrasser de l'eau superflue. L M la roue à aubes dont l'arbre *y* Y T se raccorde en T avec la trousse inférieure des taillans & par le renvoi de l'hérisson Y & de la lanterne Z fixée sur l'arbre *z* S avec l'espatard supérieur : l'eau qui a fait tour-

ner la roue L M, s'écoule dans le sous-bief M N, passe sous le pont N O, & se perd dans le sous-canal. 4, 5, 6 les trois autres piliers qui soutiennent le comble de la fenderie. *f f* siége entre les deux équipages pour reposer l'ouvrier. *g g* table à botteler, vis-à-vis de laquelle est le fourneau à recuire les liens, indiqués par les lettres *δ δ*.

Le four à chauffer les bandes est placé vis-à-vis des équipages S & T des espatards & des taillans à la distance de dix-huit piés ; il est composé comme celui de la fenderie précédente du four proprement dit, dans lequel on arrange les bandes de fer B B, C D en sautoir & de deux toqueries *a* & *e*, dont les cendriers *a a*, *e e* s'ouvrent dans une galerie placée derriere le four. *a* toquerie dont on voit le dessus & la pelle qui sert à la fermer, après qu'on y a jetté le bois. *b* communication de cette toquerie avec le four. W gueule du four par laquelle on enfourne & on défourne les bandes de fer. *d* communication de l'autre toquerie avec le four, les rainures que l'on y voit servent à descendre une tuile de forme convenable pour intercepter la communication de la toquerie avec le four. *e* grille sur laquelle tombe le bois & au-dessous de laquelle est le cendrier qui fournit le courant d'air nécessaire pour animer le feu & lancer la flamme dans le four. H H, O O autres portes de la fenderie.

PLANCHE X.

Coupe transversale & longitudinale de la fenderie.
Fig. 1. Coupe transversale vûe du côté du four. Q R la roue du martinet. *u u t* l'arbre de la roue du martinet. *r s* les cames ; on a supprimé le marteau, l'enclume & le stock. X lanterne qui par renvoi communique le mouvement à la trousse supérieure des taillans. *t* 3 arbre sur lequel la lanterne est fixée. V hérisson caché en partie par la lanterne X ; cet hérisson qui est fixé sur l'arbre de la roue E F des espatards communique directement le mouvement à l'espatard inférieur. T la solle qui porte les équipages des taillans & des espatards ; cette solle de quatorze piés environ de longueur & deux piés d'équarrissage, encochée en-dessous, est portée par quatre traversines qui portent aussi les chantiers, chevalets & empoisses des tourillons des quatre arbres du double harnois de la fenderie.

L'autre côté du bâtiment contient la roue L M des taillans, dont l'arbre y 4 mene directement la trousse inférieure des taillans, & par le renvoi de l'hériffon Y & de la lanterne Z, l'espatard supérieur qui est caché par la trousse supérieure des taillans; on a supprimé la boîte qui raccorde la meche de l'arbre de cette lanterne, meche de laquelle on voit le quarré, pour éviter la confusion & l'équivoque que l'arbre de cette lanterne Z ne se raccordât avec la trousse supérieure des taillans. S S empellement de décharge pour les eaux super-flues; dans le fond on voit le four dont W est la bouche. a a, e e les deux toqueries ou chaufferies; une seule peut suffire. W cheminée du fourneau, dont la hotte est soutenue par trois bandes de fer accrochées à un des entraits. a & e cheminées des toqueries. 2, 5 piliers qui soutiennent le comble de la fenderie; on a projeté par des lignes ponc-tuées le comble & les murs de la partie du bâti-ment où se fait le bottelage.

2. Coupe longitudinale de la fenderie par le milieu de sa largeur. A R rr H fond du courfier qui fournit l'eau à la roue Q R du martinet, postérieure au mur & indiquée par un cercle ponctué. rs l'arbre de la roue du martinet garni de douze cames de fer; le tourillon de l'arbre est porté par une em-poisse posée sur un chevalet. q une des jambes ou montans qui soutiennent les boîtes dans lesquelles la huraffe du marteau se meut. p le marteau posé sur l'enclume. o l'enclume placée dans son stock. A A f F H fond du courfier de la roue E E des espatards, aussi indiquée par un cercle ponctué, étant placée hors du bâtiment; cette roue meut directement l'espatard inférieur S, & par le renvoi de l'hériffon V & de la lanterne X, la trousse supé-rieure des taillans. Les centres des espatards S & des taillans T, font distans l'un de l'autre d'environ dix piés; on voit dans cette *figure* les quatre tra-versines qui portent la folle commune aux équipa-ges des espatards & des taillans. 1, 2, 3 font les piliers qui soutiennent le comble de la fenderie. W le four. b lunette de communication du four avec la toquerie. A sa voute. 1 w la cheminée du four. a cheminée de la toquerie. a a galerie où les cendriers aboutissent.

PLANCHE XI.

La vignette représente en perspective l'intérieur de la fenderie à double harnois vûe du côté du four. w la bouche du four par laquelle on tire les barres chauffées pour les présenter aux espatards a a. e e les deux toque-ries. 1 & 6 les deux piliers qui soutiennent l'entrait de la premiere ferme de la charpente auquel la hotte de la cheminée du four est suspendue par trois bandes de fer. O O porte pour communiquer à la galerie derriere le four & les toqueries. V hériffon fixé sur l'arbre u u de la roue des espatards; cet arbre se raccorde en u avec l'espatard inférieur D & par le renvoi de la lanterne X avec la trousse supérieure des taillans, au moyen de l'arbre x x, soutenu en x à une hauteur convenable, par le chantier & le chevalet x. L'autre hériffon Y fixé sur l'arbre y y de la roue des taillans, & porté en y par un chevalet, se raccorde directement avec la trousse in-férieure des taillans qui, ainsi que les espatards, font montés sur la même folle S T, & par le renvoi de la lanterne Z, dont l'arbre z z est soutenu en z & z par des chantiers, chevalets & empoisses, il se raccorde avec l'espatard supérieur C. E E les deux montans du côté de l'entrée des bandes ou du côté d'amont par rapport à la marche des bandes, ou du côté d'aval relativement au cours de l'eau. c c le basche; on a sup-primé la chanlatte qui y amene l'eau: cette chan-latte passe par la porte &, ou par une ouverture faite au mur dans un endroit convenable pour prendre l'eau jettée par la roue des espatards. c 4, c 5 gouttieres de tôle qui portent l'eau du basche dans les passoires 4 & 5, qui la distribuent sur les espatards & les taillans, pour servir cette fenderie. Un ouvrier placé entre le

four & les espatards S, tire les bandes, les présente aux espatards: un autre ouvrier placé entre les espatards S & les taillans T vis-à-vis de son siége f, reçoit la bande applatie au sortir des espatards & la présente aux tail-lans T où elle est fendue, & sort du côté T, où deux autres ouvriers la reçoivent, comme on voit dans la vignette de la *Pl. III.*

Bas de la Planche.

Représentation perspective & en grand du martinet servant à redresser & parer la verge. A C plan d'une des jambes qui soutiennent la huraffe du martinet. B D E l'autre jambe; elles font toutes deux solidement scellées dans le sol de l'attelier. H H I la huraffe. I pivot qui entre dans la boîte de la jambe que l'on a supprimée. G K le manche du martinet revêtu en G par une braye qui le garantit de l'usure que le frottement des cames y occasionneroit. F F taque ou plaque de fonte tenant lieu de heurtoir ou ressort pour renvoyer le mar-teau. L M le marteau. M l'aire de l'enclume. N N la base de l'enclume.

La verge se redresse & se pare en la présentant le long de l'aire de l'enclume, où les coups redoublés & rapides du marteau la mettent en état d'être bottelée, comme il a été dit ci-devant.

On donne au fer qui passe sous les applatissoirs plus ou moins d'épaisseur, en approchant plus ou moins les espatards ou applatissoirs.

Le fer en passant sous les applatissoirs s'élargit peu, mais s'allonge.

Si la barre de fer applati n'est pas aussi large que les onze taillans destinés à la fendre, il n'en sortira que huit ou neuf ou dix vergettes, selon sa largeur.

Les filandres qui se trouvent quand la barre n'est pas assez large pour remplir en plein l'espace entre les gui-des, se nomment *bidons*, & se fourent dans le corps de la botte de verge.

Il faut à chaque différent assortiment de verge qu'on veut fendre démonter la fenderie & la remonter des taillans de la grosseur de la verge qu'on veut fendre.

Outre la verge qui se fait dans la fenderie, il s'y fait aussi différentes cottieres.

La cottiere est tirée du fer applati.

Pour faire la cottiere on ôte un des taillans de la trousse de dessus, & alors il se trouve une verge de trois largeurs de verge qui se nomme *cottiere*.

Si vous ôtez deux taillans, la cottiere aura cinq lar-geurs de verge.

Une grande fenderie peut fendre jusqu'à 15000 liv. de fer en vingt-quatre heures.

En comparant les deux fenderies on trouvera que si la construction de la premiere est moins dispendieuse que celle de la seconde, n'y ayant ni hériffon ni lan-terne, le service de celle-là est moins facile, puisqu'il faut un ouvrier de plus pour repasser les bandes au sor-tir des applatissoirs par-dessus les équipages, où elles font reçues par l'ouvrier qui les présente aux taillans: au-lieu que dans la seconde espece, l'ouvrier placé entre les équipages, présente lui-même aux taillans les bandes qu'il a reçues au sortir des applatissoirs.

On a tâché d'observer dans la description & les *figures* de cet art, l'accord qui devroit toujours être dans les productions de ce genre; accord suivant lequel lors-que les *Planches* d'un art font bien faites, on y retrouve en les comparant aux échelles qui doivent toujours les accompagner, les mêmes mesures qui font énoncées par la description: c'est la pierre de touche de ces for-tes d'ouvrages, indépendamment que les regles de la perspective, regles qui n'admettent aucune exception, doivent être observées avec soin; c'est ce qui ne peut être fait que par quelqu'un qui réunit à-la-fois à l'expérience dans l'art du dessein, les lumieres que la géométrie & la science d'un ingénieur peuvent procurer.

Le travail, tel qu'on vient de le voir, est le travail actuel dans la haute Bourgogne & sur la Marne; on peut compter sur l'exactitude des desseins, enforte que les mesures dont l'énumération a été omise, peuvent se déduire par les échelles qui font au bas de chaque *Planche*.

Il y auroit beaucoup à dire sur la comparaison à faire du travail de différens endroits, sur la meilleure maniere de disposer les usines & les machines qu'elles renferment, comparaison qui ne pourra se faire qu'après que l'on aura rassemblé des descriptions aussi exactes de la maniere de travailler des différentes provinces, ce qui conduira naturellement aux meilleurs procédés & aux meilleures constructions des machines.

Entr'autres défauts que l'on peut reprocher à plusieurs des collections sur les arts, que l'on a publiées jusqu'à ce jour, c'est que ceux que les auteurs ont employé pour en réaliser les représentations n'ont pas su distinguer ce qu'il faut représenter de ce qu'il ne faut pas, choix qui suppose de l'intelligence, car c'est l'art & non les productions qu'il faut peindre; de-là tant de *figures* inutiles & très-mal représentées.

Indépendamment des défauts dans les représentations où il est manifeste que les premieres regles ou principes de l'art du dessein sont violées à chaque trait, on trouve des machines dont la construction est impossible ou vicieuse, dont les assemblages faits à contresens, ou dans des proportions éloignées de la vérité, mettroit celui qui en voudroit faire construire de semblables, dans l'impossibilité de jouir du fruit de ses peines & de ses dépenses, puisque ces machines ne pourroient remplir le but proposé.

La nécessité d'apporter dans le dessein d'un art la précision & l'exactitude des mesures, ensorte qu'elles s'accordent avec celles qui sont énoncées dans la description, peut encore être établie par cette considération, que les objets font une plus forte impression sur nous lorsque le témoignage de plusieurs sens s'accorde pour nous en donner la même idée. Or lire, c'est entendre, les yeux font la fonction de l'organe de l'ouie,

puisque l'écriture est l'image de la parole. Ainsi lorsque je lis qu'un tel objet, un cylindre, par exemple, a pour hauteur six fois le diametre de sa base, & que dans la *figure* la même proportion a été observée, la connoissance que j'acquiers de ce corps est plus profonde que si un seul sens m'en eût communiqué l'idée; c'est le contraire si le témoignage des yeux employés à leur vraie fonction comme organe de la vue ne s'accorde pas avec leur témoignage employé pour celui des oreilles; de ce défaut d'accord entre les sensations qui doivent donner la même idée résulte l'obscurité & les préjugés qui nuisent également aux progrès de la connoissance de l'art qu'on s'est proposé de faire connoître.

Ceux qui trouveroient les explications des *Planches* de l'art du fer trop étendues, sauront qu'avec tout ce qu'elles contiennent il n'y a peut-être pas encore la moitié de ce qu'il faudroit savoir pour mettre le lecteur à portée de faire des établissemens semblables, & d'exploiter avec fruit quelque nouvelle miniere, sans compter qu'on n'a pas traité des batteries de différentes especes, où on fabrique des tôles plates ou des tôles embouties, ni de la fonte des canons de fer, & autres fontes à l'usage de la guerre, ni de la trifilerie, où le fer passant successivement par des trous dont le diametre va toujours en diminuant, devient la matiere premiere que d'autres arts emploient, toutes choses que nous nous proposons de traiter dans la suite.

Les *Planches* ont été dessinées sur les lieux par M. Goussier, & il en a fait l'explication d'après la vue des choses, les instructions & l'article GROSSES FORGES de M. Bouchu, & les manuscrits sur la *Syderotechnie* de M. Grignon; nous sommes trop flattés de trouver cette occasion de reconnoître les obligations que nous avons à ces deux habiles maîtres de forges qui ont bien voulu recevoir dans leurs atteliers, éclairer & conduire M. Goussier dans ses opérations.

ADDITION aux explications des Planches des Forges.

PLANCHE Iᵉʳᵉ.

Plan d'un patouillet double à laver des mines de fer.

Fig. 1. A. Courfier ou noc, portant l'eau du canal fur la grande roue B.

BB. Roue à trente-deux augets, mue par l'eau qui fort impétueufement du courfier : cette roue donne le mouvement à toutes les autres pieces. *b b* les augets.

CC. Arbre de la grande roue, ayant à fes extrémités deux lanternes D, D.

DD. Lanternes verticales à vingt-deux fufeaux horifontaux, de fonte.

E. Petit rouet horifontal à vingt-deux dents verticales, de fonte. *ee* arbre commun au rouet E & F.

F. Grand rouet horifontal à quarante dents horifontales engrenant dans la lanterne G.

G. Lanterne horifontale à huit fufeaux verticaux.

H. Arbre de fer commun à la lanterne & à la herfe I ; cet arbre tourne fur fon pivot au centre de la cuve K.

I. Herfe de fer.

K. Cuve qui contient la mine pour être lavée ; cette cuve eft de planches de deux pouces d'épaiffeur, & renforcée en-dedans par des bandes de fer verticales jufqu'à la hauteur de la herfe.

L. Trémie recevant & renfermant la mine de fer caffée par morceaux de deux pouces cubes à-peu-près. *m* ouverture de la trémie qui correfpond à la hauteur du pont. *Voyez* Pl. II.

O. Petit canal de décharge qui reçoit de l'eau du courfier, & la porte dans la cuve K pour le lavage de la mine.

Œ. Canal où fe perdent les eaux du courfier & des rigoles.

PPP. Canal ou rigole qui reçoit le fuperflu de l'eau de la cuve. L'écoulement de cette eau fe fait lorfque le canal O qui en fournit continuellement a empli la cuve jufqu'à la hauteur de la barre de la herfe : alors cette eau trouvant une fuite par l'échancrure que forme à la cuve la tête de la rigole qui s'y trouve emboîtée, elle s'échappe & fe va perdre dans le canal Œ de la grande roue. *Voyez* la *fig.* 2.

P, *P*, *p*. Petites cloifons par-deffus lefquelles l'eau paffe dans la rigole, & fervant à retenir une efpece de boue ou fédiment détaché de la mine par le frottement de la herfe. Lorfque ces cloifons font trop furchargées de ce fédiment, l'ouvrier a foin de l'ôter pour être ajouté à la maffe totale de la mine lavée. *Voyez* Pl. II.

pp', *pp'*, Petit rebord de planche fait pour arrêter le fédiment qui s'écouleroit avec l'eau dans le canal Œ.

q. Petit cylindre qui fert à lever la pelle pour vuider la cuve R dans l'auge S. *Voyez* fig. 2. & Pl. II.

S. Auge concave recevant la mine. *Voyez* fig. 2.

T. Roue ou cercle de fer ayant huit pelles fur fa circonférence. *Voyez* fig. 2.

t t t. Pelles dirigées au centre de la roue : elles fervent à enlever la mine de la cuve S.

V. Rouet vertical à trente-deux dents, engrenant fur la lanterne D.

u u. Arbre commun aux roues T, V. *ss* fes deux pivots fous leurs collets de fer.

X. Talud du duquel tombe la mine enlevée de la cuve S par les pelles *t t t.*

fig. 2. Profil de la cuve R & de l'auge S.

H. Arbre de la herfe. *h* barre de la herfe.

II. Dents de la herfe.

O. Echancrure qui reçoit & emboîte la rigole qui fournit l'eau dans la cuve.

P. Echancrure où fe trouve emboîtée la rigole P', P, pour la décharge des eaux de la cuve. Quand le canal O a empli la cuve jufqu'au-deffus de la barre de la herfe, elle s'échappe par cette rigole P.

1 Epaiffeur de la cuve. 2 l'eau. 3 la mine. 4 la crapaudine, fur laquelle pofe & fe meut le pivot

N. 11. *Forges.*

de l'arbre de fer H. 5 rainure de la pelle.

q. Le cylindre qui fert à enlever la pelle Q, par le moyen du levier *r.*

Q. La pelle comprife dans une rainure formée dans l'épaiffeur de la cuve R.

S. L'auge ou petite cuve.

T. Roue de fer, garnie à fa circonférence de huit pelles, dirigées vers le centre. *t, t, t, t*, pelles.

u. Arbre de la roue T.

X. Talud de l'auge S.

PLANCHE II.

Vue perfpective de la machine.

A. Courfier ou noc.

Æ. Pont du patouillet dont on fuppofe une partie enlevée afin de laiffer voir toute la machine.

B. Grande roue à trente-deux augets. *b, b, b.*

C. Arbre de la grande roue.

DD. Lanternes aux extrémités de l'arbre de la grande roue.

E. Roue engrenant fur la lanterne D ; *ee* fon arbre commun à la roue fupérieure F.

F. Roue engrenant fur la lanterne G.

G. Lanterne dont l'axe ou arbre de fer H eft commun à la herfe I.

I. La herfe.

L. Trémie.

L *l.* Ouverture de la trémie fur le pont Æ du patouillet.

l. Planche ou couvercle de la trémie.

M. Ouvrier qui jette la mine dans la trémie. *m* la mine caffée.

N. Autre ouvrier fous le pont du patouillet qui vuide la trémie & fait tomber la mine caffée dans la cuve.

O. Rigole ou canal de décharge qui reçoit de l'eau du courfier par fon échancrure O, & la porte dans la cuve K.

Œ. Canal qui reçoit les eaux du courfier & des rigoles.

PP. Rigole de décharge qui reçoit l'eau de la cuve K, lorfqu'elle eft trop pleine, & la porte dans le canal Œ de la grande roue. Cette rigole reçoit auffi l'eau de l'auge S, lorfqu'elle eft trop pleine, par l'échancrure P.

P, *P*, *p*. Petite cloifon qui ne monte qu'aux deux tiers de la hauteur de la rigole ; l'eau paffe par-deffus & le fédiment de la mine s'y arrête ; l'ouvrier ôte ce fédiment de tems-en-tems, & le joint à la mine lavée.

p p. Petites planches formant un rebord qui retient la mine qui pourroit s'écouler avec l'eau que les pelles *t t t* jettent hors de la cuve S à mefure qu'elles enlevent la mine.

Q. La pelle de la cuve K. *q* cylindre qui fert à lever la pelle par le moyen du levier.

R. L'ouvrier qui leve la pelle.

S. L'auge.

T. Roue de fer. *t, t, t*, pelles de fer qui enlevent à chaque fois qu'elles paffent dans l'auge S, la mine qui a déjà été lavée dans la cuve K.

V. Roue verticale engrenant fur la lanterne D. *u u* arbre commun à cette roue & à celle de fer T. *s s* pieces de bois fur lefquelles font affujettis les pivots de l'arbre horifontal *u, u.*

X. Talud de la cuve S. La mine eft jettée au pié de ce talud par les pelles *t t t.* L'ouvrier après avoir épluché les cailloux éclaircis & la mauvaife mine tendre, arrondie par le frottement de la herfe, en emplit le panier Y.

Y. Panier pour remonter la mine lavée fur le pont, par le moyen du moulin Z & de la corde *z z ;* lorfqu'il y a fuffifamment de mine lavée fur le pont, on la tranfporte par brouettées au fourneau.

Nota. Cette machine a été inventée par les fieurs Ruel de Chaville & Ruel de Belleifle, freres, écuyers, contrôleurs ordinaires des guerres, & maîtres de la forge de Saint-Denis-fur-Sarthon, près Alençon.

M

Pl. I

Forges, 1ᵉ *Section*, *Tirage de la Mine en Roche, à fond et près la superficie de la Terre.*

Pl. II.

Benard Fecit.

Forges, 1.ᵉ Section, Tirage et transport de la Mine en Grains et de la Mine Fluviatille.

Pl. III.

Fig. 1.

Fig. 2.

A

B

Fig. 3.

Fig. 4.

B

Fig. 5.

e   d

b   c

A

6   12   18   24 *Pieds*

Goussier Del.

Benard Fecit.

Forges, 1.^e *section, Calcination de la Mine dans les fourneaux de Fordenberg.*

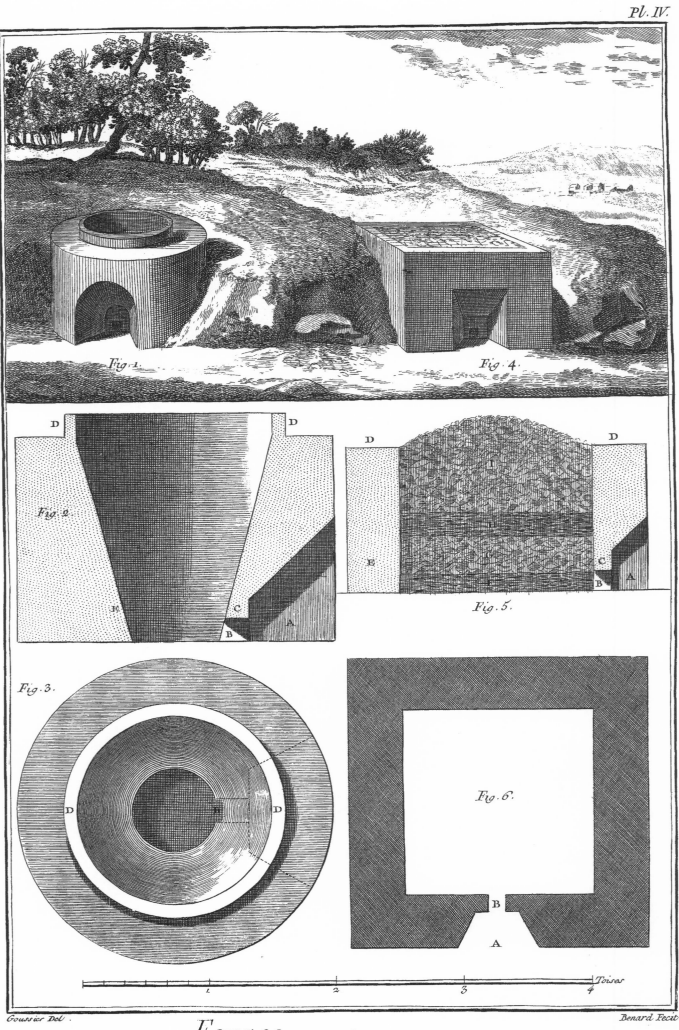

Pl. IV.

Fig. 1.

Fig. 4.

Fig. 2.

Fig. 5.

Fig. 3.

Fig. 6.

Toises

1   2   3   4

Goussier Del.

Benard Fecit.

Forges, 1.ͤ *Section*, *Calcination de la Mine.*

Pl. V.

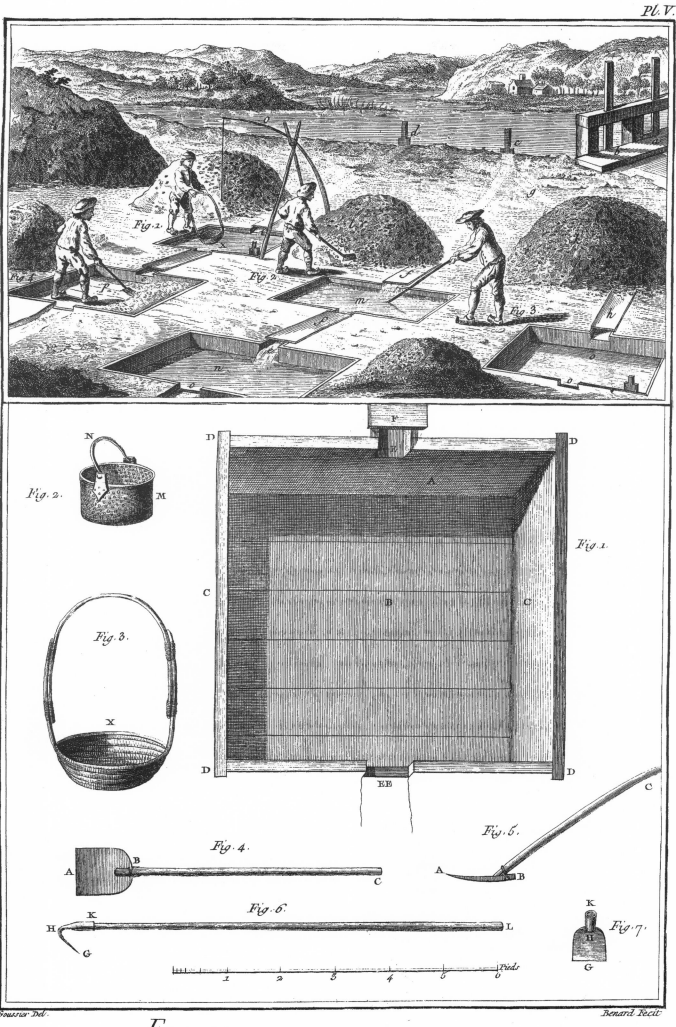

Forges, 1.^e *Section, Lavage de la Mine, Lavoirs.*

Pl. VI.

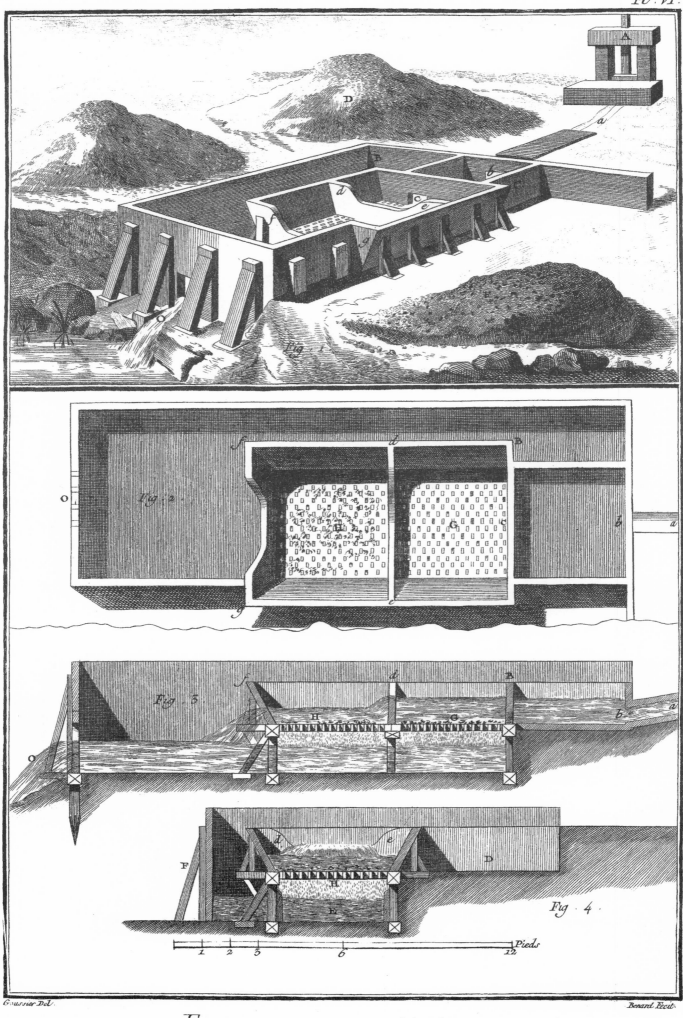

Fig. 1

Fig. 2

Fig. 3

Fig. 4

Pieds
1 2 3 6 12

Goussier Del.

Benard Fecit.

Forges, 1ᵉ Section, Lavoir de Robert.

Pl. VII.

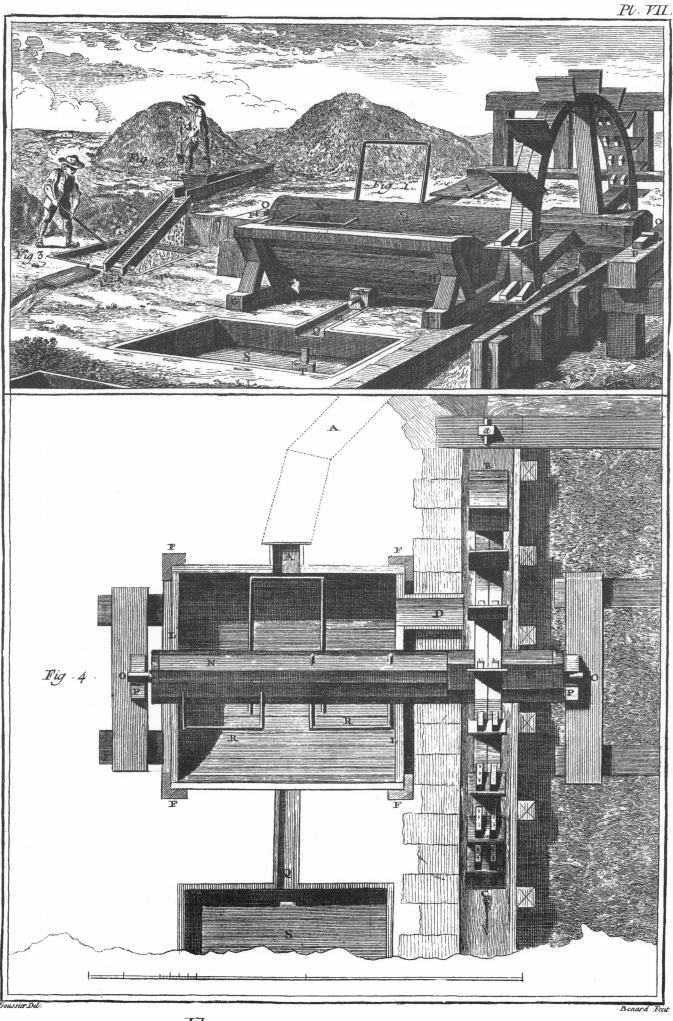

Fig. 2.

Fig. 3.

Fig. 1.

Fig. 4.

Goussier Del.

Benard Fecit.

Forges, 1e Section, Patouillet et Egrapoir.

Pl. VIII.

Fig. 5.

Fig. 7.

Fig. 9.

Fig. 8.

Fig. 6.

1 2 3 6 12 Pieds
1 2 3 6

Goussier Del.

Benard Fecit

Forges, 1e section, Patouillet et Egrapoir.

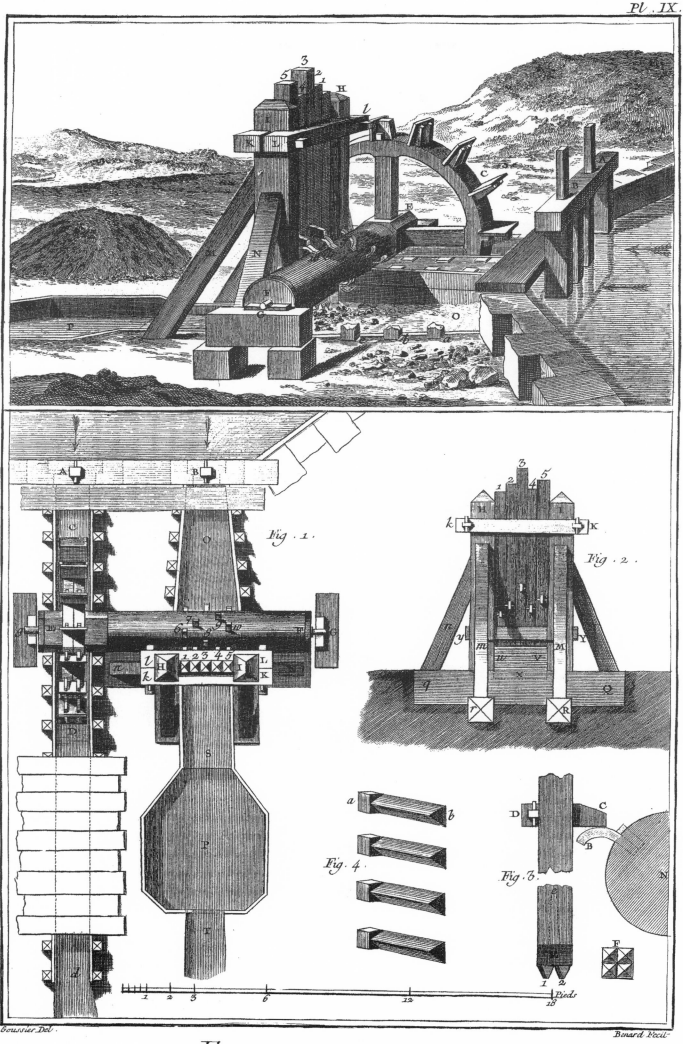

Pl. IX.

Fig. 1.

Fig. 2.

Fig. 4.

Fig. 3.

1 2 3 6 12 18 Pieds

Goussier Del.

Benard Fecit.

Forges, 1e *Section Bocard*.

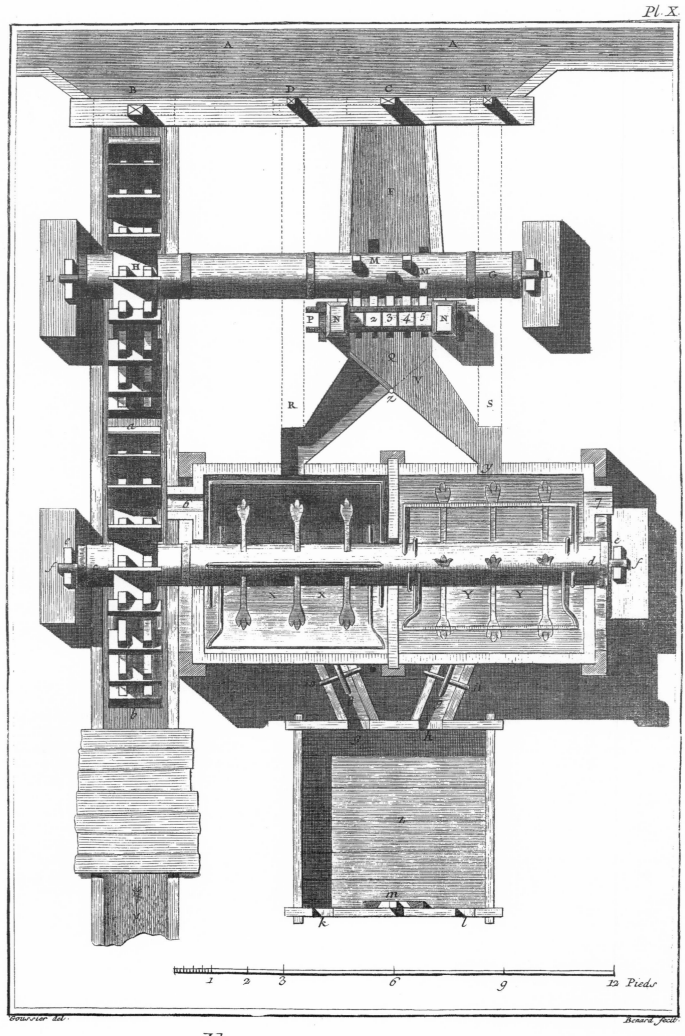

Pl. X.

Forges, 1.º Section, Bocard composé.

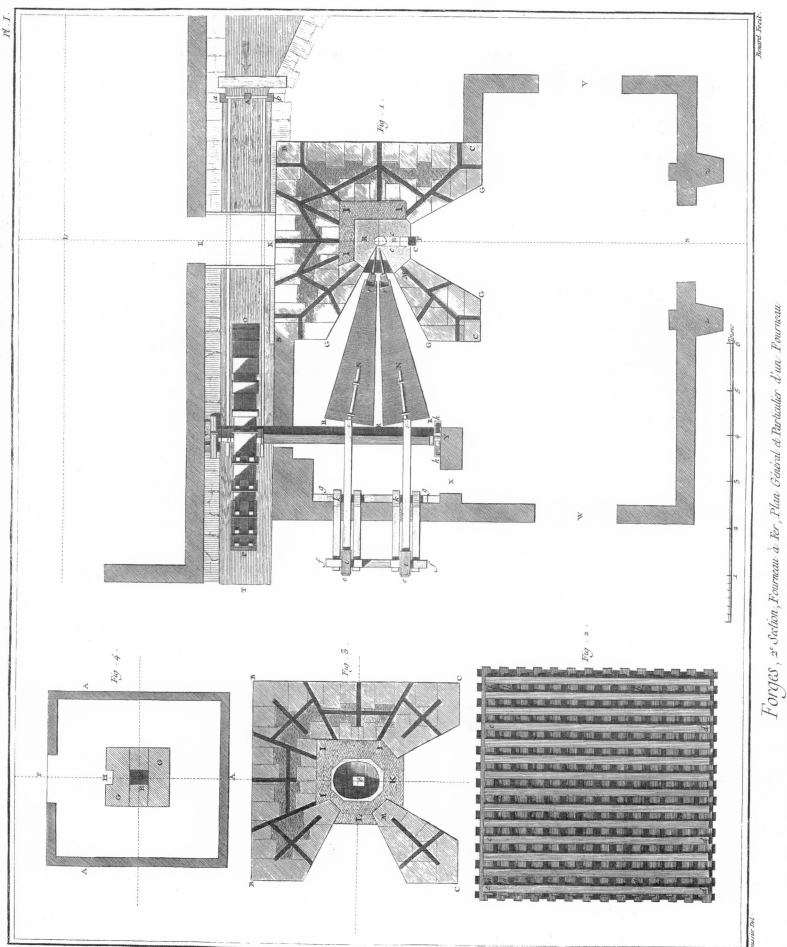

Pl. 1.

Fig. 1.

Fig. 4.

Fig. 3.

Fig. 2.

Forges, 2.e Section, Fourneau à Fer, Plan Général et Particulier d'un Fourneau.

Pl. II

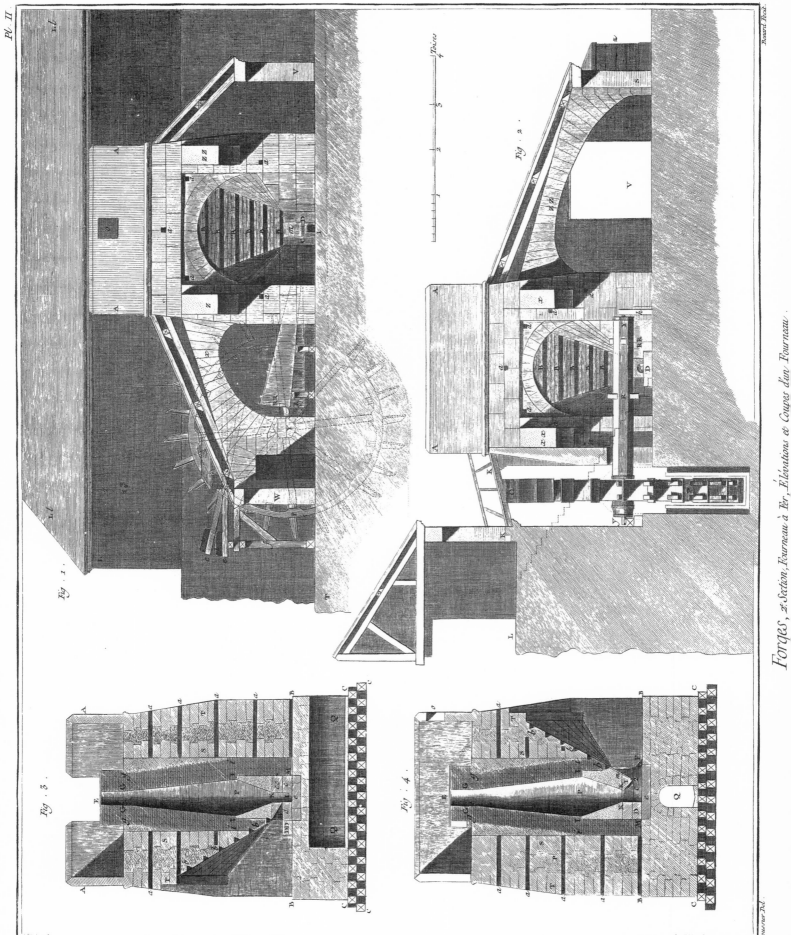

Bénard Fecit.

Goussier Del.

Forges, 2e. Section, Fourneau à Fer, Elévations et Coupes d'un Fourneau.

Fig. 1.

Fig. 2.

Fig. 3.

Fig. 4.

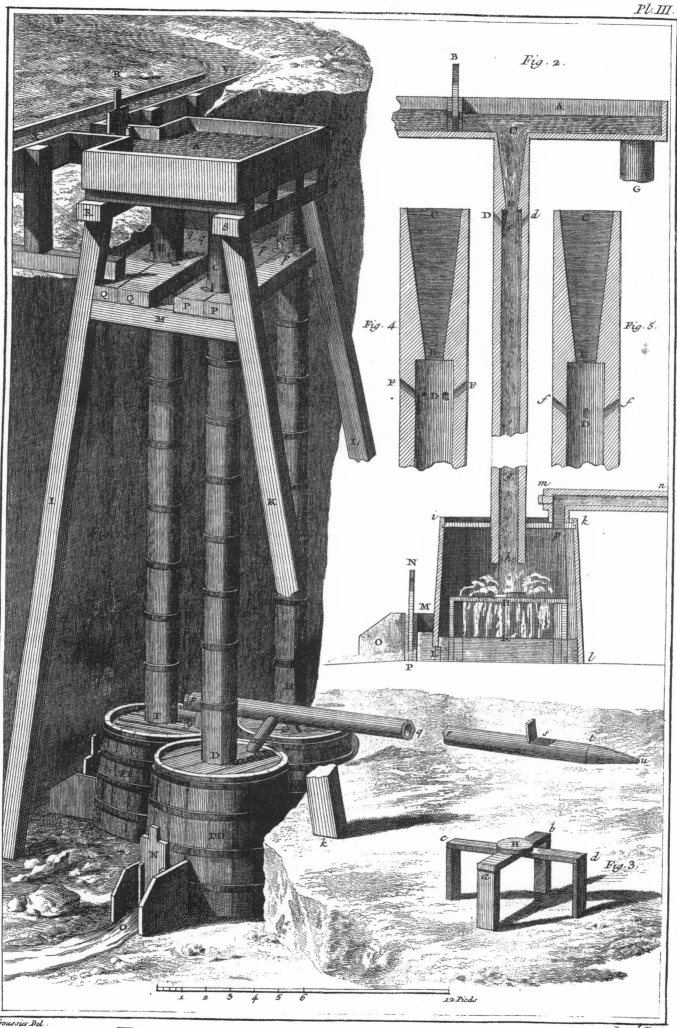

Pl. III.

Fig. 2.

Fig. 4.

Fig. 5.

Fig. 3.

Goussier Del.

Bonard Fecit.

1 2 3 4 5 6   12 Pieds

Forges, 2.e section, Fourneau à Fer, Trompes du Dauphiné.

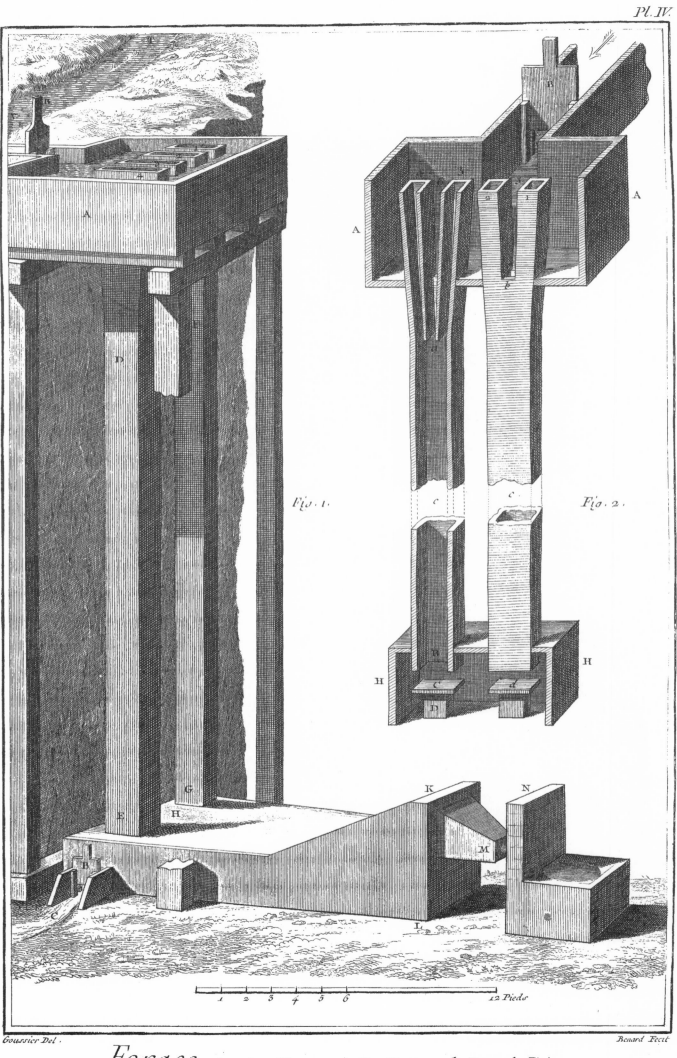

Pl. IV.

Fig. 1.

Fig. 2.

1 2 3 4 5 6   12 *Pieds*

Goussier *Del.*

Benard *Fecit*

Forges, 2.e *section, Fourneau à Fer, Trompes du Pays de Foix.*

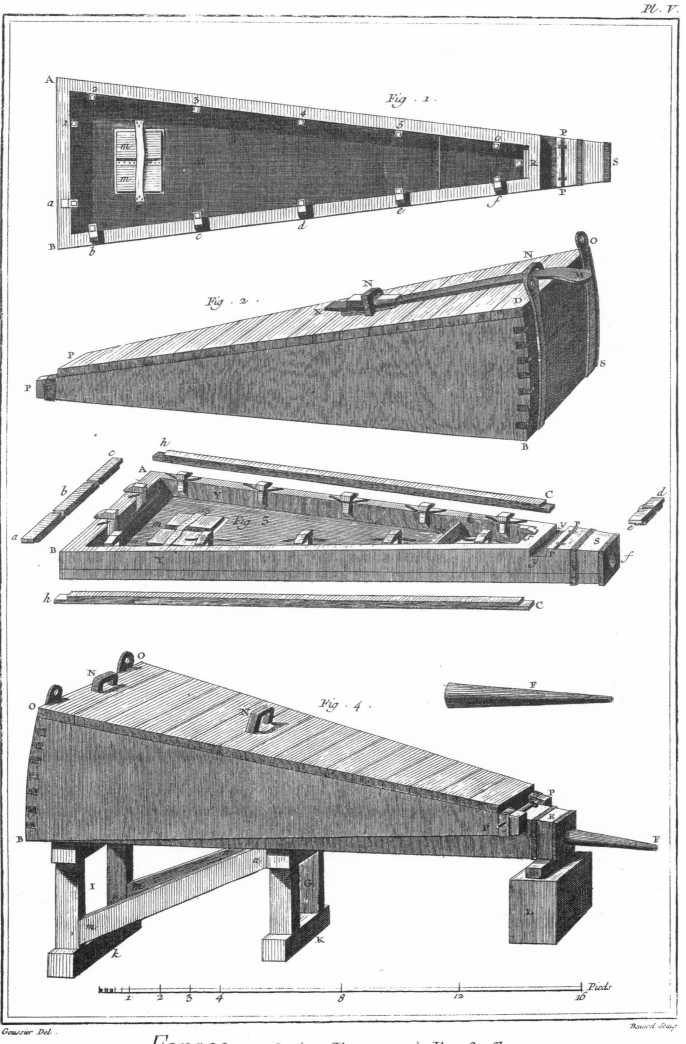

Pl. V.

Fig. 1.

Fig. 2.

Fig. 3.

Fig. 4.

Pieds

Goussier Del.

Bouard Sculp.

Forges, 2.e Section, Fourneaux à Fer, Soufflets.

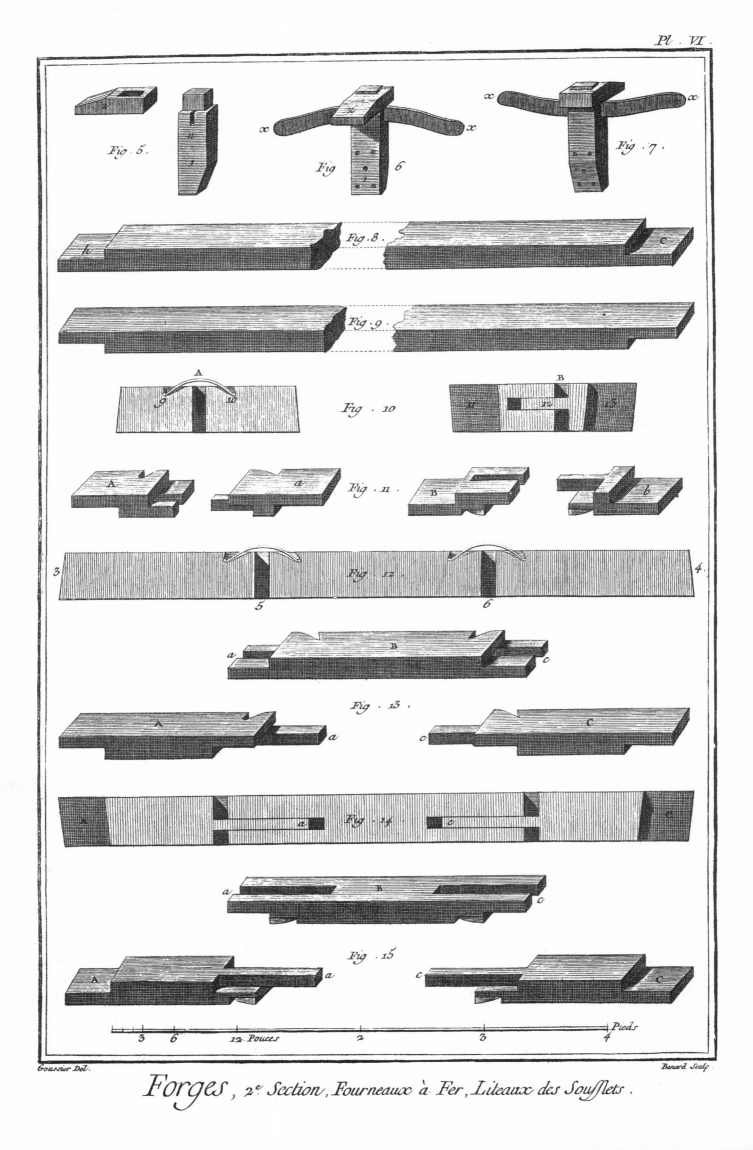

Forges, *2ᵉ Section, Fourneaux à Fer, Liteaux des Soufflets .*

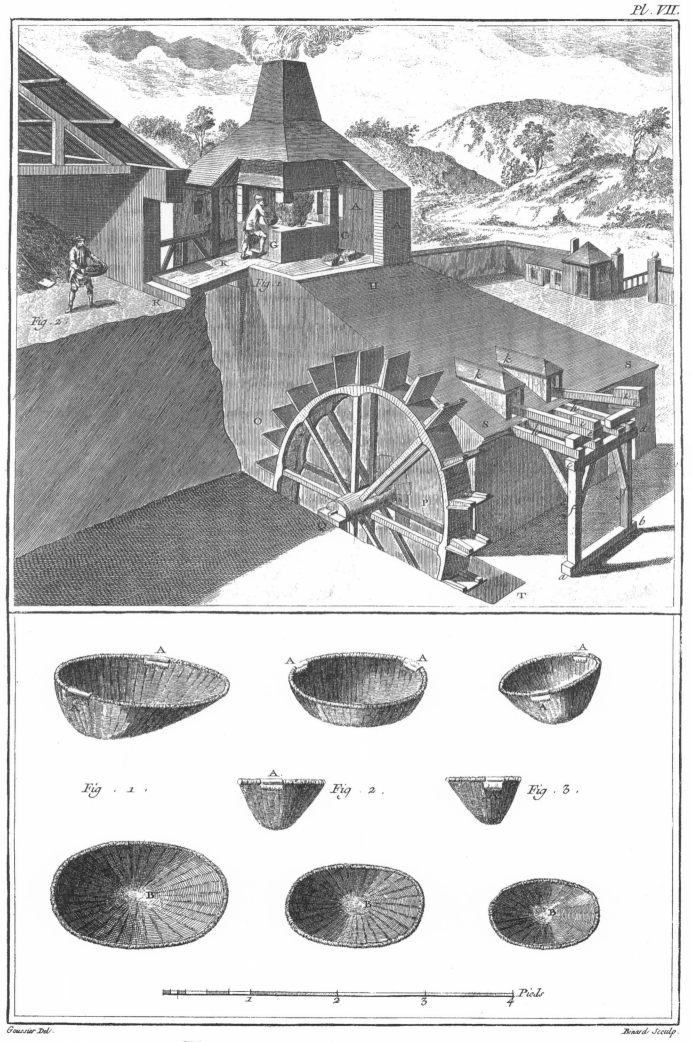

Pl. VII.

Fig. 2.

Fig. 1.

Fig. 1.   Fig. 2.   Fig. 3.

Pieds

1   2   3   4

Goussier Del.

Benard Sculp.

Forges, 2ᵉ *Section, Fourneau à Fer, Charger.*

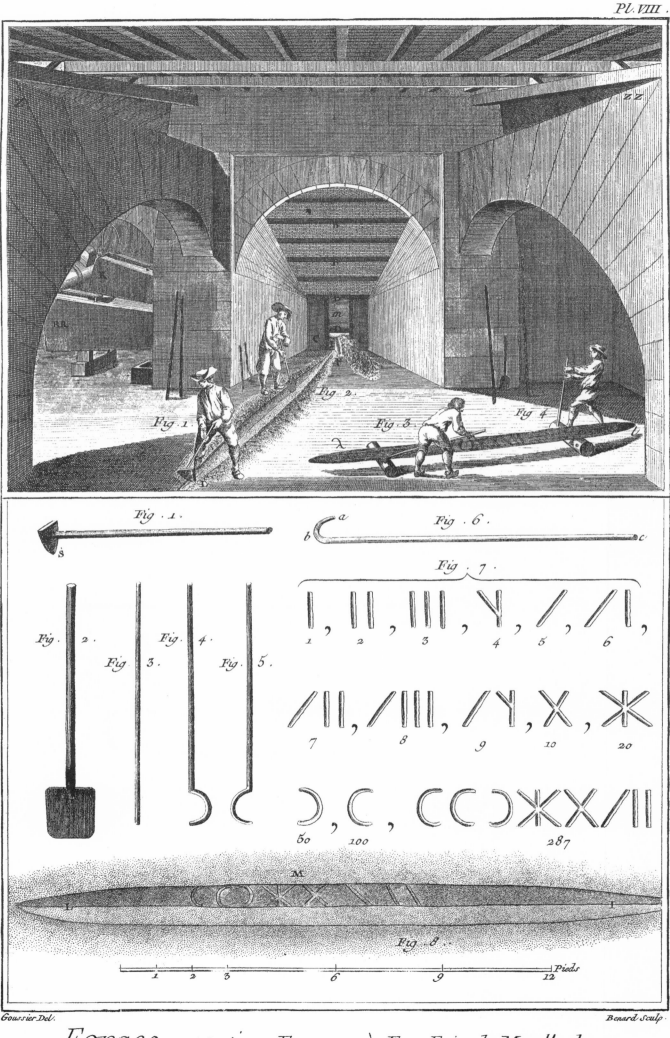

Pl. VIII.

Goussier Del.

Benard Sculp.

Forges, 2e section, *Fourneau à Fer, Faire le Moulle de la Gueuse*.

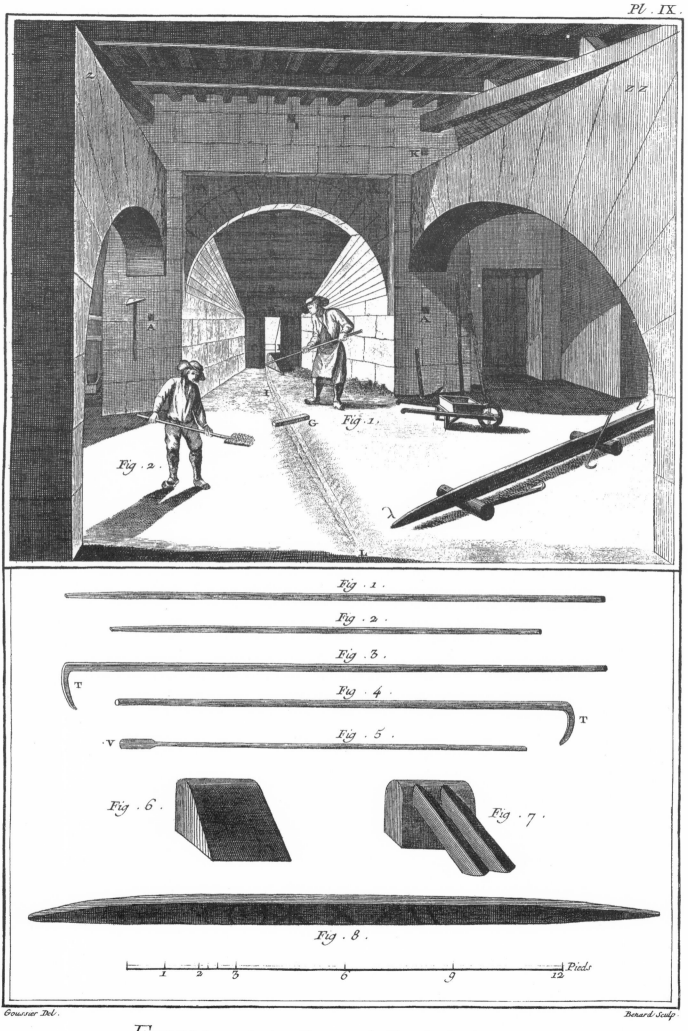

Pl. IX.

Fig. 1.

Fig. 2.

Fig. 1.

Fig. 2.

Fig. 3.

Fig. 4.

Fig. 5.

Fig. 6.

Fig. 7.

Fig. 8.

Pieds

Goussier Del.

Benard Sculp.

Forges, 2ᵉ Section, Fourneau à Fer, Couler la Gueuse.

Pl. X.

Goussier Del.

Benard Sculp.

Forges, 2ᵉ. Section, Fourneau à Fer, Sonder et Peser.

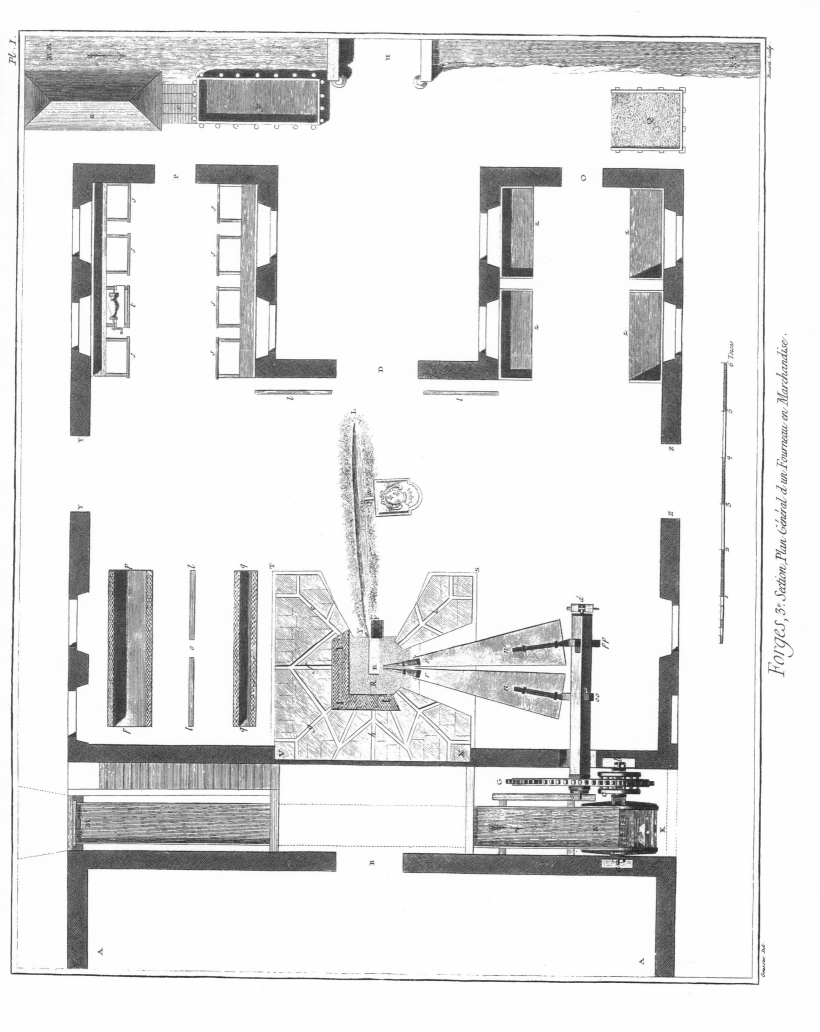

Pl. I.

Forges, 3.e Section, Plan Général d'un Fourneau en Marchandise.

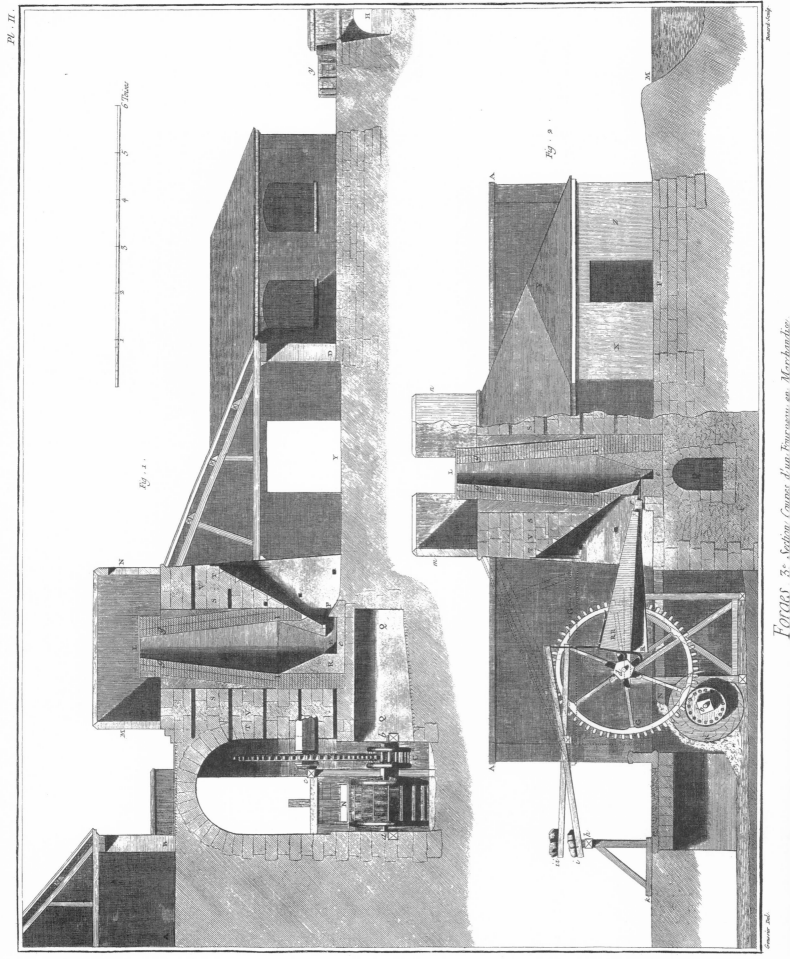

Pl. II.

Fig. 1.

6 Toises

Fig. 2.

Gravier Del.

Bonard Sculp.

FORGES, 3.e Section, Coupes d'un Fourneau en Marchandise.

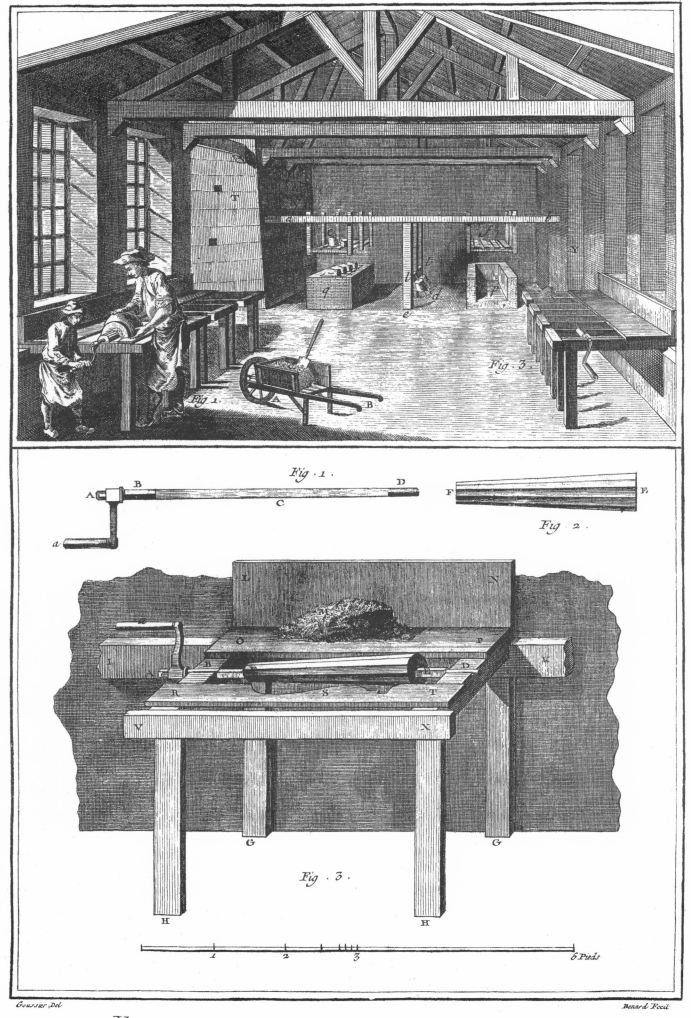

Pl. III.

Goussier Del.

Benard Fecit.

Forges, 3.e Section, Fourneau en marchandise, Moulage en Terre.

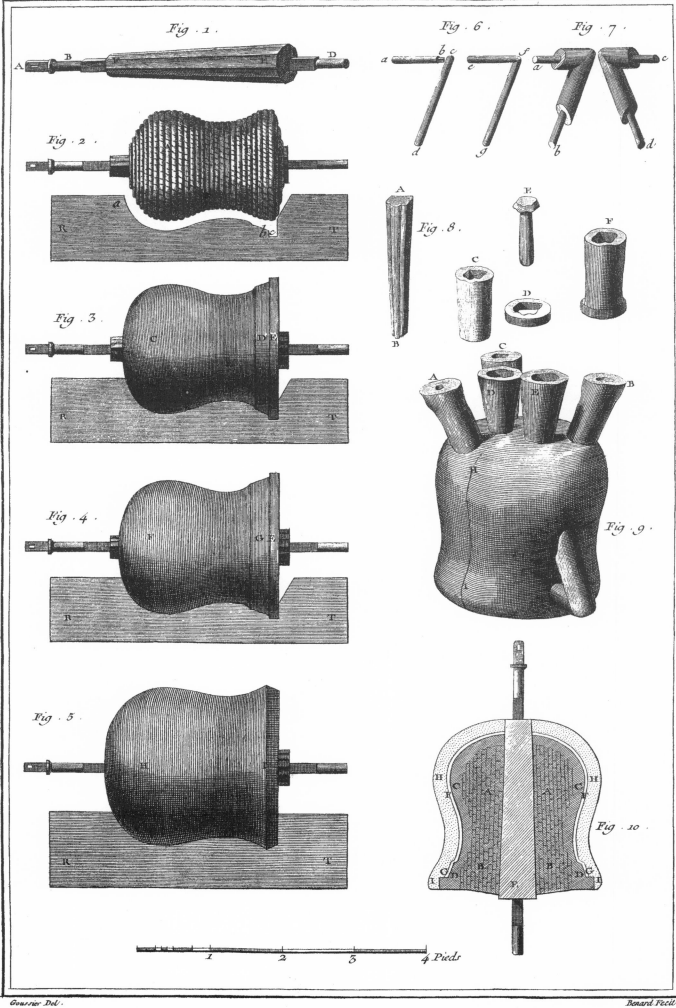

Fig. 1.
Fig. 2.
Fig. 3.
Fig. 4.
Fig. 5.
Fig. 6.
Fig. 7.
Fig. 8.
Fig. 9.
Fig. 10.

1   2   3   4 Pieds

Forges, 3e Section, Fourneau en Marchandise, Moulage en Terre.

Pl. IV.

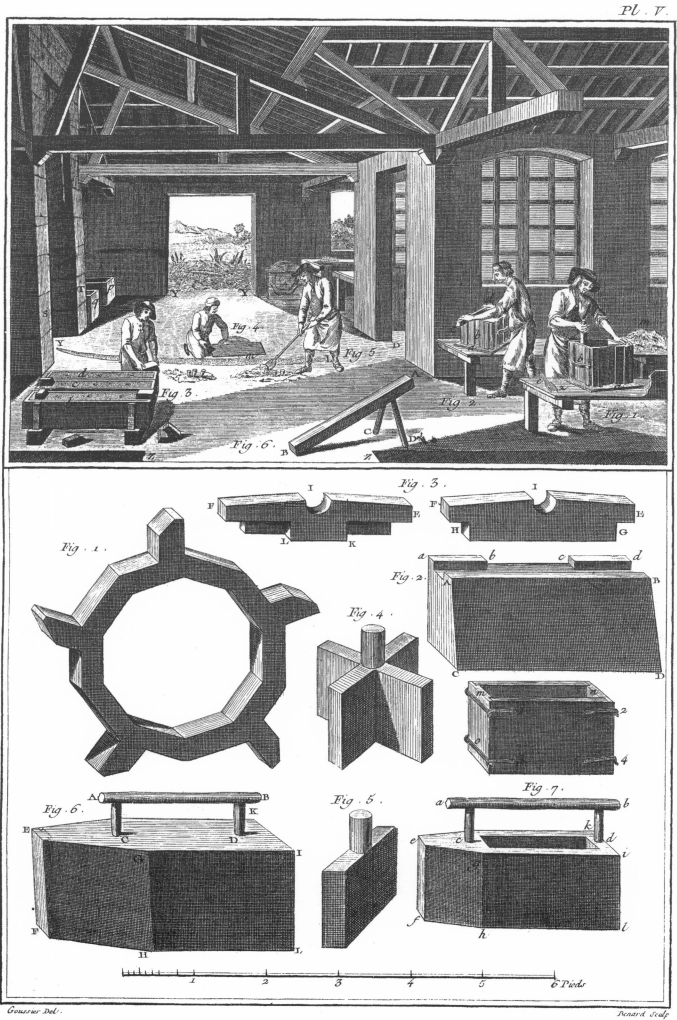

Pl. V.

Fig. 4.

Fig. 5.

Fig. 3.

Fig. 2.

Fig. 1.

Fig. 6.

Fig. 3.

Fig. 1.

Fig. 4.

Fig. 2.

Fig. 6.

Fig. 5.

Fig. 7.

6 Pieds

Goussier Del.

Benard Sculp.

Forges, 3.ᵉ Section, Fourneau en Marchandise, Moulage en Sable.

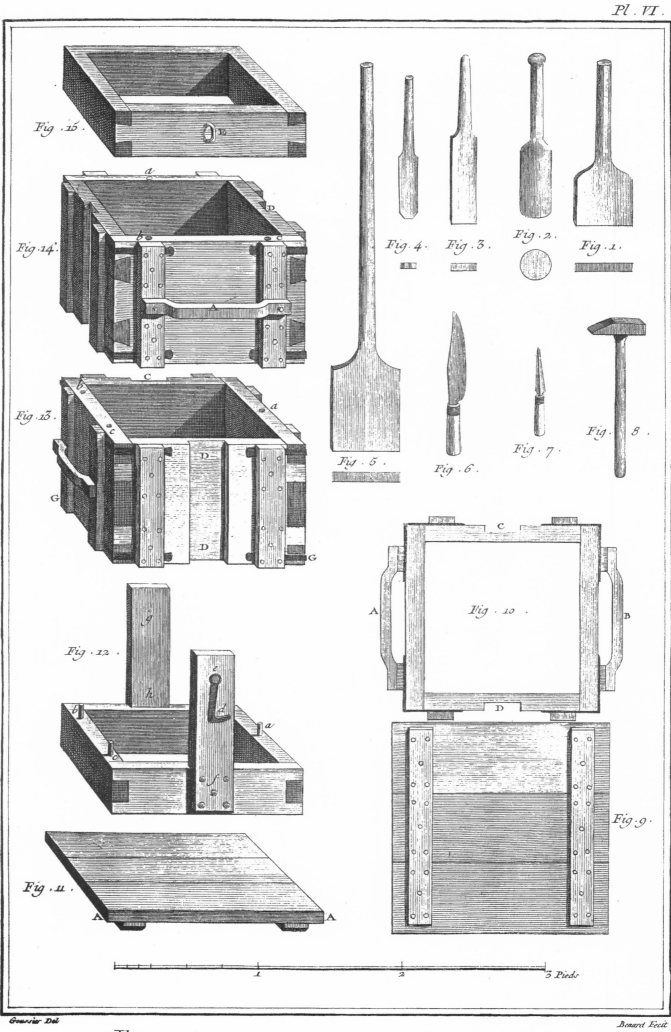

Pl. VI.

Fig. 15.

Fig. 14.

Fig. 13.

Fig. 12.

Fig. 11.

Fig. 4.   Fig. 3.   Fig. 2.   Fig. 1.

Fig. 5.   Fig. 6.   Fig. 7.   Fig. 8.

Fig. 10.

Fig. 9.

1   2   3 Pieds

Goussier Del.

Benard Fecit.

Forges, 3.e Section, Fourneau en Marchandise, Moulage en Sable

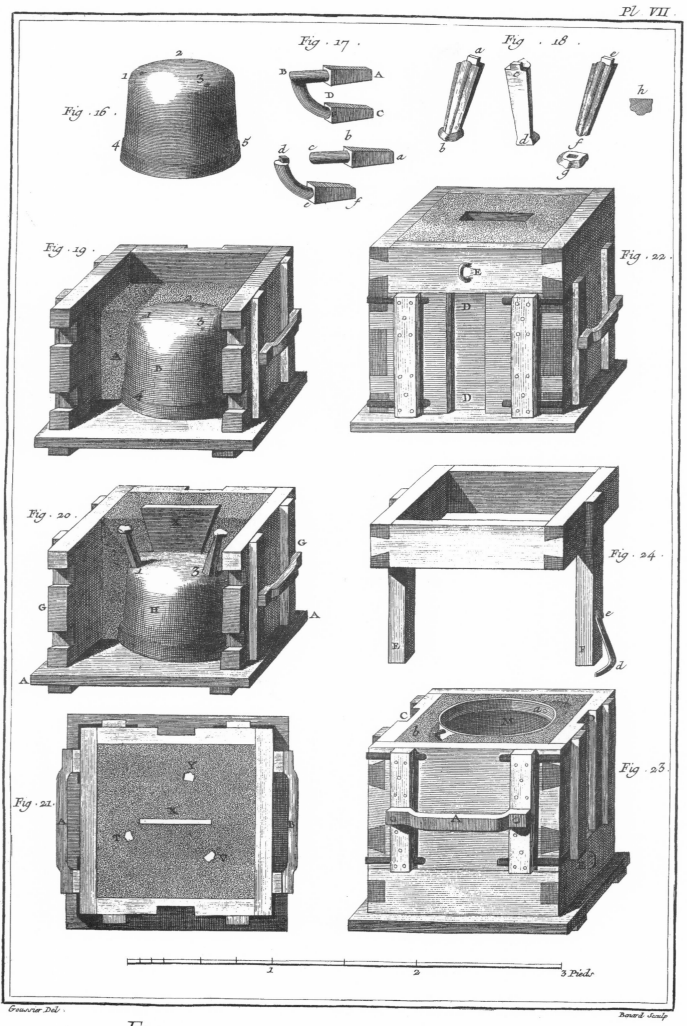

Pl. VII.

Fig. 16. Fig. 17. Fig. 18.

Fig. 19. Fig. 22.

Fig. 20. Fig. 24.

Fig. 21. Fig. 23.

1 2 3 Pieds.

Goussier Del.

Benard Sculp.

Forges, 3.ᵉ Section. Fourneau en Marchandise. Moulage en Sable.

Pl. VIII.

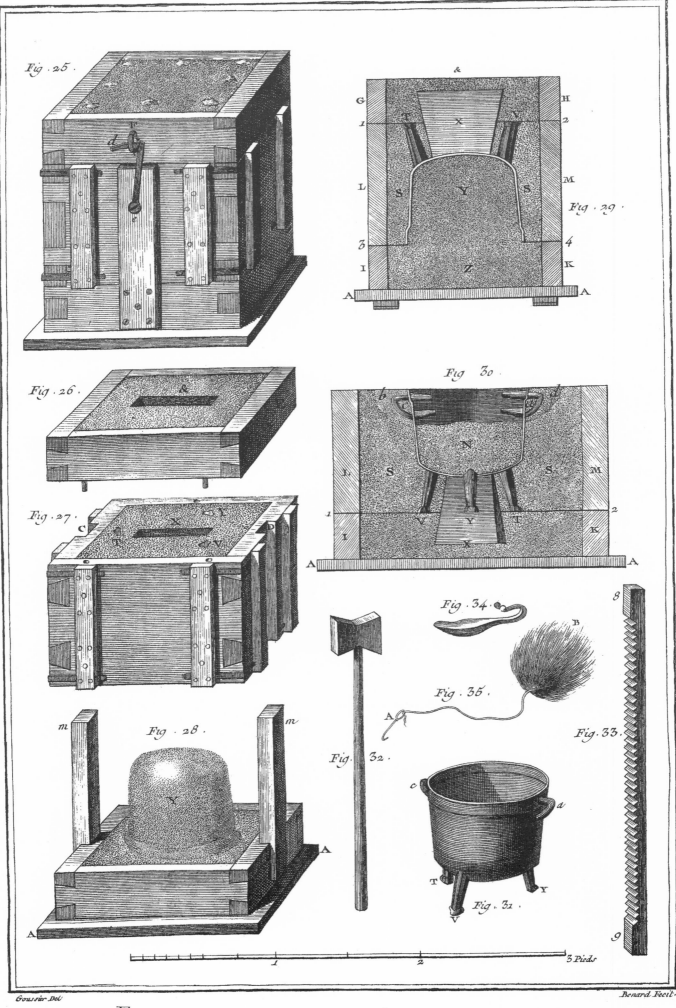

Fig. 25.

Fig. 26.

Fig. 27.

Fig. 28.

Fig. 29.

Fig. 30.

Fig. 32.

Fig. 34.

Fig. 35.

Fig. 33.

Fig. 31.

3 Pieds

Goussier Del.

Benard Fecit.

Forges, 3ᵉ *Section, Fourneau en Marchandise, Moulage en Sable.*

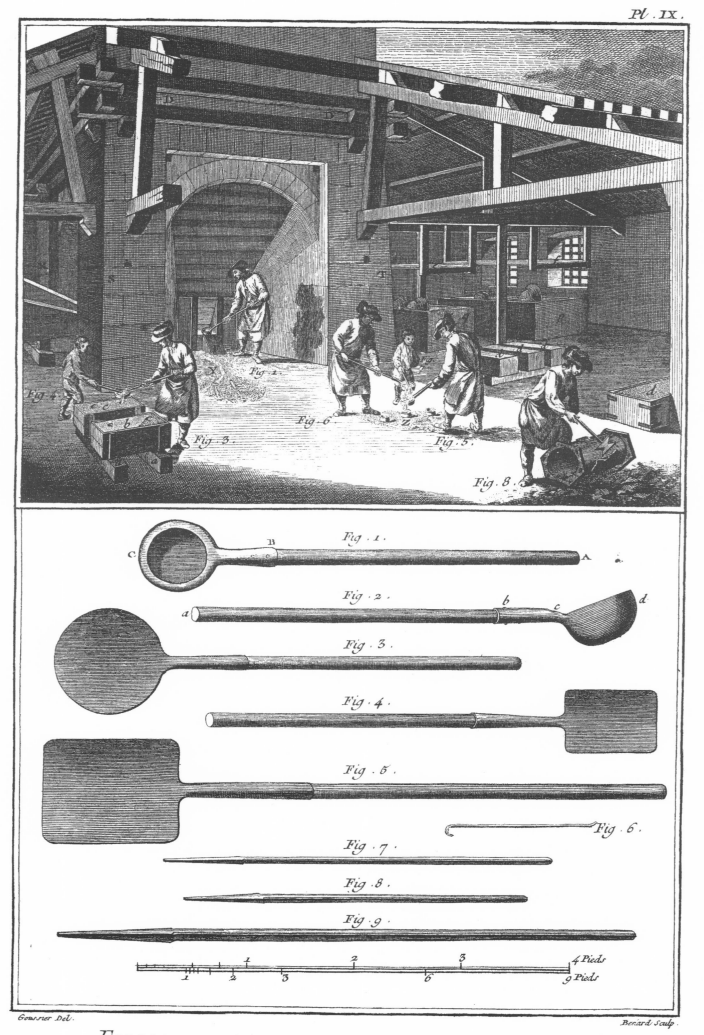

Pl. IX.

Fig. 2.

Fig. 4.

Fig. 3.

Fig. 6.

Fig. 5.

Fig. 8.

Fig. 1.

C   B   A   a.

Fig. 2.

a   b   c   d

Fig. 3.

Fig. 4.

Fig. 5.

Fig. 6.

Fig. 7.

Fig. 8.

Fig. 9.

1   2   3   4 Pieds

1   2   3   6   9 Pieds

Goussier Del.

Benard Sculp.

Forges, 3.ᵉ *Section, Fourneau en Marchandise, Coulage à la Poche.*

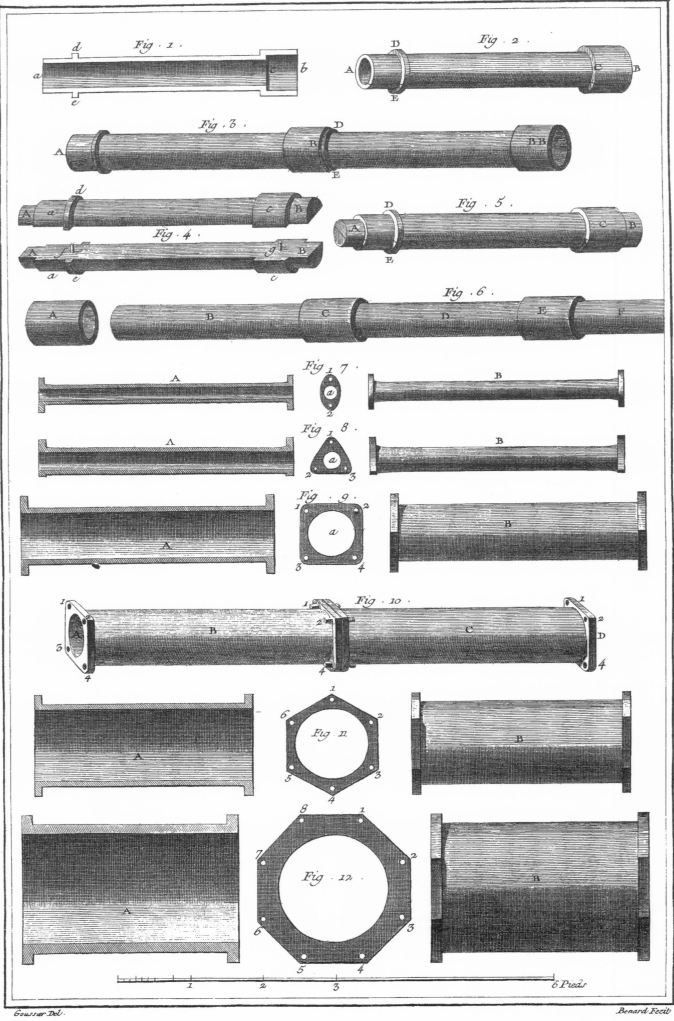

Forges . *3ᵉ. Section, Fourneau en Marchandise, Tuyaux de Conduitte.*

Pl. XI.

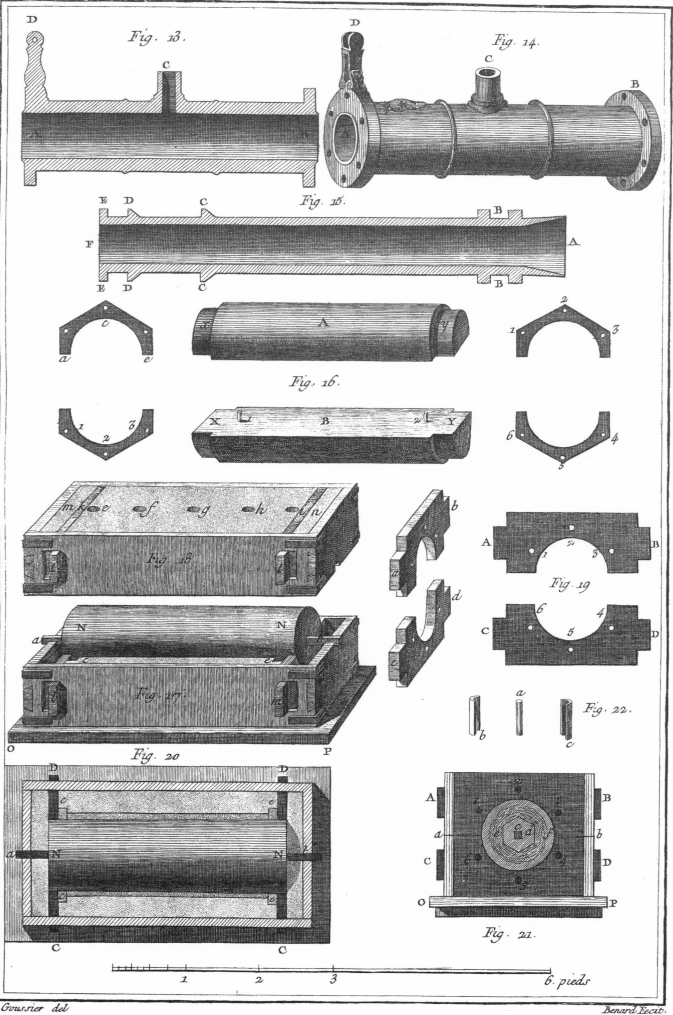

Forges. 3. Section, Fourneau en Marchandise Tuyaux de conduitte

Pl. XII.

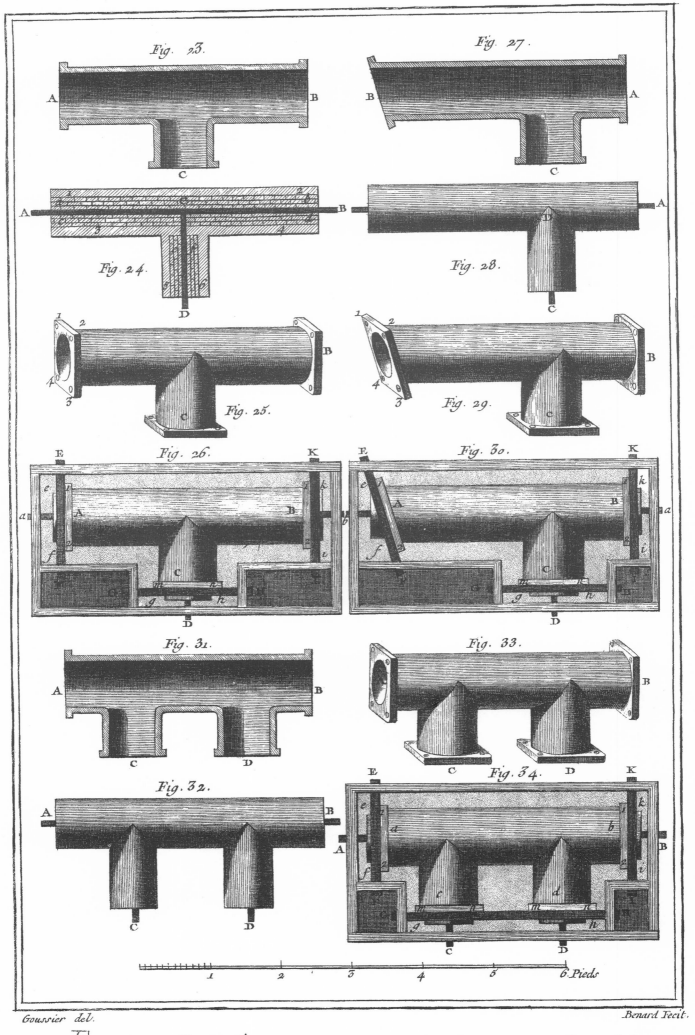

Fig. 23.

Fig. 27.

Fig. 24.

Fig. 28.

Fig. 25.

Fig. 29.

Fig. 26.

Fig. 30.

Fig. 31.

Fig. 33.

Fig. 32.

Fig. 34.

Goussier del.

Benard fecit.

Forges. 3.ᵉ *Section Fourneau en Marchandise, Tuyaux de conduitte.*

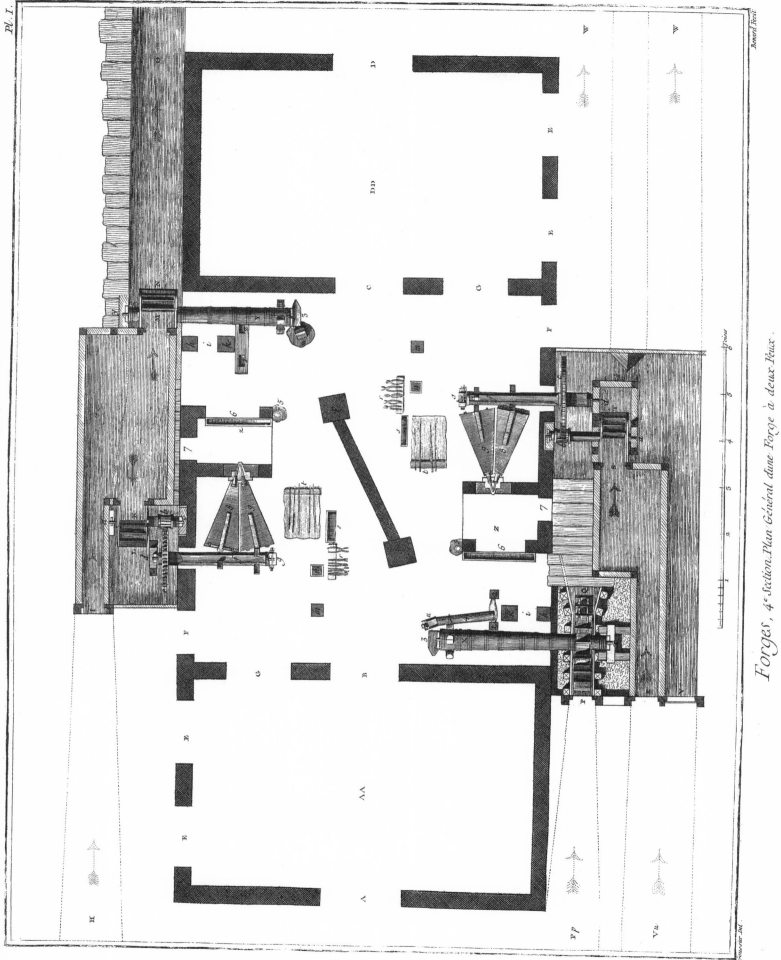

Pl. I.

Forges, 4ᵉ Section. Plan Général d'une Forge à deux Feux.

Couturier Del.

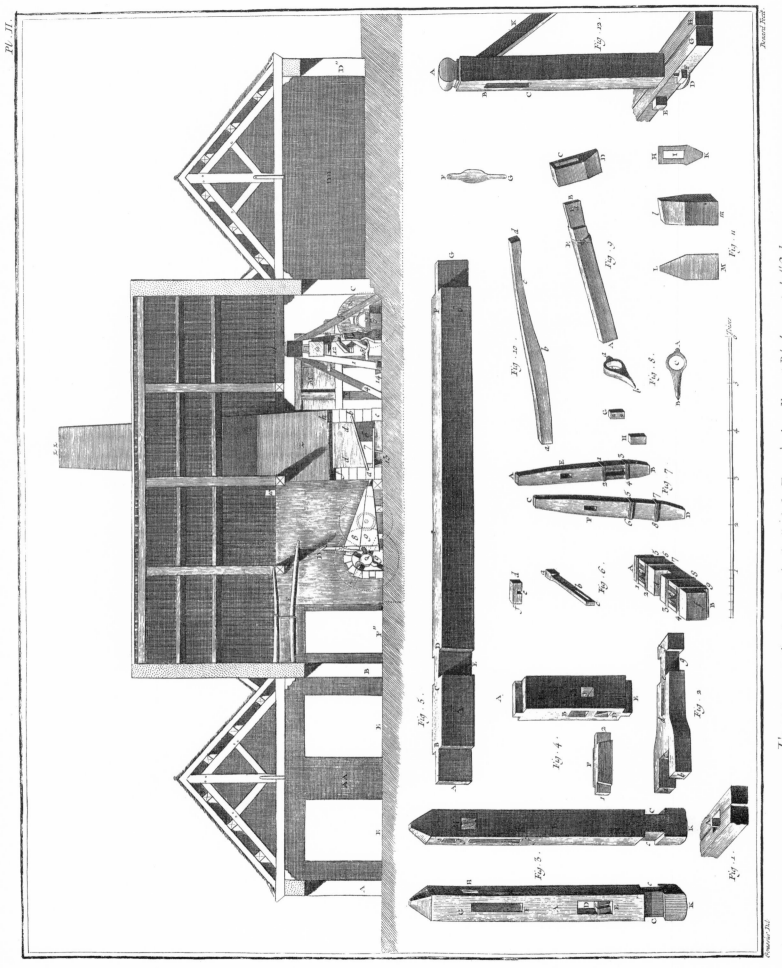

Pl. II.

TIRAGE, 1.re Section Coupe Longitudinale de la Forge, à deux Feux et Développemens de l'Ordon.

Benard Fecit.

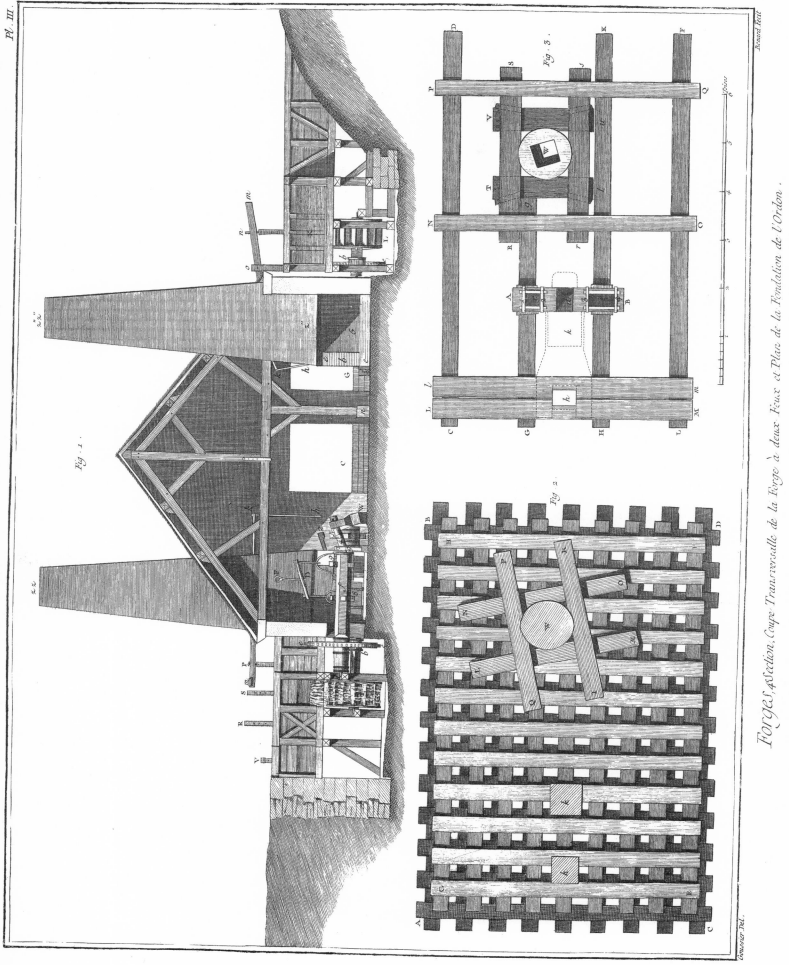

Pl. III.

Fig. 1.

Fig. 2.

Fig. 3.

Forges, 4.e Section, Coupe Transversalle de la Forge à deux Feux et Plan de la Fondation de l'Ordon.

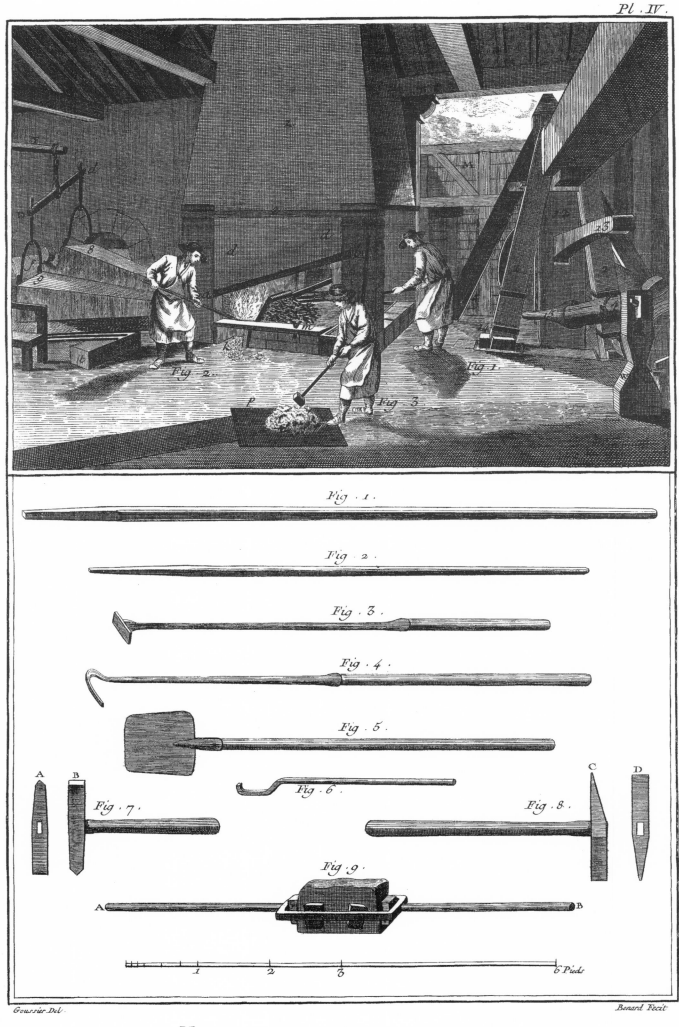

Pl. IV.

Fig. 1.

Fig. 2.

Fig. 3.

Fig. 4.

Fig. 5.

Fig. 6.

A   B   Fig. 7.   Fig. 8.   C   D

Fig. 9.

A   B

1   2   3   6 Pieds

Goussier Del.   Benard Fecit.

Forges, 4e Section, Refouler le Renard.

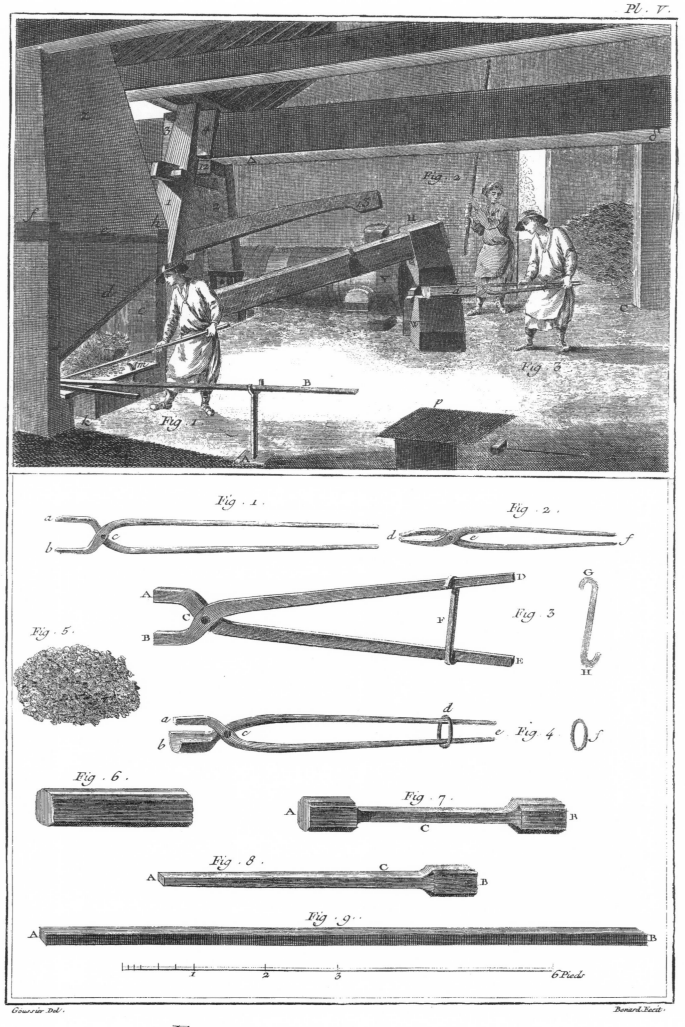

Pl. V.

Fig. 2.

Fig. 3

Fig. 1.

Fig. 1.

Fig. 2.

Fig. 5.

Fig. 3

Fig. 4.

Fig. 6.

Fig. 7.

Fig. 8.

Fig. 9.

6 Pieds

Goussier Del.

Benard Fecit.

Forges, 4.e Section Cingler le Renard.

Pl. VI.

Fig. 1.

Fig. 2.

Fig. 3.

Fig. 4.

Fig. 5.

1   2   3   6 Pieds

Goussier Del.   Benard Fecit.

Forges, 4.ᵉ *Section, Forger l'Encrenée.*

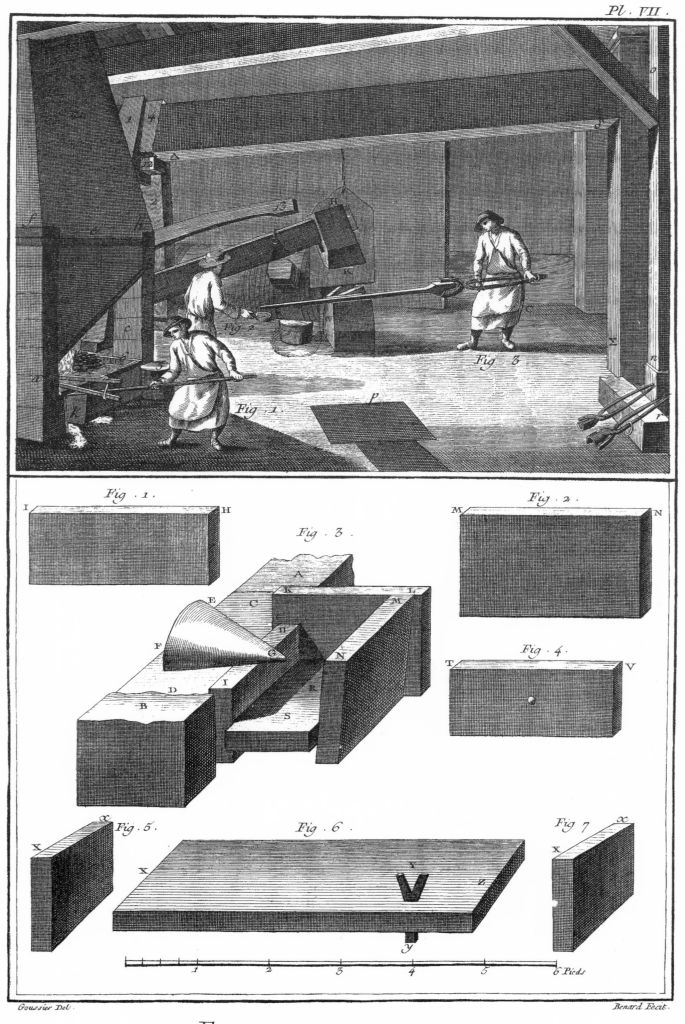

Goussier Del.

Benard Fecit.

Forges. 4ᵉ section, Parer la Maquette.

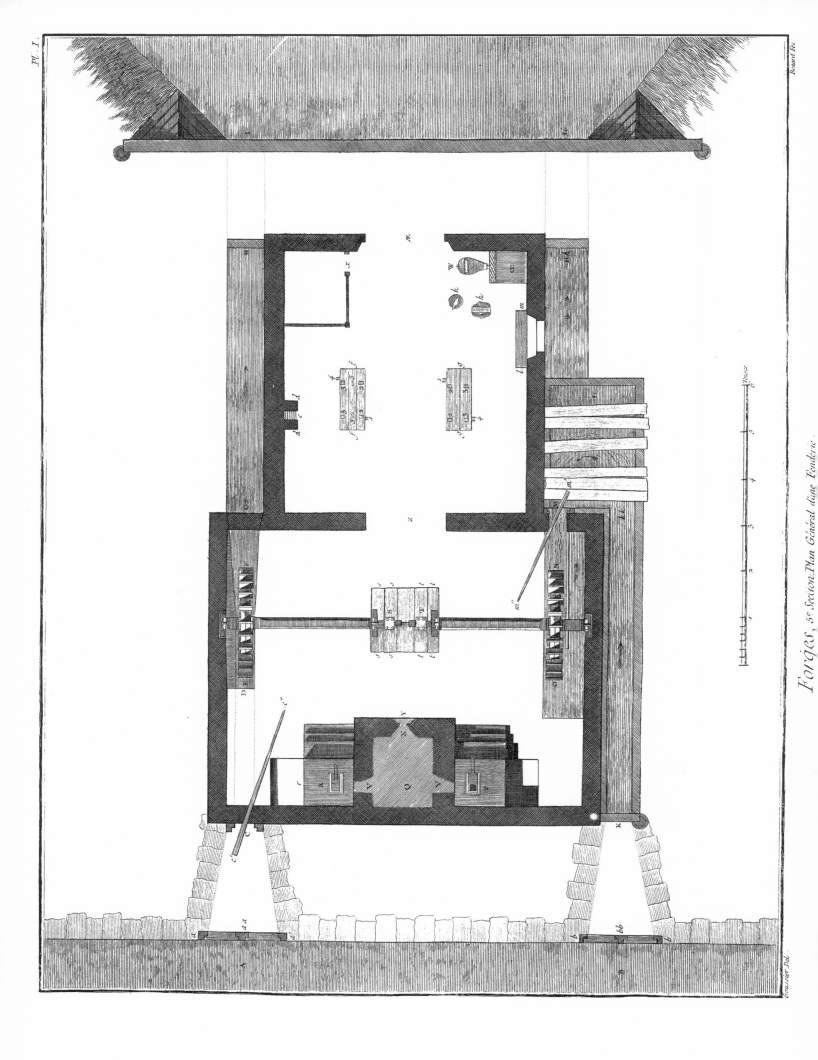

Pl. I.

Forges, 5.e Section-Plan Général d'une Fenderie.

Pl. II.

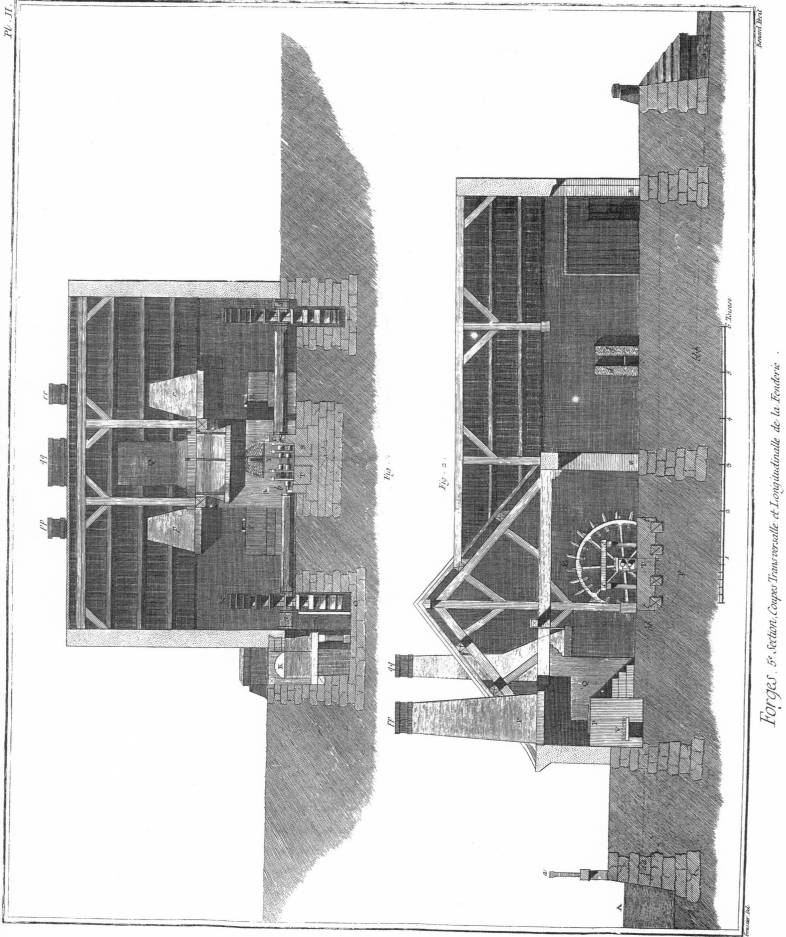

Fig . 1 .

Fig . 2 .

Couriue Del.

Benard Fecit

Forges. 5.e Section, Coupes Transversalle et Longitudinalle de la Fonderie .

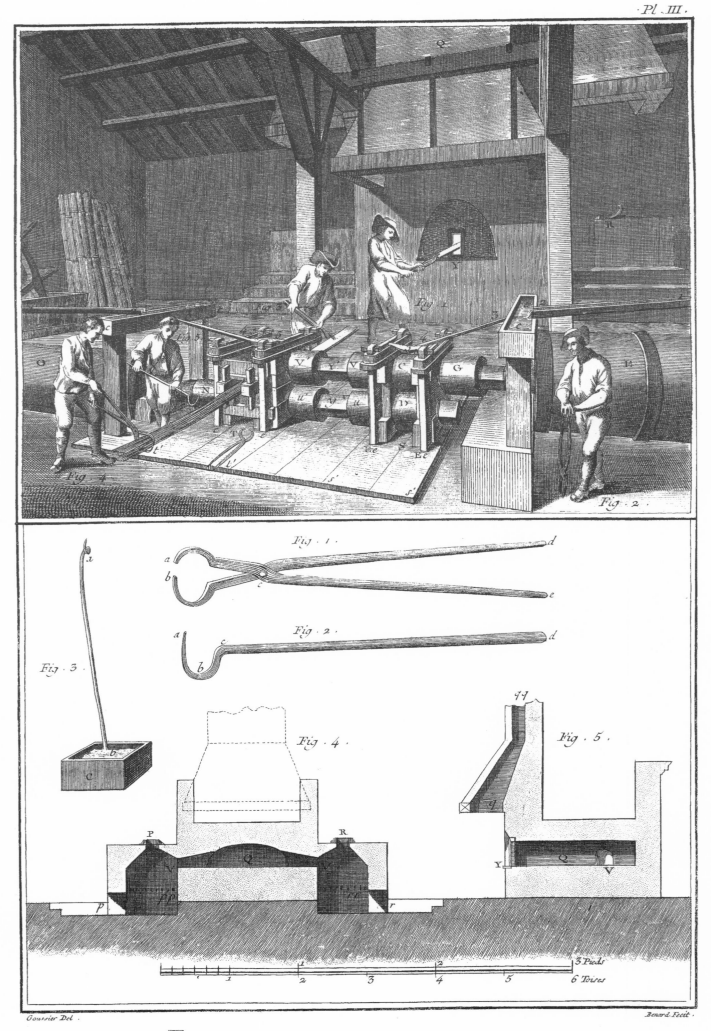

·Pl. III·

Goursier Del.

Benard Fecit.

Forges, 5.e Section Fonderie l'Opération de Fendre.

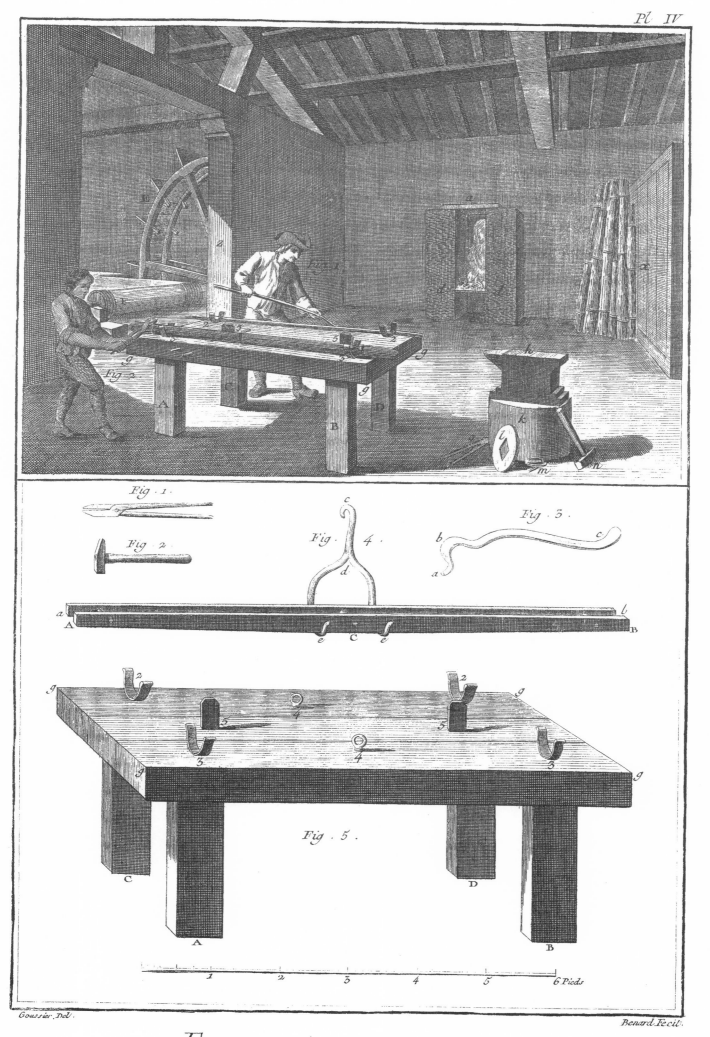

Pl. IV

Fig. 1.

Fig. 2.

Fig. 4.

Fig. 3.

Fig. 5.

Goussier Del.

Benard Fecit.

Forges, 5.e Section. Fenderie Bottelage.

Pl. V.

Fig. 2

Fig. 1.

Fig. 3.

1 2 3 4 5 6 *Pieds*

Goussier *Del.*

Benard *Fecit.*

Forges. 5 *Section, Fenderie, Machine pour Profiler les plattes Bandes, et le Plan des Taillans et des Espatars*

Pl. VI.

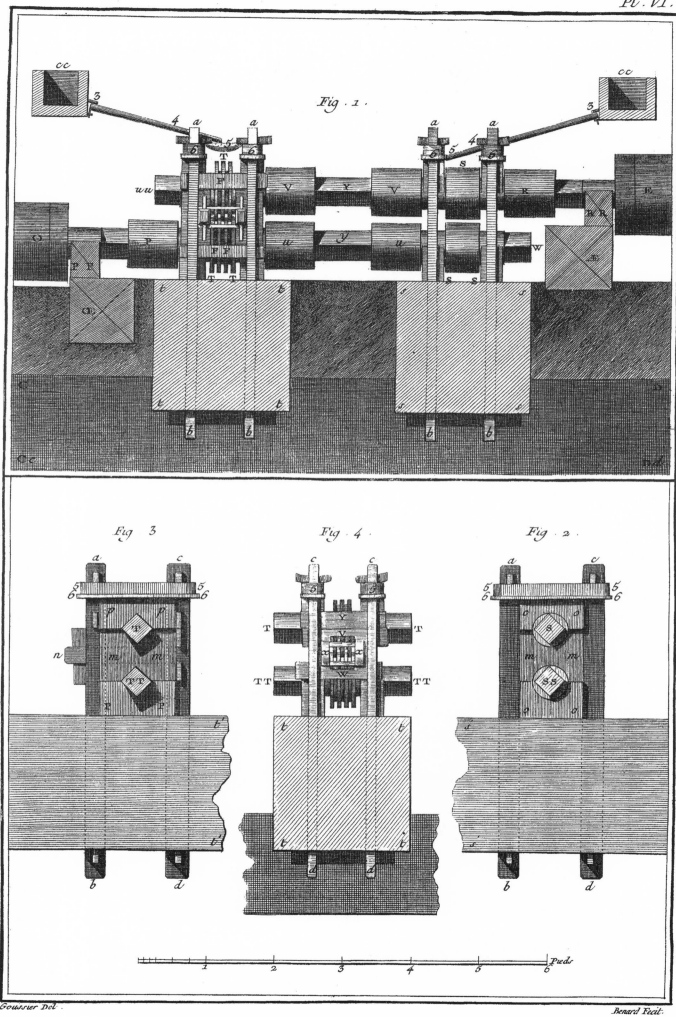

Fig. 1.

Fig. 3.   Fig. 4.   Fig. 2.

Goussier Del.   Benard Fecit.

Forges, 5.e Section, Fenderie. Elévation des Taillans et des Espatars.

Pl. VII.

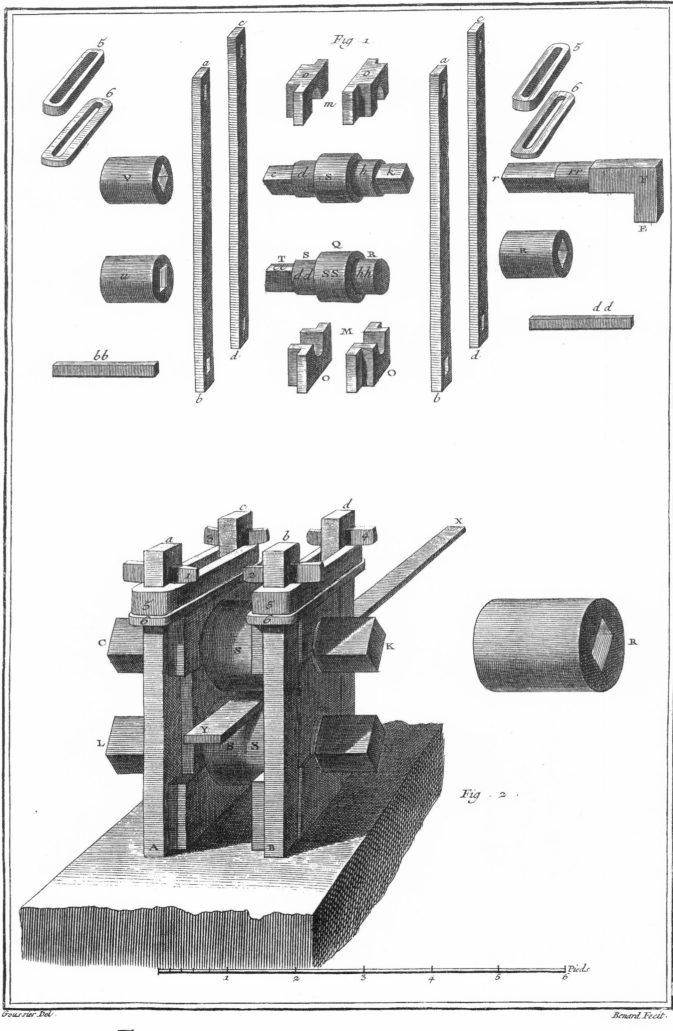

Fig. 1.

Fig. 2.

Goussier Del.

Benard Fecit.

Forges. 5. Section, Fenderie Développemens des Espatars.

Pl. VIII.

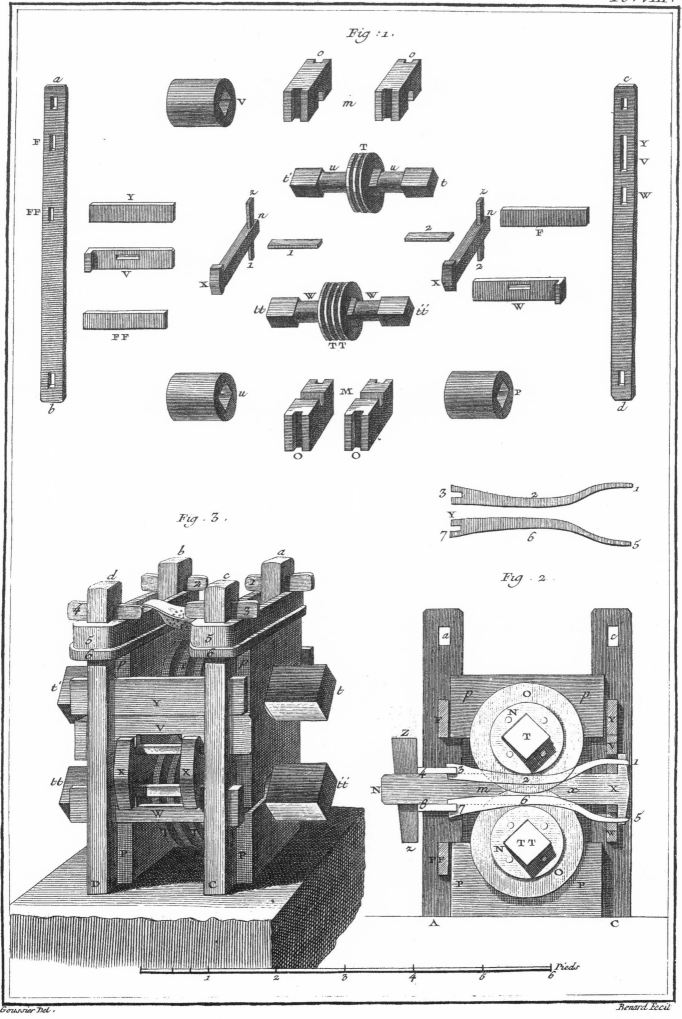

Fig: 1.

Fig. 3.

Fig. 2.

Pieds

Goussier Del.

Benard Fecit.

Forges. 5.e Section, Fenderie Développemens des Taillans.

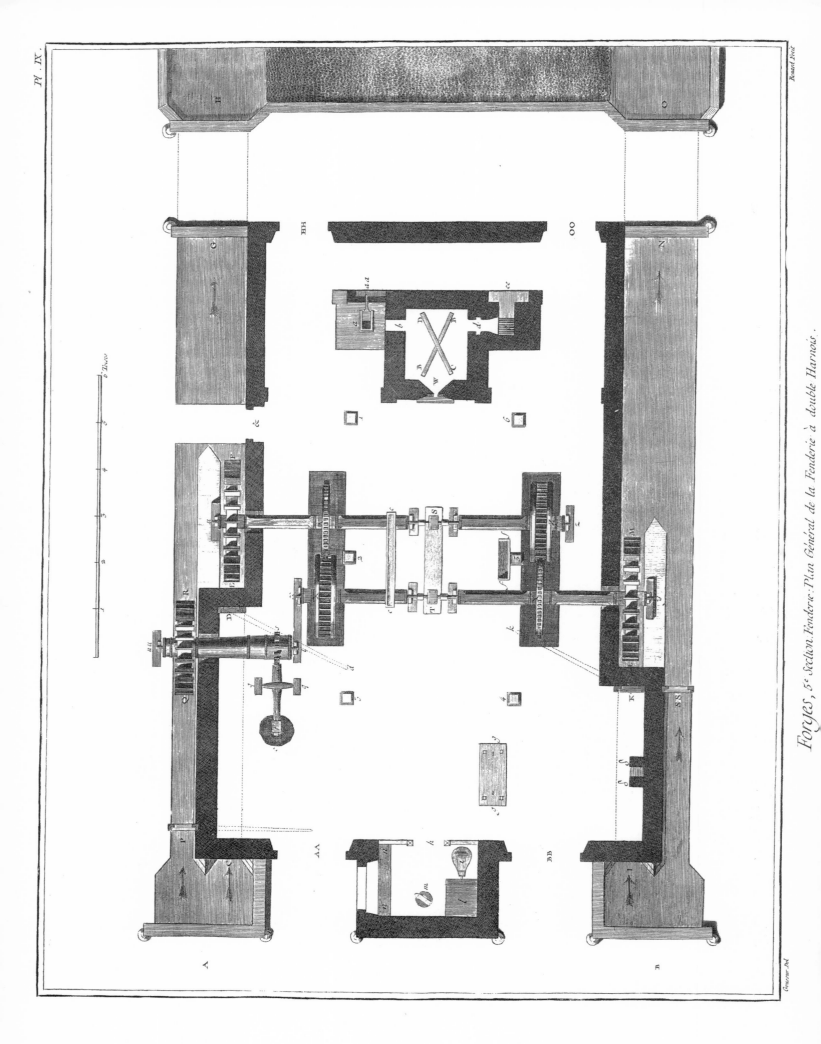

Pl. IX.

Goussier Del.

Benard Fecit.

Forges, 5e Section. Fonderie: Plan Général de la Fenderie à double Harnois.

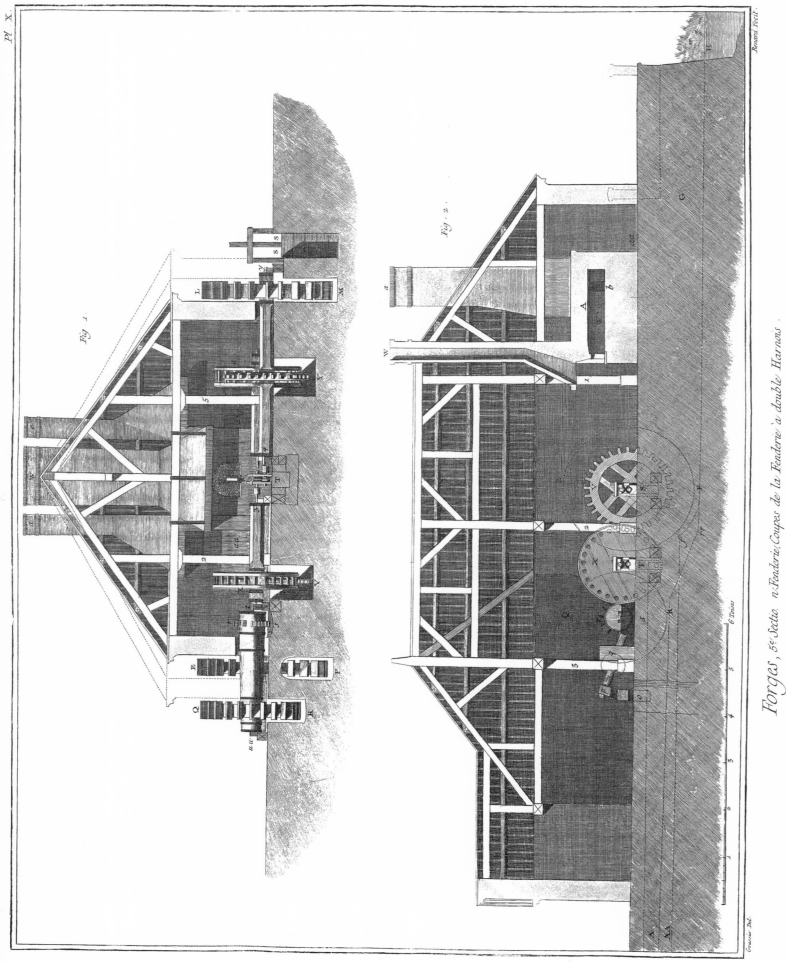

Pl. X.

Fig. 1.

Fig. 2.

Forges, 5.e Sectio. n.Fenderie, Coupes de la Fenderie à double Harnois.

Pl. XI.

Gaussier Del.

Benard Fecit.

Forges, 5e Section Fonderie Vue Perspective de la Fonderie à double Harnois

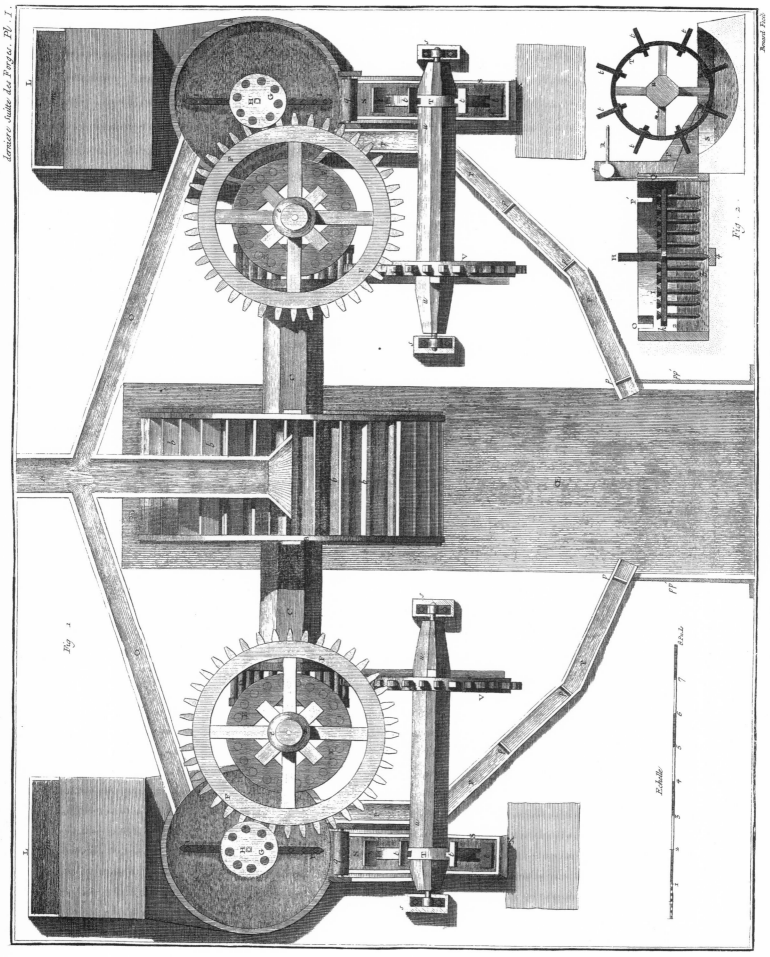

Fig. 1

Fig. 2

Echelle

Grosses Forges, Lavage de la Mine, Plan d'un Patouillet.

Grosses Forges, Lavage de la Mine, Vue perspective d'un Patouillet.

Benard Fecit

Achevé d'imprimer
par MAME Imprimeurs à Tours
Dépot légal : Mars 2002